职业 教育

法律职业教育
精品系列教材

民事案件处理实务

许晓峰　编著

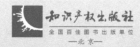

知识产权出版社
全国百佳图书出版单位
——北京——

图书在版编目（CIP）数据

民事案件处理实务/许晓峰编著. —北京：知识产权出版社，2021.12（2024.1重印）
ISBN 978-7-5130-7880-1

Ⅰ.①民… Ⅱ.①许… Ⅲ.①民事纠纷－处理－中国 Ⅳ.①D925.104

中国版本图书馆CIP数据核字(2021)第246141号

责任编辑：赵 军　　　　　　　　　责任校对：谷 洋
封面设计：纵横华文　　　　　　　　责任印制：刘译文

民事案件处理实务
许晓峰 编著

出版发行：	知识产权出版社有限责任公司	网　　址：	http://www.ipph.cn
社　　址：	北京市海淀区气象路50号院	邮　　编：	100081
责编电话：	010-82000860转8127	责编邮箱：	zhaojun99668@126.com
发行电话：	010-82000860转8101/8102	发行传真：	010-82000893/82005070/82000270
印　　刷：	北京虎彩文化传播有限公司	经　　销：	网上书店、新华书店及相关专业书店
开　　本：	787mm×1092mm　1/16	印　　张：	16.75
版　　次：	2021年12月第1版	印　　次：	2024年1月第2次印刷
字　　数：	309千字	定　　价：	68.00元

ISBN 978-7-5130-7880-1

内容简介

　　高等法律职业教育的人才培养目标是按照法律职业的需要，培养具有综合职业能力的高级专门人才。培养法律学习者的法律职业能力，以适应职业岗位工作的需求是达到这一人才培养目标的基本要求。法律职业能力的核心是法律事务处理能力，民事案件处理能力的训练是培养法律学习者法律事务处理能力的重要环节。本书是一部培养法律学习者职业技能的实践较强的教材，通过本教材的学习，可以提高法律学习者的法律专业能力、法律思维能力、法律方法能力和社会能力，以达到法律学习者应当具备的合理处理民事法律事务的职业能力。

　　本书的内容以民事案件处理实务中的工作任务为导向，把民事案件处理设计为若干个学习单元，每个学习单元又分为具体的工作任务，学习者根据民事案件处理过程中的任务要求，运用所学的法律知识，完成工作任务。本教材以民事案件处理的工作过程为线索，并融合了全国法律职业院校司法实务技能大赛对知识、技能和态度的要求，突出对学习者民事案件处理法律职业能力的训练。全书共分两编，第一编民事案件处理实务课程概述，涉及民事案件处理实务课程定位与设计思路、民事案件处理实务课程目标与要求以及民事案件处理实务课程教学大纲、教学方法与考核办法。第二编民事案件处理实务，包括案件事实概括、案件证据材料分析、案件法律关系分析、案件相关法律规定查找与分析、案件争议焦点归纳与分析、案件处理及综合训练等七个学习单元，细化为概括案件基本事实、阐明待查事实、阐明当事人主张、归纳原告的证据材料、归纳被告的证据材料、分析案件证据材料、制作原告证据清单、制作被告证据清单、归纳案件民事法律关系、分析案件民事法律关系、归纳案件案由、查明案件相关法律规定、分析案件相关法律规定、明确当事人权利和义务、概括案件争议焦点、分析案件争议焦点、分析和总结案件处理思路、提出解决纠纷的可行性建议等十八个教学任务和综合训练。

　　本书突出了内容与岗位需求统一、结构与工作过程统一、形式与技能大赛统一，为学习者处理民事案件实务打下坚实的基础。

　　本书可供高校法学专业学生使用，是学生参加司法实务技能大赛的必修教材，也可以供法律爱好者和从事案件处理工作的相关人员使用。

前　言

　　《民事案件处理实务》是一本培养学习者职业技能的实践性很强的教材，要求学习者在掌握民事法律基本原理、基本知识的基础上，运用民事法律知识解决现实生活中民事纠纷，所以，学习者需要在修完民法、民事诉讼法课程之后才可使用本教材。本书根据《民法典》和其他最新法律及相关司法解释的规定，以民事案件处理的工作过程为线索，从民法总则、物权、人身权、债权、侵权、婚姻关系、继承关系等知识点中精选具有代表性的案件进行项目化分析，教材内容既覆盖民法的各个领域，又兼顾司法实践中容易发生纠纷且具有代表性的知识点。教材内容主要包含了七个学习单元和十八个学习任务。

　　本书是许晓峰老师在开发和实践民事案件处理实务课程的基础上，结合其多年教学和科研的实践经验，精心设计编著而成。本书的写作与出版得到了北京政法职业学院各级领导和教务处工作人员的关心和支持，得到了知识产权出版社的大力支持和帮助，在此深表谢意。本书编著过程中参考了一些论文、著作和案例，在此一并表示感谢，由于时间仓促、水平有限，书中错误之处在所难免，恳请读者提出宝贵意见。

目　录

第一编

民事案件处理实务课程概述

第一章　民事案件处理实务课程定位与设计思路

一、民事案件处理实务课程定位

（一）民事案件处理实务课程是高职法律类专业重要的实践课程

2021 年 10 月，中共中央办公厅，国务院办公厅印发《关于推动现代职业教育高质量发展的意见》中指出，完善"岗课赛证"综合育人机制，按照生产实际和岗位需求设计开发课程，开发模块化、系统化的实训课程体系，提升学生实践能力。高等职业教育主要是使学习者获得某一特定职业或职业群所需的实际能力（包括技能和知识等），为学习者提供通向某一职业的道路。因此，高等职业教育应当开发以学生为中心、以能力为导向、以促进学生综合职业素质提升为目标的课程资源。法律职业教育是我国高等职业教育的重要组成部分，我国有二十多所司法类职业院校，这些职业院校是我国法律职业教育的主力军。高等法律职业教育的人才培养目标是按照法律职业的需要，培养具有综合职业能力的高级专门人才。民事案件处理实务课程正是为适应高职法律人才培养目标而开设的一门重要的实践课程，旨在培养法律专业学生的法律职业能力，以帮助学生适应职业岗位的工作需求。该课程是高职法律事务专业的核心课程，也是司法助理专业、法律文秘专业、刑事执行专业等其他法律专业的必修课程。

法律职业能力的核心是法律事务处理能力，法律事务分为民事、刑事、行政、仲裁等几个方面的事务，民事案件处理能力是法律事务处理能力体系中最重要的组成部分。民事案件处理实务课程是培养和提高学生民事法律事务处理能力的重要手段，是一门培养学生职业技能的实践课程。

民事案件处理实务课程也是一门与全国司法职业院校法律实务技能大赛部分内容相融合的课程，全国司法职业院校法律实务技能大赛分为法律知识竞赛、法律文书制作竞赛和法律事务处理竞赛三个模块，而法律事务处理竞赛模块又细分为案件处理、法律咨询和民间纠纷调解三个单元，法律事务处理竞赛的每一个单元都有相应的竞赛规则、竞赛内容、考核要点及评价标准，法律事务处理竞赛单元中民事案件处理竞赛的内容恰好与民事案件处理实务课程的内容基本吻合。民事案件处理实务课程的内容，融合了全国司法职业院校法律实务技能大赛中民事案件处理竞赛的竞赛内容和考核要点，把竞赛内容和考核要点转化成民事案件处理实务课程具体的教学内容和教学任务，把技能大赛的内容融入课堂教学，实现"赛教融合、以赛促教、以赛促学"的教学效果。

（二）民事案件处理实务课程与其他法律专业课程之间的关系

学习民事诉讼法原理与实务课程之后，对民法领域相关理论知识和相关法律规定有一定理解和掌握的基础上，开设民事案件处理实务课程。通过本课程的教学活动，让学生掌握解决民事法律案件的处理方法和技巧，培养学生的法律专业能力、法律思维能力、法律方法能力和社会适应能力，以达到法律专业学生应当具备的合理处理民事法律事务的职业能力，为学生走上法律职业岗位奠定实践基础。

二、民事案件处理实务课程设计思路

（一）民事案件处理实务课程设计应当遵循的原则

民事案件处理实务课程设计应当遵循"两一致、两兼顾"的原则。

1. 课程内容与工作岗位需求一致。法律专业的学生毕业后主要从事法律工作，基本上都会处理一些案件纠纷事务，这就需要学生在学校掌握一些案件处理的技能和方法，民事案件处理实务的课程内容可以满足法律专业学生的工作岗位需求。

2. 教学过程与工作过程一致。民事案件处理实务课程的教学过程力求与案件处理的工作过程保持一致，根据案件处理工作过程的几个步骤设计民事案件处理实务课程的学习情境，课堂教学过程就是学生处理民事案件纠纷的工作过程。

3. 全面性与代表性兼顾。课程设计要考虑到本门课程知识的全面性，同时还要兼顾具有代表性的重点知识。民事案件处理实务课程从民法总则、物权、人身权、债权、侵权、婚姻关系、继承关系等知识点中精选具有代表性的案件进行教学，授课内容既覆盖民法的各个领域，又兼顾司法实践中容易发生纠纷且具有代表性的知识点。

4. 可操作性与可迁移性兼顾。课程教学活动的设计应当具有操作性，教学活动的目标阐述准确、清楚，学生通过课堂学习和教师示范能够顺利完成教学设计的

民事案件处理实务

工作任务，同时课程设计还要兼顾可迁移性，让学生学习的知识和技能能够迁移到将来的工作中去。民事案件处理实务课程设计的每一个教学任务，学生都能自主完成，在完成教学任务的过程中，培养学生沟通交流能力、团队协作能力、组织规划能力和法律思辨能力等可迁移能力。

（二）民事案件处理实务课程设计思路

民事案件处理实务课程设计是以民事案件处理实务中的六大学习情境作为学习单元，每个学习单元以工作任务为导向，把民事案件处理实务设计为数个具体的工作任务，学生根据民事案件处理过程中每个具体任务的要求，运用所学的法律知识，完成工作任务。民事案件处理实务课程符合法律专业人才培养方案的要求，并且能够满足学生毕业后工作岗位的需求（需要学生独立处理民事案件），民事案件处理实务课程设计以民事案件处理的工作过程为线索，结合经典民事案件实例，帮助学生系统地掌握民事案件处理的完整过程和典型方法，突出对学生民事案件处理法律职业能力的训练，并融合了全国法律职业院校司法实务技能大赛对知识、技能和态度的要求，为学生参加全国法律职业院校司法实务技能大赛选拔和集训，实现赛教融合提供支持和保障。

第二章 民事案件处理实务课程目标与要求

一、民事案件处理实务课程目标

（一）民事案件处理实务课程的总体目标

民事案件处理实务课程的总体目标是通过本课程的教学活动，使学生能够运用法学理论知识分析和解决现实生活中发生的民事纠纷。

民事案件处理实务课程通过合理归纳案件事实和当事人主张、归纳案件证据材料并恰当分析证据、正确分析案件的法律关系、准确熟练查找案件涉及的相关法律规定、恰当归纳案件争议焦点、有理有据准确合法地分析解决案件、综合训练等学习单元来帮助学生完成民事案件处理实务课程的总体目标。

（二）民事案件处理实务课程的具体目标

1. 知识目标。民事案件处理实务课程主要以民事案件处理的具体工作项目为载体进行教学，案件内容包含民法中的民法总则、人格权、物权、债权、侵权、婚姻、继承及知识产权等各方面的知识点。通过本课程以工作任务为导向教学做一体化的学习，学生能够理解和掌握民法的基本知识、基本原理和基本制度，从而具备运用民法知识和理论独立分析解决现实生活中遇到的民事法律纠纷。

2. 职业能力目标。民事案件处理实务课程是一门实践性很强的技能课，通过本课程的学习，学生能够掌握民事法律事务处理的技能，能够独立地处理工作生活中所遇到的一般的民事法律纠纷。具体讲：

一是培养学生的法律职业能力。法律职业能力是指从事法律职业活动所需的各种技能和知识。包括：查明案件事实的能力、运用法律知识分析解决案件纠纷的能力、法律文书的写作能力等。查明案件事实的能力包括信息的收集与整理能力、查找案件使用的法律规范的能力、合理确定法律关系的能力、证据收集与评价能力。运用法律知识分析解决案件的能力包括民事法律关系的分析能力、案件证据的归纳和分析能力、证据的合理采用能力、运用相关法律知识确定民事责任的能力。学生最终要把分析和解决案件的思路合理撰写成法律意见书，从而提高学生法律文书的撰写能力。通过对民事案件处理实务课程各学习单元的学习，可以有效培养学生的法律职业能力。

二是培养学生的法律思维能力。法律思维能力是指能够依循法律逻辑，以价值取向的思考，合理的论证、解释、适用法律的能力。法律思维能力是法律事务处理能力中的核心能力，也是解决案件的决定性因素。法律思维能力包括法律逻辑分析能力、法律逻辑论证能力、法律推理能力、法律解释能力。民事案件处理实务课程是以经典的案例分析为载体的实践课程，学生在分析民事案件的过程中，法律思维能力能够得到很好的锻炼和培养。

三是培养学生的法律方法能力。法律方法能力是指从事法律职业活动应掌握的工作方法和学习方法的能力。法律方法能力包括相关法律规定的查找能力、证据的整理归纳能力、证据清单的制作能力等。民事案件处理实务课程要求学生在完成每项工作任务时归纳出工作方法，培养学生自觉探索和掌握法律方法的能力。

四是培养学生的社会适应能力。社会适应能力主要指从事法律职业活动所需的人际交往能力。社会适应能力包括语言表达能力、沟通能力、辩论能力、环境适应能力。民事案件处理实务课程要求学生以小组的形式完成教学任务，并且分组到讲台上汇报各组的任务成果，有利于对学生社会适应能力的培养。

3. 职业素养目标。职业素养是人类在社会活动中需要遵守的行为规范，是学生打开职业生涯之门的钥匙，是左右学生职业发展的无形之手。一个人要想在职业上获得成功，能力和专业知识固然很重要，但最关键的是职业素养。著名的"素质冰山"理论认为，一个人的素质就像水中漂浮的一座冰山，浮在水面上的这一部分，是人们看得见的，仅为冰山整体的八分之一，我们称之为人的显性素养，主要以人的知识和技能为代表；而潜在水面之下的部分，是人们看不见的，占整体的八分之七，我们称之为隐性素养，主要以人的职业道德和职业态度为代表。隐性职业素养决定并支撑着外在的显性职业素养，显性职业素养是隐性职业素养的外在表现。民事案件处理实务课程除了培养学生运用法律知识解决实际问题的技能，还注重培养学生敏捷严谨的思维、强烈法律意识与法治观念、诚实信用与公平正义的理念、沟通与辩论能力、团队合作能力、社会责任感与风险防范意识、爱岗敬业与服务奉献的职业态度，从而提高学生的隐性职业素养。

4. 职业技能竞赛目标。随着我国高职教育的不断深化，职业技能大赛不断涌现，为适应高职教育改革发展的要求，2017 年首届全国司法职业院校法律实务技能大赛在北京政法职业学院举行，以后该项赛事每年举行一次。民事案件处理实务课程，吸收了法律实务技能大赛中民事案件处理竞赛的竞赛内容和考核要点，把该民事案件处理竞赛的竞赛内容和考核要点转化成民事案件处理实务课程具体的教学任务，把技能大赛的内容融入课堂教学。通过本课程的学习，可以为学生参加全国法律职业院校司法实务技能大赛提供帮助。

二、民事案件处理实务课程要求

民事案件处理实务课程包括七个学习单元的教学内容，要求学生通过对民事案件处理工作任务的训练，能够灵活地运用民事法律基本知识和理论独立准确地分析与处理工作和生活中遇到的各种民事纠纷。通过本课程的学习，要求学生在学习民法领域相关知识和相关法律规定的基础上，了解民法领域案件处理工作实务的主要内容，掌握解决民事法律案件的方法、技巧，养成按照法律的逻辑来思考、分析、解决法律问题的思考模式，具备分析、解决民事案件的能力，为未来从事法律职业奠定实践基础。

民事案件处理实务课程要求学生课前准备包含民法典、民事诉讼法、专利法、商标法、著作权法、消费者权益保护法、反家庭暴力法等民事相关法律规定的工具书。

第三章 民事案件处理实务课程教学大纲、教学方法与考核办法

一、民事案件处理实务课程教学大纲

（一）课程基本信息

课程名称：民事案件处理实务

课程类型：必修

课程学分：2

总学时数：36

周学时数：2

适用专业：法律事务、司法助理、法律文秘、民事执行、刑事执行、行政执行等各法律类专业

（二）课程基本内容和整体设计

学习单元	典型工作任务	教学目标	学时安排
案件事实概括	课程介绍与分组	1. 介绍该门课程的性质与任务、教学目的和要求、工作任务； 2. 分组：把学生分成5-8组。选出组长和副组长，每次课后，组长汇报本组学员到课情况及小组成员课堂表现情况。组长职责：组织小组讨论，共同完成工作任务，指定人员汇报成果，记录小组成员参与情况	1
	任务一：概括案件基本事实	能够根据案件资料，准确概括案件的基本事实	2
	任务二：阐明待查事实	能够根据案件资料，阐明需要进一步查明的事实	1

续表

学习单元	典型工作任务	教学目标	学时安排
案件证据材料分析	任务一：归纳原告的证据材料	能够根据案件资料，梳理、归纳和整理原告的证据材料	1
	任务二：归纳被告的证据材料	能够根据案件资料，梳理、归纳和整理被告的证据材料	1
	任务三：分析案件的证据材料	能够根据案件资料，合理分析案件的证据材料	1
	任务四：制作原告的证据清单	能够根据案件事实及原告的证据材料，恰当制作原告的证据清单	2
	任务五：制作被告的证据清单	能够根据案件事实及被告的证据材料，恰当制作被告的证据清单	1
案件法律关系分析	任务一：阐明当事人主张	能够根据案件资料，阐明案件当事人的主张	1
	任务二：归纳案件民事法律关系	能够根据案件事实和当事人主张，准确归纳出案件的民事法律关系	2
	任务三：分析案件民事法律关系	能够根据案件资料，合理分析案件的民事法律关系	2
案件相关法律规定查找与分析	任务一：查明案件相关法律规定	能够根据案件事实，查明案件涉及的相关法律规定	2
	任务二：分析案件相关法律规定	能够结合案件事实和查明的相关法律规定，恰当分析案件适用的相关法律规定	2
	任务三：归纳案件案由	能够根据案件事实和当事人主张，准确归纳出民事案件的案由	2
案件争议焦点概括与分析	任务一：明确当事人权利和义务	能够结合案件事实和当事人主张，阐明案件当事人的权利和义务	1
	任务二：概括案件争议焦点	能够根据案件事实和当事人观点，合理归纳案件的争议焦点	2
	任务三：分析案件争议焦点	能够结合案件事实和当事人观点，恰当分析案件争议焦点	1
案件处理	任务一：分析总结案件的处理思路	能够根据案件事实和法律规定，正确完整地分析总结案件的处理思路	3
	任务二：提出解决纠纷的可行性建议	能够在案件处理思路的基础上，合理合法地提出解决案件纠纷的可行性建议	2
综合训练	训练任务：根据所给案件，完成上述六个学习单元的内容	能够根据所给案件，在规定的时间内，顺利完成本课程训练的六个学习单元的内容	4
教学大纲、教学任务书、案例资料、教学课件等。			2

二、民事案件处理实务课程教学方法

教学方法是教师教授方法与学生学习方法的统一。著名教育家叶圣陶说过：教学有法，教无定法，贵在得法。所谓"教学有法"是指不同学科、不同教学内容的教学方法都有一定规律可循；所谓"教无定法"是指在任何具体的教学中没有一成不变的固定教学方法；教师能够根据教学目标、教学内容、课程类型、教学对象、教师素质灵活选择和优化组合教学方法，以达到最佳教学效果，这就是"贵在得法"。民事案件处理实务课程根据课程性质结合实际工作过程设计为 6 个学习单元，细化为 18 个教学任务，综合运用讲授法、演示法、讨论法、示范法、任务驱动法、案例分析法、头脑风暴法、情境教学法等多种教学方法，在"教学做一体化"的教学模式中培养训练学生自主学习能力和解决实际问题能力。

比如民事案件处理实务课程中查明案件相关法律规定的工作任务，首先教师运用讨论法让学生分组讨论自己平时如何查找案件的相关法律规定，总结查找案件相关法律规定的方法；其次运用讲授法告诉学生查找案件相关法律规定的正确方法和技巧，然后教师提供案例，通过示范法引导学生掌握正确查找案件相关法律规定的方法，接着让学生分组抽取案例，运用任务驱动法要求学生完成小组案件相关法律规定查找的任务；最后通过演示法让学生分组汇报本组案件相关法律规定查找的结果，并总结本组案件相关法律规定查找的方法。

民事案件处理实务课程倡导改变传统以讲授法为主的教学方法，在课堂教学过程中，充分发挥教师的主导作用和学生的主体作用，综合运用多种合理有效的教学方法，激发学生学习积极性，提高课堂教学效果和教学质量，培养学生的综合能力和素质。

三、民事案件处理实务课程考核办法

考核方法：采用过程化考核和终结性考核相结合的方式进行考核。在教学中参照法律实务技能大赛中民事案件处理竞赛单元的评价标准，进一步完善民事案件处理实务课程教学评价体系，重点考查学生的岗位职业素养、综合素质以及运用法律知识解决民事纠纷的能力，力求民事案件处理实务课程教学评价标准与技能大赛评价标准相融合。根据民事案件处理实务课程教学目标对学生考核评价进行百分制考核，考核评价体系采取过程化考核与终结性考核并举，总成绩 100 分 = 过程化考核成绩 60 分 + 终结性考核成绩 40 分。

考试范围：贯穿民事案件处理的整个工作过程，包含案件事实概括、案件证据材料分析、案件法律关系分析、案件相关法律规定查找与分析、案件争议焦点归纳与分析和案件处理思路等六个学习单元，细化为概括案件基本事实、阐明待查事实、归纳与分析证据材料并制作证据清单、梳理争议方要求并归纳争议主张、阐明案件法律关系属性、查明并分析案件涉及的相关法律规定、确定案由、归纳并分析案件争议焦点、阐明案件处理思路、提出解决纠纷的可行性建议等18个教学任务。

考试时间：一是每个学习单元完成后随堂考核；二是学院统一安排时间期末考试。

成绩构成：

（一）平时成绩60%

民事案件处理实务课程过程化考核成绩60分分散在六大学习单元教学内容项下的若干个教学任务中，以学习单元为单位，以各单元教学任务作为考试内容，以小组为考核对象，根据小组的任务实施完成情况，依据考核标准对各单元的教学任务逐一进行评价，得出学生分数。每个学习单元的过程化考核分数由小组自评分（10%）、小组互评分（30%）、教师评分（30%）、学生的课堂表现（30%）组成，每个学习单元考核以百分制计分，结合学生的课堂讨论表现、出勤情况及课外作业完成情况。最后以60%计入课程总成绩。

根据教学目标对学生进行各教学项目考核，然后根据各项目在整个训练项目或课程中的权重计入总项目分数，此外，考核还应当关注学生的课堂讨论表现及课外案例习作情况。课堂考核计入平时成绩。

（二）期末终结性考核成绩40%

期末综合考核。期末考核占学期总成绩的40%。民事案件处理实务课程终结性考核成绩的40分评定不需要笔试测试，可以参考法律实务技能大赛中民事案件处理竞赛单元的竞赛规则和评价标准，采取小组汇报打分的方式进行评定。具体方法：把学生分为3~5人的小组，每个小组提前一个小时抽取教师事先准备好的案例，小组学生自行分工配合，学生经过固定时间的准备，按照考核要点要求，现场完成面试考核汇报。面试汇报考核内容包括：案件事实概括（分值20%）、法律关系分析（分值40%）、案件处理思路（分值20%）、整体表现（分值20%）4个部分，每个部分又包含若干考核要点。

民事案件处理实务

以下是考核要点及参考分值：

考核内容	考核要点	分值比例
案件事实概况	1. 简明扼要概括案件事实，明确要进一步核实的事实； 2. 争议主体情况阐述清楚； 3. 证据材料分析全面完整，证明内容阐述清楚； 4. 梳理争议方要求、归纳争议主张	20%
法律关系分析	1. 阐明案件法律关系属性； 2. 介绍案件相关法律规定； 3. 明确当事人权利义务； 4. 概括案件争议焦点并进行分析	40%
案件处理思路	1. 案件分析全面、充分，合乎逻辑； 2. 纠纷解决思路清晰，可行性强	20%
整体表现	1. 整体语言表达自然流畅、声音洪亮、法律术语运用准确； 2. 衣着整洁、自然得体、端庄大方； 3. 团队合作、配合默契	20%

不及格处理：不及格学生可以参加下一学期开学时的补考。

第二编

民事案件处理实务

学习单元一　概括案件事实

本单元包含概括案件基本事实和阐明待查事实两个学习任务，通过本单元的学习和训练，要求学生能够理清并掌握案件的基本情况，用简洁语言概括出案件的基本事实，阐明案件需要进一步查明的事实并说明理由。

学习任务一：概括案件基本事实

一、教学目标和要求

了解案情，理清案件的基本情况，能够概括民事案件的基本事实，并掌握概括案件事实的基本方法。要求学生能够剔除案件中无用的信息及干扰事项，整理并列举案件中有用的基本信息，并根据案件材料合理归纳案件的基本情况。

二、基本理论

依据《中华人民共和国民事诉讼法》（以下简称《民事诉讼法》）第七条规定，人民法院审理民事案件，必须以事实为依据，以法律为准绳。因此，案件事实是人民法院审理民事案件的依据，也是解决民事纠纷的原点和基础。"事实"在《现代汉语词典》中解释为事情的真实情况，民事案件事实是指民事案件发生时的客观事实情况，客观事实情况需要通过具有主观思想意识人的描述才能反映出事情的本来面目。一般来说，案例中的案件事实描述比较具体、宽泛和全面，法律人在处理民事案件纠纷之前，应当能够用简练的语言对民事案件事实进行概括，明确案件事实的基本要素，对进一步分析和解决案件纠纷奠定坚实的基础。概括民事案件事实要注意以下几个方面：

（一）全面性

概括案件事实要全面，要把时间、地点、人物、事件（起因、经过和结果）、争议、证据、当事人主张及与案件处理结果有关系的其他事实交代清楚，不要漏掉重要信息。案件事实本身是很复杂的，有些事实具有法律意义，有些事实在法律上没有意义。因此，不是所有的案件事实都要从头到尾原原本本地叙述一遍，只有那些具有法律意义的案件事实才是我们概括的重点。法律人应该按照法律规定对案件事实作一甄别，从中提取出具有法律意义的事实，对法律事实进行阐述和概括。

（二）简洁性

简洁性，是指概括民事案件事实要求语言简洁精练，言简意赅。概括案件事实时要去掉与案件处理结果无关的信息，突出案件事实的核心信息，把一些次要的案件信息加以概括，用简洁的语言传达案件的客观事实，同时还要注意案件事实前后的衔接要自然连贯。概括民事案件事实要立足案件全局，抓住案件的本质，正确反映案件事实整体。

（三）客观性

客观性又称真实性，与主观性相对，是指事物的本来面目，不掺杂个人主观的性质。民事案件的客观性，是指民事案件的发生、发展过程，是客观存在的、不以人们的主观意志为转移的事实。法律人在概括民事案件事实时，要严格保留原有案件的基本事实，不得随意掺杂自己的主观臆断，做到与原有案件事实保持一致。概括民事案件事实，是言简意赅地把已经发生的案件事实客观反映出来或者真实再现原有的客观事实。

（四）逻辑性

逻辑是指人类社会活动的客观存在和发展规律。逻辑性是指人类社会活动发展过程符合逻辑体系、具有逻辑特点、恪守逻辑规则的情况。概括案件事实要符合逻辑性，要从杂乱无章的案情中理出案件发展的事实，将案件事实发展的主线提起来，抽丝剥茧，清晰地理清案件的来龙去脉，用逻辑的方式准确严谨地梳理出案件发展的过程，概括整个案件的事实。

三、教学示范

教师提供民事案件资料，示范和引导学生概括出案件的基本事实。教师可以综合运用讲授法、讨论法、谈话法、示范法等教学方法完成本阶段课堂教学任务。

【案例材料】

2019 年 1 月 15 日，孙家楠到成都市爱家安居房地产经纪有限公司的门店咨询，希望购买一套二手房，成都市爱家安居房地产经纪有限公司的员工钱志刚接待了孙家楠，详细向孙家楠介绍了该公司拥有的房源，并多次带孙家楠看房。后来孙家楠看中了房主李富民的二手房，该房屋比较干净整洁，60平方米左右的两居室，大小合适，小区环境也不错，孙家楠睡眠不好，该房屋比较安静，孙家楠非常满意，唯一让孙家楠纠结的是房价有点高，每平方米12000元，希望钱志刚帮忙砍砍价，经过钱志刚多次与房主李富民沟通，最后房屋价格降到每平方米10500元，基本达到了孙家楠的预期，孙家楠接受了该房屋价格，愿意购买此房。

2019年4月15日，钱志刚以单位店庆人员比较杂乱为由把孙家楠和房主李富民约到成都市爱家安居房地产经纪有限公司对面的麦当劳里签约，在成都市爱家安居房地产经纪有限公司不知情的情况下，钱志刚使用爱家安居房地产经纪有限公司的格式合同帮助孙家楠和房主李富民签订了《房屋使用权转让协议》，并收取孙家楠中介费60000元。钱志刚向孙家楠出具了收条一张。

后来孙家楠因为不具备购房资格，无法办理房屋产权过户手续，未能购得该房屋，签订合同的过程中，钱志刚也没有向孙家楠和李富民说明购房资格的问题，孙家楠和李富民也不知道有购房资格限制的政策。之后，孙家楠多次找到钱志刚和爱家安居房地产经纪有限公司，要求退还中介费60000元，均遭到拒绝，钱志刚认为自己为了促成孙家楠购房，付出了很多时间和精力，自己应当得到补偿。

2019年7月18日，孙家楠再次找到钱志刚，要求退还中介费，钱志刚说一定想办法帮助孙家楠解决中介费的问题，后来在孙家楠的再三请求下，钱志刚于2019年8月10日向孙家楠出具中介费退还协议一份，承诺由其个人在三个月之内退还孙家楠中介费60000元。

2019年9月26日，孙家楠又一次去爱家安居房地产经纪有限公司找钱志刚退还中介费，结果爱家安居房地产经纪有限公司工作人员告诉孙家楠，钱志刚已经于2019年9月11日离职，现在没有人知道钱志刚去哪儿了，钱志刚离职时向爱家安居房地产经纪有限公司交付了孙家楠购房的中介费20000元。

孙家楠找不到钱志刚，无法要回自己的中介费，于是，在2019年11月12日，孙家楠起诉至人民法院，要求爱家安居房地产经纪有限公司退还中介费60000元。

成都市爱家安居房地产经纪有限公司认为，钱志刚系在门店对面的麦当劳里促成孙家楠与房主李富民签订的二手房买卖合同，所使用的合同系钱志刚仿造爱家安居房地产经纪有限公司的格式合同制作，且爱家安居房地产经纪有限公司没有在合同上加盖公章，该公司也不知道钱志刚促成二人签订二手房买卖合同之事。钱志刚收取孙家楠中介费的行为系其个人行为，与爱家安居房地产经纪有限公司无关。现钱志刚已经离开爱家安居房地产经纪有限公司，其离开前向爱家安居房地产经纪有限公司交付了私自收取的中介费 20000 元，其余部分未交给爱家安居房地产经纪有限公司。现爱家安居房地产经纪有限公司仅同意将该 20000 元转交孙家楠，不同意孙家楠的其他诉讼请求。

【教学步骤】

1. 让学生仔细阅读案件资料，了解案件的基本信息。

2. 引导和示范学生分段概括案件基本事实。

3. 根据上述案件资料，在帮助学生理清案件基本情况的基础上，概括该案件的基本事实。

本案基本事实：2019 年 1 月 15 日，孙家楠到成都市爱家安居房地产经纪有限公司欲购买一套二手房，该公司的员工钱志刚接待并促成孙家楠以每平方米 10500 元价格购买李富民的 60 平方米二手房。2019 年 4 月 15 日，钱志刚在麦当劳里使用爱家安居房地产经纪有限公司的格式合同帮助孙家楠和房主李富民签订了《房屋使用权转让协议》，并收取孙家楠中介费 60000 元。钱志刚向孙家楠出具了收条一张。

后来，因为钱志刚没有向孙家楠和李富民说明购房资格的问题，结果孙家楠不具备购房资格，无法办理房屋产权过户手续，合同无法履行，孙家楠多次要求钱志刚和爱家安居房地产经纪有限公司退还 60000 元中介费，均遭到拒绝。

2019 年 8 月 10 日，钱志刚向孙家楠出具中介费退还协议一份，承诺由其个人在三个月之内退还孙家楠中介费 60000 元。2019 年 9 月 11 日，钱志刚离职，其向爱家安居房地产经纪有限公司交付了孙家楠购房的中介费 20000 元。

2019 年 11 月 12 日，孙家楠起诉至人民法院，要求爱家安居房地产经纪有限公司退还中介费 60000 元。

成都市爱家安居房地产经纪有限公司认为，钱志刚仿造爱家安居房地产经纪有限公司的格式合同私自促成孙家楠与李富民签订二手房买卖，且合同上没有公司公章，钱志刚收取的中介费系其个人行为，与公司无涉，公司愿意把钱志刚交付的孙家楠购房中介费 20000 元退还给孙家楠，但不承担其他责任。

四、实务训练素材

原告潘丽萍诉至法院称，被告宋世安于 2019 年 3 月 19 日在潘丽萍处购买了价值 200000 元的陶瓷、涂料、石材等建筑材料，双方签订了《建筑材料购买协议》，合同约定被告收到货物后支付给潘丽萍首付 120000 元，剩余 80000 元半年内付清，被告宋世安购买建筑材料半年之后，没有偿还余款 80000 元，原告向被告追偿余款，被告突然告诉原告说原告提供的建筑材料有问题，给其造成了很大的损失，拒绝偿还 80000 元余款。被告宋世安不按照合同约定事项履行付款义务，属于违约行为，因此，原告起诉要求被告给付原告建筑材料余款 80000 元。

被告宋世安辩称，（1）原告提供的陶瓷、涂料、石材均存在一定的质量问题，施工时业主都不愿意使用原告提供的建筑材料，导致被告重新从其他销售商购买了建筑材料，给被告造成巨大损失，原告潘丽萍违约在先，所以，被告宋世安不应该向原告支付余款。（2）原告潘丽萍将宋世安作为本案的被告属于主体错误。宋世安是石家庄市安家速装装潢有限责任公司的负责人，自己代表安家速装装潢有限责任公司与原告潘丽萍签署了《建筑材料购买协议》，签约行为并非宋世安的个人行为，而是履行石家庄市安家速装装潢有限责任公司的职务行为，所以，被告应当是石家庄市安家速装装潢有限责任公司，而不是宋世安本人。

经查：原告潘丽萍是石家庄市长宁区安源聚财建材市场一家建筑材料销售商，被告宋世安经常去潘丽萍店里购买建筑材料，双方比较熟悉，原告潘丽萍给被告宋世安的销售价格也比较优惠。2019 年 3 月 19 日，原告潘丽萍与被告宋世安签订《建筑材料购买协议》，该协议买方为宋世安，卖方为潘丽萍，约定原告将陶瓷、涂料、石材若干作价 200000 元卖给被告宋世安，被告宋世安没有带现金，也没有带银行卡，被告宋世安说最近资金周转有点困难，经协商，双方同意原告将该批建筑材料全部运送到宋世安指定的装修大楼后，宋世安支付给潘丽萍首付 120000 元，剩余 80000 元半年内付清。协议签订后，原告潘丽萍按照被告宋世安的要求委托郭天明和刘怀希将建筑材料运至被告指定的装修大楼，交付给了被告。被告宋世安收到建筑材料后进行了清点验收，然后按照合同约定向原告方支付了 120000 元的货款。

半年之后，被告宋世安没有偿还余款 80000 元，原告潘丽萍向被告追偿余款，被告认为原告提供的建筑材料存在一定的质量问题，给其造成了很大的损失，拒绝偿还 80000 元余款。但是被告宋世安并没有提供该批建筑材料质量存在问题的证据。

案例材料 2

刘西华与胡尚云生前系夫妻关系。二人生前共育有五名子女，即刘宗强、刘宗化、刘宗蓝、刘宗红与刘宗荣。胡尚云于 2004 年 3 月 12 日去世，刘西华于 2018 年 4 月 16 日去世。2006 年，石家庄市鹿泉区颁发集体土地建设用地使用证时，将涉诉的石家庄市鹿泉区莲花镇刘楼村 68 号宅基地确权在刘西华名下，1991 年，该宅基地建有一处小院，院内有刘西华、胡尚云建造的北房四间，东厢房三间。

刘宗强提交契约一份，证实涉诉房产已经由其所有。该契约载明：刘宗化、刘宗强、刘宗荣系刘西华与胡尚云的三个儿子，长子刘宗化已经结婚，分家后单独生活，其有自己独立的住房，三子刘宗荣年龄尚小，暂时不用考虑婚姻事宜，为了方便给次子刘宗强介绍对象，经协商一致，愿意将刘楼村 68 号院内的三间东厢房分给刘宗强。特立此字为据。家长签字：胡尚云；见证人签字：刘全才，刘庆宇，刘庆龙，1992 年 10 月 11 日。刘宗强称签订契约时，刘全才，刘庆宇、刘庆龙，刘宗强、刘宗强的父母刘西华与胡尚云均在场，该契约为刘全才所写。契约上刘西华、刘全才的签名是刘全才所签，胡尚云、刘庆龙、刘庆宇的签名为各自本人所签。刘宗化、刘宗蓝、刘宗红、刘宗荣对该契约的真实性不予认可，称签订契约的时候父亲刘西华根本不在现场，也不知道立契约一事，该契约没有经过父亲刘西华的同意，不具有法律效力。

刘宗强提供证人刘庆宇的证言证实：刘宗强签订契约时找过刘庆宇，其告诉刘庆宇说分家时希望刘庆宇过去做一下见证人，自己过去签名之后就有事离开了，记得当时刘全才和胡尚云在场，其他人有没有在场已经记不清楚了。刘宗化、刘宗蓝、刘宗红、刘宗荣认为刘庆宇证人证言不能证明刘西华在场并知道签订契约的事实。

刘宗化、刘宗蓝、刘宗红、刘宗荣提供证人刘全才的证言证实：刘宗强找刘全才帮助其写一份契约并作为见证人进行见证。当时胡尚云与刘宗强协商后，让刘全才代写了涉诉契约，写契约时胡尚云与刘宗强在场，契约写完之后，胡尚云在契约上签了名字，不久，刘庆宇过来了，在契约上签了自己的名字。刘宗强之父刘西华不在场，胡尚云让刘全才帮助刘西华代签了刘西华的名字，刘宗化、刘宗蓝、刘宗红、刘宗荣都不在场，他们应该不知道此事。刘宗强认为立契约的事情曾经告诉过刘西华，刘西华知道契约的事情，全家人都同意将三间东厢房给刘宗强。但是刘宗强没有提供刘西华知道并同意涉诉契约的证据。

2019 年 3 月 16 日，刘宗强诉至法院，请法院判决确认其父母主持下于 1992 年 10 月 11 日签订的分家契约有效。

刘宗化辩称：请求法院驳回刘宗强的诉讼请求，并依法分割父母的遗产。

刘宗蓝辩称：不同意刘宗强的诉讼请求。父亲刘西华于 2018 年去世。刘楼村 68 号院内所有的房产都是父母的，没有刘宗强的房产。

刘宗红辩称：同意刘宗蓝的辩论意见。所有房产都是父母的，要求依法分割父母的遗产。

刘宗荣辩称：不同意刘宗强的诉讼请求。刘宗强诉状中所述不属实，涉诉契约如果是父母分给刘宗强的，契约上应由父亲刘西华亲自签名，而不应该由刘全才代为签名。立契约时，父亲刘西华不在现场，也不知道立契约之事，刘楼村 68 号院内所有的房产均属于父母的遗产，应当按照继承法的规定进行配分。

五、实务训练过程

1. 学生按照预先分配的小组坐在一起，各组组长抽取本组实务训练素材的案例。

2. 各组针对本组抽取的案例进行讨论：理清案件的基本情况。

3. 各组通过讨论分析：概括本组的案件事实，并撰写在作业纸上。

4. 各组推荐一位同学到讲台上展示本组概括的案件事实，并提交小组撰写的案件事实概括。

5. 每组展示完成果后，由其他组的同学对该组概括的案件事实进行点评，教师进行总结，并给出比较客观合理的评分。

学习任务二：阐明待查事实

一、教学目标和要求

在理清案件的基本情况的基础上，能够阐明案件需要进一步查明的事实，并掌握阐明案件待查事实的基本方法。不是所有的案件都有需要进一步查明的事实，因此要求学生能够准确判断案件需要进一步查明的事实，并根据案件材料合理阐明案件需要进一步查明的事实并说明理由。

二、基本理论

查明事实和适用法律是民事诉讼的两大基本程序，案件事实的查明与认定是正确适用法律的前提，是构成正当性裁判的基础，也是民事诉讼活动的核心和灵魂。伯恩·魏德士说："实践当中如果有一千个事实问题，那么真正的法律问题还不到事实问题的千分之一。"有些案件事实不需要当事人举证即可认定，如众所周知的事实、自然规律及定理、根据法律规定或者已知事实和日常生活经验法则能推定出的另一事实、已为人民法院发生法律效力的裁判所确认的事实、已为仲裁机构的生效裁决所确认的事实、已为有效公证文书所证明的事实等。有些案件事实根据原告与被告双方提供的证据即可作出明确的判断，这样的事实不需要进一步查明，即可认定。但是有些案件事实根据原告与被告的陈述及双方提供的证据难以判断清楚，需要进一步查明，方可进行认定。一般来说，不是所有的民事案件都需要进一步查明案件事实，有些案件事实比较清楚，不需要进一步查明案件事实，只有那些事实不太清楚的案件，才需要进一步查明事实。进一步查明案件事实应当注意以下几点。

（一）自认事实

自认是指当事人对不利于自己事实的承认。根据《最高人民法院关于民事诉讼证据的若干规定》第四条规定，一方当事人对于另一方当事人主张的于己不利的事实既不承认也不否认，经审判人员说明并询问后，其仍然不明确表示肯定或者否定的，视为对该事实的承认。自认事实一般对于双方当事人不存在争议，不需要举证。通常情况下，法院对当事人自认的事实是认可的，因此，没有必要对当事人自认事实的真实性进行进一步审查，而且法院也不能作出与当事人自认事实相反的认定。但是，对于当事人通过自认事实进行虚假诉讼时，法院不能当然认可该事实，需要进一步查明当事人自认事实的真相。《最高人民法院关于防范和制裁虚假诉讼的指导意见》第六条规定："诉讼中，一方对另一方提出的于己不利的事实明确表示承认，且不符合常理的，要做进一步查明，慎重认定。查明的事实与自认的事实不符的，不予确认。"由此可见，对当事人非常理的自认事实需要进一步查明。

（二）现场勘验

有些案件，仅仅依靠当事人双方提供的证据和在法庭进行庭审调查难以判断清楚，需要通过现场勘验，进一步查明案件真相。民事诉讼中，有些争议的标的物无法移动或者不能携带、搬运至人民法院，而这些物件又是证明案件事实的重要证据，人民法院需要对这些标的物进行勘验，勘验是人民法院了解案件事实真相的重要方法。《民事诉讼法》第八十条规定："勘验物证或者现场，勘验人必须出示人民法院的证件，并邀请当地基层组织或者当事人所在单位派人参加。当事人或者当事人的成年家属应当到场，拒不到场的，不影响勘验的进行。有关单位和个人根据人民法院的通知，有义务保护现场，协助勘验工作。勘验人应当将勘验情况和结果制作笔录，由勘验人、当事人和被邀参加人签名或者盖章。"

（三）司法鉴定

民事案件的司法鉴定是指在民事诉讼过程中，对案件中的专门性问题，由司法机关或当事人委托法定鉴定单位，运用专业知识和技术，依照法定程序作出鉴别和判断的一种活动。我国《民事诉讼法》第七十六条规定："当事人可以就查明事实的专门性问题向人民法院申请鉴定。当事人申请鉴定的，由双方当事人协商确定具备资格的鉴定人；协商不成的，由人民法院指定。当事人未申请鉴定，人民法院对专门性问题认为需要鉴定的，应当委托具备资格的鉴定人进行鉴定。"有些民事案件涉及一些专业技术性很强的问题，需要运用专业知识和专门技术才能解决，这就需要通过专业的司法鉴定进一步查明案件事实。

（四）调查取证

调查取证是指有调查取证权的组织或个人为了查明案件事实的需要，向有关单位、个人进行调查、收集证据。民事诉讼要解决的是原、被告双方存在争议的事实，而要解决争议，需要证据证明案件事实真相。有些民事案件证据不足，难以确定案件事实，需要通过调查取证进一步查明案件事实。《民事诉讼法》第六十四条规定："当事人对自己提出的主张，有责任提供证据。当事人及其诉讼代理人因客观原因不能自行收集的证据；或者人民法院认为审理案件需要的证据，人民法院应当调查收集。"《最高人民法院关于民事诉讼证据的若干规定》第二十条规定，当事人及其诉讼代理人申请人民法院调查收集证据，应当在举证期限届满前提交书面申请。申请书应当载明被调查人的姓名或者单位名称、住所地等基本情况、所要调查收集的证据名称或者内容、需要由人民法院调查收集证据的原因及其要证明的事实以及明确的线索。

律师也拥有调查取证的权利。《律师法》第三十五条规定："律师自行调查取证的，凭律师执业证书和律师事务所证明，可以向有关单位或者个人调查与承办法律事务有关的情况。"律师进行调查取证一般偏重于对委托人有利证据的收集，该调查取证不具有法律强制性，律师调查取证获得的证据资料，需要经过法庭调查核实后，法官予以认可，才可以作为案件的证据进行使用。

三、教学示范

教师提供民事案件资料，示范和引导学生阐明案件需要进一步查明的事实及理由。教师可以综合运用讲授法、讨论法、提问法、示范法等教学方法完成本阶段课堂教学任务。

【案例材料】

蒋翔冰，现年 32 岁，系河北省石家庄市灵寿县北洼乡孙楼村村民。2018 年 10 月 22 日，蒋翔冰与邻村的朋友孙建宝和刘天国一起去县城参加同学江少赟和胡凡勤的婚礼，婚礼举办得非常隆重，蒋翔冰遇到了一些多年没有见过的同学，免不了在酒桌上与同学们畅饮，饭后又与同学们聊天叙旧，下午五点多钟才与孙建宝、刘天国一起回家，蒋翔冰在孙楼村村口与孙建宝、刘天国分手，然后独自往家走，当回到自家门口时，已经六点半左右，天气逐渐转黑，这时其父母蒋子龙和刘艳春饲养的狗便跑到蒋翔冰身旁与其亲热。婚礼宴席结束后，蒋翔冰用塑料袋打包了一些饭菜，准备晚上食用，看到小狗殷勤地跟着自己，蒋翔冰便停下来，坐在门口的台阶上，打开塑料袋，用手指捏着肉片喂狗，突然，邻居张坤宇、苏小雅家的一只小狗也跑过来一起争抢食物。两条狗都竖起身子争抢蒋翔冰手中的肉片，坐在台阶上的蒋翔冰回头去取包里的东西时，右手食指突然被狗咬了一口，他没看清是哪条狗咬了他，看见伤口无大碍，便只作了简单包扎。

2018 年 10 月 26 日，蒋翔冰开始感到胸口闷胀，并口吐白沫，父亲蒋子龙赶紧把蒋翔冰送到北洼乡中心医院诊治，医生诊断后，发现病情严重，为了不耽误治疗，医院建议蒋翔冰的父亲蒋子龙尽早把蒋翔冰转移到县医院进行治疗，父亲蒋子龙遂召集人将蒋翔冰送到灵寿县人民医院抢救，经医院大夫诊断，蒋翔冰患有狂犬病，需要住院治疗，在灵寿县人民医院住院治疗两天后，蒋翔冰的病情加重，10 月 29 日医院下达了"病危通知书"，10 月 30 日下午 5 时蒋翔冰去世。孙楼村村民蒋四海证实：事发当日，蒋四海在离事发现场大约 5 米的距离看见了张坤宇家的狗咬伤蒋翔冰。蒋子龙和刘艳春认为是张坤宇家的狗咬死了其子，于 2019 年 2 月 23 日以张坤宇、苏小雅为被告向灵寿县法院提起诉讼。

【教学步骤】

1. 让学生仔细阅读案件资料，了解案件的基本信息。

2. 引导学生讨论本案需要进一步查明的案件事实。

3. 根据上述案件资料，在帮助学生理清案件基本情况的基础上，阐明该案件需要进一步查明的事实，并说明理由。

本案需要进一步查明的事实：孙楼村村民蒋四海的证言是否属实，即下午6点半左右，天气渐黑，蒋四海在距离事发现场大约5米的位置，能否看清楚谁家的狗咬伤了蒋翔冰。

理由：确定哪只狗咬伤了蒋翔冰是判定原告与被告承担责任的主要依据，因为狗咬人是一瞬间的事情，蒋四海离事发地点有一定的距离，同时需要考虑天气渐黑的因素，他的证言是否真实合理，需要进行实地勘验和调查，才可能得出结论，因此，需要结合当时发生的情况，进一步查明孙楼村村民蒋四海的证言是否属实。

四、实务训练素材

案例材料1

李振东与陈翠花于2002年4月12日经朋友介绍相识，二人交往一段时间，情投意合，感情比较稳定。2003年10月1日，李振东和陈翠花到民政局领取了结婚证，结为夫妻，次年儿子李凯明出生，一家人生活和谐、家庭幸福。陈翠花在家相夫教子，任劳任怨操持家务，照顾儿子，把家里打理得井井有条、一尘不染。李振东头脑比较灵活，人脉较广，与朋友一起创办了四通兴隆房地产开发公司，先后开发了县城的几个高档小区，几年下来便积累了不少财富，李振东成为当地有名的富商。李振东成名之后，应酬比较多，工作也比较忙，回家的次数越来越少，有一次儿子李凯明生病了，陈翠花给李振东打电话，李振东都没有时间回来，陈翠花非常伤心，渐渐地陈翠花感觉到李振东对家庭不再像以前一样有感情有责任了，李振东偶尔回家一次，也是颐指气使、盛气凌人地让陈翠花做这做那，而且故意刁难陈翠花，结果二人不欢而散。陈翠花认为李振东变了，甚至怀疑李振东在外面有其他女人，陈翠花让其妹妹陈翠萍偷偷跟踪李振东，看看他与哪些女人交往密切，有没有外遇。陈翠萍跟踪了李振东一个多月，也没有发现其有什么异常情况，李振东除了因为工作参加一些聚餐活动之外，每天下班都是自己一人回到紫光花园的住处休息，没有发现李振东在其他地方留宿或者带其他女人去其住处。2018年10月1日是陈翠花和李振东结婚 15 周年的纪念日，陈翠花打电话让李振东回家一起庆祝。李振东回来后妻子和儿子都很高兴，本来一家人可以圆圆满满地度过一个有特殊纪念意义的日子，结果李振东喝了点酒，又与陈翠花大吵大闹，而且还动手打了陈翠花，陈翠花忍无可忍，不久便向法院提出了离婚请求，李振东坚决不同意离婚，结果陈翠花的诉讼请求被法院驳回。之后，陈翠花和李振东的关系不但没有好转，而且越来越差，2019 年 8 月 12 日陈翠花再次向法院提出离婚申请。

陈翠花诉至法院称，原告与被告感情不和已经多年，二人聚少离多，被告很少履行丈夫和父亲的责任，而且二人见面就是争吵，矛盾较深，无法一起共同生活。请求法院判决：1. 原告与被告离婚；2. 儿子李凯明由原告抚养，事实上其一直跟随原告生活，并且也同意跟原告共同生活；3. 分割夫妻共同财产（包含房产三套即城东建国路 10 号别墅一套、紫光花园小区 6 号楼 1 单元 2001 室 152 平方米的住房一套、隆兴家园小区 5 号楼 2 单元 1803 室 128 平方米的住房一套，四通兴隆房地产公司 20% 的股权及李振东的银行存款 150 万元）。

被告李振东辩称，1. 同意与原告陈翠花离婚，也同意儿子李凯明跟随原告陈翠花生活。2. 二人共同财产只有陈翠花和孩子居住的隆兴家园小区 5 号楼 2 单元 1803 室 128 平方米的住房一套。城东建国路 10 号别墅是朋友侯子健出资购买的，该房产按照侯子健的要求，已经于 2019 年 3 月 18 日更名到侯子健的名下，被告李振东不是该房产的所有人。紫光花园小区 6 号楼 1 单元 2001 室 152 平方米住房的产权人是朋友侯子健，李振东只是暂时借用该房屋，每天下班后在此居住。李振东只占有四通兴隆房地产公司 10% 的股权，2018 年 12 月 21 日李振东将四通兴隆房地产公司 10% 的股权以 200 万的价格转让给了朋友侯子健。3. 虽然李振东的银行存款有 150 万元，但是李振东在 2017 年 3 月 12 日开发房地产缺少资金时曾经从朋友张苏发处借款 182 万元，至今没有还款，有借条为证。

案例材料 2

原告刘国军、朱璋云与被告孙小林、孙小虎、孙建农、郭天云均是河北省通华市市民。孙建农、郭天云系夫妻关系，孙小林、孙小虎是其两个儿子，孙小林现年 7 岁，孙小虎现年 9 岁。原告刘国军、朱璋云与孙建农一家是前后院的邻居关系，原告刘国军、朱璋云的院落位于被告孙建农居住的房子后面，两家曾经闹过矛盾，关系一向不和睦。原告刘国军、朱璋云在自己的院子里从事塑料颗粒（属易燃物品）的加工和生产。

2019 年 2 月 19 日（农历正月十五）晚 7 时 40 分左右，被告孙小林、孙小虎，在其院内燃放烟花爆竹。原告刘国军在家看电视时听到附近有爆竹声响，便到孙建农院内查看，发现孙小林、孙小虎正在燃放烟花爆竹，在阻止孙小林、孙小虎燃放的过程中，原告堆放在院落里的塑料颗粒起火燃烧，并蔓延到院内的房屋。原告立即组织人员灭火，经过大家共同扑救，大火被扑灭，在灭火的过程中刘国军及其妻子朱璋云被火烧伤，大家立刻把二人送至河北省通华市人民医院进行治疗，二人住院治疗 5 天，花医疗费 6500 元，花交通费 200 元，刘国军与妻子朱璋云住院期间由刘国军的妹妹刘国芹护理，刘国芹系通华市人民医院的护工人员。原告刘国军、朱璋云因火灾造成的机器设备、塑料颗粒原料及两间房屋的损失，经河北省诚鑫汇科价格评估事务所有限公司评估，评估价格为 45000 元，花评估费 1800 元。正月十五当晚原告刘国军、朱璋云院子附近没有其他人燃放烟花爆竹。原告刘国军、朱璋云认为是孙小林、孙小虎燃放烟花爆竹，引起的火灾，要求孙建农、郭天云赔偿损失，遭到拒绝。后原告诉至法院。

原告刘国军、朱璋云诉称，请求人民法院依法判决上述被告方赔偿原告财产损失、医疗费、护理费等共计 54500 元，并由被告方承担本案的一切诉讼费用。

被告孙小林、孙小虎、孙建农、郭天云辩称：一、原告的院子起火与我们无关，原告没有证据证明火灾是孙小林、孙小虎燃放烟花爆竹引起的。原告起诉状中陈述的事实与理由是错误的，原告的院子起火后报警了，通华市公安局松山派出所经过调查证明此事与我们无关；二、原告在居民区从事易燃品的生产不符合法律规定，原告既没有进行工商登记，也无安全生产许可证明，原告将易燃的废料放在被告后面的院子里，且没有任何防护措施，发生燃烧应自己负责，请法庭依法驳回原告的起诉。

原告刘国军、朱璋云提交以下证据证明自己的主张：1. 通华市人民医院住院病历、门诊病历；2. 诊断证明；3. 通华市人民医院收费票据、费用明细；4. 河北省诚鑫汇科价格评估所评估报告；5. 评估票据；6. 车票；7. 护理费证明。

五、实务训练过程

1. 学生按照预先分配的小组坐在一起，各组组长抽取本组实务训练素材的案例。

2. 各组针对本组抽取的案例进行讨论，理清案件的基本情况。

3. 各组通过讨论分析，弄清楚本组案例需要进一步查明的案件事实有哪些，概括本组案例需要进一步查明的事实，并说明需要进一步查明该案件事实的理由，然后撰写在作业纸上。

4. 各组推荐一位同学到讲台上展示本组案例需要进一步查明的案件事实及理由，并提交小组撰写的需要进一步查明的案件事实及理由。

5. 每组展示完成果后，由其他组的同学对该组总结的需要进一步查明的案件事实及理由进行点评，教师进行总结，并给出比较客观合理的评分。

单元课后练习

要求：反复阅读案件，理清案件的基本信息；剔除案件中无用的信息及干扰事项；整理并列举案件中有用的基本信息；根据案件材料合理概括案件的基本情况；如果案例需要进一步查明案件事实，请阐明需要进一步查明的案件事实，并说明理由。

案例材料 1

原告刘希同与被告张晓军、徐小平均系河北省石家庄市居民，原告刘希同与被告张晓军系朋友关系，张晓军与徐小平系同学关系。张晓军在石家庄市兴隆顺安建材市场从事建筑建材零售和批发生意。徐小平大学毕业后，进入中国农业银行石家庄石岗街道支行工作，2013 年初，张晓军进货需要一笔资金，便找到同学徐小平说其朋友刘希同希望徐小平能够帮忙办理 5 万元贷款。2013 年 3 月 27 日，在徐小平的帮助下，张晓军与一个自称刘希同的人在中国农业银行石家庄石岗街道支行办理了 5 万元贷款，贷款合同中记载，贷款人为刘希同，身份证号码为 130105****59，贷款金额为 5 万元，贷款期限为一年，贷款利率为 120‰。贷款合同上签有"刘希同"的名字及按印并加盖名章。该笔借款逾期后未归还，在某银行的征信系统上已经形成不良信用记录。2018 年 2 月份原告刘希同准备贷款购房时发现本人存在上述不良信用记录，截止到 2019 年 3 月欠款本息合计达到 10 万余元，该笔贷款一直处于逾期状态。此纠纷经原、被告协商未果，原告于 2019 年 5 月 18 日将中国农业银行石家庄石岗街道支行、徐小平诉至法院。

原告刘希同向法院提出诉讼请求：1. 请求判令被告中国农业银行石家庄石岗街道支行消除原告在某银行征信中心个人信用的不良记录。2. 请求被告赔偿原告精神损失赔偿金 20000 元。3. 诉讼费由被告承担。原告从来没有在中国农业银行石家庄石岗街道支行办理过贷款行为，2018 年 2 月 18 日，原告准备购买房屋，在办理房屋贷款手续时发现 2013 年 3 月原告在中国农业银行石家庄石岗街道支行有一笔本金为 50000 元的不良贷款已经逾期多年，现在本息合计达到 10 万余元，该笔贷款 2014 年 3 月之后一直处于逾期状态。此结果致使原告无法办理购房贷款合同，造成原告损失巨大，事情发生后原告多次与被告中国农业银行石家庄石岗街道支行的工作人员联系解决此事，但被告以种种借口拒不消除不良记录，原告无奈诉至法院，请法院支持原告的诉讼请求。

被告中国农业银行石家庄石岗街道支行辩称，由于当时案涉贷款的经办人及主任现在已经离职，无法证实原告是否亲自办理了案涉贷款，当时办理贷款时当事人的手续齐全，我行工作人员没有违规操作，故我行不应当承担相应的法律后果。假设案涉贷款确非原告本人签字经办，因造成其个人信用不良的直接原因是使用原告有效证件冒充原告到我行进行贷款，根本原因是冒充原告借款人未能如约还款所致，因此我行仅应承担违反信贷规程导致信用不良的消除责任，不应该承担赔偿精神损失费的责任。

被告徐小平辩称，我曾经是中国农业银行石家庄石岗街道支行的工作人员，我与张晓军是同学关系。2013 年初，他说其朋友刘希同想请我帮忙借点贷款，当时贷款管理都需要提供身份证，后来张晓军与一个持着刘希同身份证自称是刘希同的人到中国农业银行石家庄石岗街道支行办理了贷款合同，当时身份证上的照片和持证人一致，没有发现冒充贷款的迹象，其在贷款合同上履行了签字和按手印手续后，提走了贷款。我也不认识刘希同，不清楚当时是否有人冒充他进行贷款行为。我在办理贷款手续时，按照规定进行操作，没有过错，不应当承担责任。

案例材料 2

何晓梅与刘冬鹏系夫妻关系，二人育有两女一子刘雪梅、刘雪绒和刘雪强，长女刘雪梅成年后嫁给了张志海，双方无子女；次女刘雪绒与胡建华结婚，并育有一女儿胡冬梅；刘雪强娶妻赵小蓉，婚后生有一子刘焕清。何晓梅与刘冬鹏曾经购买了位于重庆市南岸区柳岸花园 6 号楼 1 单元 902 室的住房，该房产登记在刘冬鹏的名下。2002 年 8 月，刘雪梅的丈夫张志海因车祸不幸去世，刘雪梅孤身一人，经刘雪梅、何晓梅与刘冬鹏协商，女儿刘雪梅搬过来与父母何晓梅和刘冬鹏一起居住，这样既解除了刘雪梅的孤独，也便于刘雪梅照顾父母。

2004 年 4 月，重庆市五环中通房地产开发有限公司对重庆市南岸区柳岸花园 6 号楼进行拆迁重建，开发公司给何晓梅与刘冬鹏安置补偿了两处住房即茶园新区小区 4 号楼 2 单元 801 号房和 802 号房对门的两处房屋。2006 年 6 月 12 日下发了房产证，该两处房产都登记在刘冬鹏的名下，刘雪梅住在 801 号房，何晓梅和刘冬鹏住在 802 号房。

刘焕清是何晓梅和刘冬鹏的孙子，深得何晓梅和刘冬鹏的喜爱，刘焕清成年后，何晓梅和刘冬鹏协商，想把茶园新区小区 4 号楼 2 单元 801 号房赠给孙子刘焕清，将来孙子结婚时，有自己的住房，不需要再考虑购房问题。2010 年底何晓梅和刘冬鹏与孙子刘焕清签订了赠与协议，愿意把茶园新区小区 4 号楼 2 单元 801 号房赠给孙子刘焕清。

2011 年 3 月 16 日，何晓梅和刘冬鹏与孙子刘焕清到房地产管理部门办理了房产过户手续，何晓梅和刘冬鹏依法将茶园新区小区 4 号楼 2 单元 801 室房屋转让给了孙子刘焕清，刘焕清取得了茶园新区小区 4 号楼 2 单元 801 室房屋的产权证书。2011 年 11 月 28 日，刘焕清的户籍迁入茶园新区小区 4 号楼 2 单元 801 室房屋，但该房屋一直由刘雪梅居住。

2012 年 6 月 12 日，刘冬鹏去世。刘雪强和刘焕清多次要求刘雪梅搬出茶园新区小区 4 号楼 2 单元 801 室房屋，刘雪梅总是以照顾母亲何晓梅为借口，拒绝搬出去。

2019 年 3 月 18 日刘焕清起诉至法院称：我是位于重庆市茶园新区小区 4 号楼 2 单元 801 室房屋的合法产权人。刘雪梅占有我合法的房屋有八年之久，并拒不支付任何费用，我就刘雪梅占用的涉案房屋已向产权单位委托的物业管理公司垫付了物业费、供暖费等费用 54000 元，并造成了利息损失。刘雪梅理应对我予以返还，故诉至法院，请求如下：一、请求法院判令刘雪梅向我返还已垫付的物业费及供暖费等费用合计 54000 元，并支付利息 6000 元；二、请求法院判令刘雪梅支付自 2011 年 3 月 20 日起至实际腾退房屋之日止，按照每月 1000 元的标准支付使用费。

刘雪梅认为：2004 年 4 月，为了便于照看父母，我父母何晓梅和刘冬鹏同意我住在涉案房屋，并一直交纳房屋的各项费用，直至 2011 年 4 月，我欲向物业公司交纳相关费用，物业公司不收了，才得知父母何晓梅和刘冬鹏把涉案房屋转让给了刘焕清。我住在涉案房屋是为了更好地照看父母，而且住在该房屋是父母的意思。刘焕清主张其交纳了涉案房屋的相关费用，但这些费用与我无关，应由相关单位向我主张，刘焕清无权主张，请求法院驳回刘焕清的全部诉讼请求。

本单元案例材料参考答案要点：

学习任务一之实务训练素材（案例材料1）参考答案要点：

本案基本事实：2019年3月19日，原告潘丽萍与被告宋世安签订"建筑材料购买协议"，约定原告潘丽萍将陶瓷、涂料、石材若干作价200000元卖给被告宋世安，双方同意原告将该批建筑材料全部运送到宋世安指定的装修大楼后，宋世安支付给潘丽萍首付120000元，剩余80000元半年内付清。

半年之后，被告宋世安没有偿还余款80000元，原告潘丽萍诉至法院要求被告给付原告建筑材料余款80000元。

被告宋世安认为原告提供的建筑材料存在一定的质量问题，给其造成了很大的损失，拒绝偿还80000元余款。但是被告并没有提供该批建筑材料质量存在问题的证据。另外，被告认为其签订合同系履行安家速装装潢有限责任公司的职务行为，自己不是适格的被告主体。

学习任务一之实务训练素材（案例材料2）参考答案要点：

本案基本事实：

刘西华与胡尚云生前系夫妻关系。二人生前共育有五名子女，即刘宗强、刘宗化、刘宗蓝、刘宗红与刘宗荣。胡尚云于2004年3月12日去世，刘西华于2018年4月16日去世。1991年，石家庄市鹿泉区莲花镇刘楼村68号宅基地院内有刘西华、胡尚云建造的北房四间，东厢房三间。2006年，涉诉宅基地确权在刘西华名下。

刘宗强提交契约载明，父母协商一致，愿意将刘楼村68号院内的三间东厢房分给刘宗强。特立此字为据；家长签字，胡尚云；见证人签字，刘全才，刘庆宇，刘庆龙，1992年10月11日。刘宗强称签订契约时，刘全才，刘庆宇、刘庆龙、刘宗强、刘宗强的父母刘西华与胡尚云均在场同意并签字。刘宗化、刘宗蓝、刘宗红、刘宗荣对该契约的真实性不予认可，称签订契约的时候父亲刘西华根本不在现场，该契约没有经过父亲刘西华的同意，不具有法律效力。

刘宗强提供证人刘庆宇的证言证实，自己过去签名之后就有事离开了，记得当时刘全才和胡尚云在场，其他人有没有在场已经记不清楚了。

刘宗化、刘宗蓝、刘宗红、刘宗荣提供证人刘全才的证言证实，刘全才按照胡尚云与刘宗强的意思代写了涉诉契约，胡尚云与刘庆宇在契约上签了名字。刘西华、刘宗化、刘宗蓝、刘宗红、刘宗荣都不在场，胡尚云让刘全才代签了刘西华的名字。

2019 年 3 月 16 日，刘宗强诉至法院，请法院判决确认我父母主持下于 1992 年 10 月 11 日签订的分家契约有效。

刘宗化、刘宗蓝、刘宗红、刘宗荣共同辩称：请求法院驳回刘宗强的诉讼请求。

学习任务二之实务训练素材（案例材料 1）参考答案要点：

本案需要进一步查明的事实：1. 城东建国路 10 号别墅是否是侯子健出资购买的；2. 紫光花园小区 6 号楼 1 单元 2001 室 152 平方米住房的产权人是谁；3. 侯子健出资 200 万元购买了李振东占有的四通兴隆房地产公司 10% 的股权是否属实；4. 李振东从朋友张苏发处借款 182 万元是否属实。

学习任务二之实务训练素材（案例材料 2）参考答案要点：

本案需要进一步查明的事实：原告刘国军、朱璋云家中失火与孙小林、孙小虎燃放烟花爆竹是否有关。

学习单元二　案件证据材料分析

本单元包含五个学习任务：归纳原告的证据材料、归纳被告的证据材料、制作原告的证据清单、制作被告的证据清单、分析案件的证据材料。通过本单元的学习和训练，要求学生能够正确识别、甄选、梳理、归纳原告与被告的证据材料，以表格的方式完整、规范地制作出原告与被告的证据清单并掌握制作证据清单的要领，能够对案件证据材料进行恰当分析。

学习任务一：归纳原告的证据材料

一、教学目标和要求

根据案件事实以及原告的诉讼请求，学生能够合理识别、甄选、梳理、归纳原告的证据材料，并掌握归纳原告证据材料的方法。要求学生从原告的诉讼请求出发，搜集和归纳支持原告诉讼主张的证据材料。

二、基本理论

以事实为根据，以法律为准绳原则是我国民事诉讼法的基本原则之一。《民事诉讼法》第七条规定："人民法院审理民事案件，必须以事实为根据，以法律为准绳。"事实就是事情的本来面目，事情的真实情况，已经发生的事情不可能重现，因此，只能依靠证据来证明事情的真实情况。事实问题，其实就是一个证据的问题，说以事实为依据，其实就是以证据为依据。我国民事诉讼举证责任的分配是"谁主张、谁举证"，正如《民事诉讼法》第六十四条的规定："当事人对自己提出的主张，有责任提供证据。"《最高人民法院关于民事诉讼证据的若干规定》第一条明确规定，原告向人民法院起诉，应当附有符合起诉条件的相应的证据材料。归纳原告证据材料应当注意以下问题：

（一）形成证据链

一般情况下，民事案件事实往往是由许多证据组合在一起才能够得以证明，这些证据有的是直接证据，有的是间接证据，无论是直接证据还是间接证据，都只是从某个侧面证明部分案件事实，原告搜集证据之后，需要按照时间的先后顺序梳理证据，找出各个证据之间的内在逻辑关系，让各个证据能够互相印证并形成完整的证据链，从而让证据在时间的一维空间中客观呈现，这样安排的证据可以向法庭展示出前后证据之间紧密关联、环环相扣的关系，通过逻辑分析揭示各个证据之间的内在联系，确保证据链条无懈可击。完整的证据链包含证据具有可采纳性、每个证据都能够从某个侧面证明一定的案件事实、证据之间能够相互印证并且能得出唯一结论这三个要点。

（二）注重目的性

原告应尽可能多地收集与案件事实有关的证据，不管证据是对自己有利还是对被告方有利都要收集，对自己有利的证据可以支持自己的诉讼请求，对被告方有利的证据要做到心中有数，在法庭质证时才不会措手不及。证据收集完之后，应当在合法且不违背公序良俗的前提下，对收集到的证据进行梳理和归纳。梳理和归纳原告的证据要注重目的性，应当结合案件事实并围绕原告的诉讼请求进行梳理和归纳证据，要把支持原告诉讼请求的证据筛选出来，审查这些证据的形式、取得的来源、证明的内容、证明力及与纠纷的关联程度等，把这些证据按照时间发展的顺序进行排列组合，综合判断这些证据是否足以支持原告的诉讼请求，如果原告的诉讼请求不能完全得到支持，把能够有充分证据支持的原告诉讼请求固定下来，针对没有证据或者证据不足的诉讼请求，重新收集、梳理和归纳证据。

（三）筛选核心证据

核心证据是证据体系中的主线，即能够证明案件主要事实而被法庭采信的关键证据。核心证据往往是能够证明案件主要事实的直接证据，以该直接证据为主线，附加间接证据补充证据体系，从而再现还原事件的本来面目，因此，原告应当在庞杂繁多的证据中筛选出核心的证据。证据有主次之分，原告将主要的核心证据筛选出来后，把与该证据有关的非核心证据即次要证据组合起来，作为核心证据的补强或互为表里的印证，形成完整的证据体系，充分合理地展现出案件事实。

（四）避免自相矛盾

原告收集完证据之后应当对证据进行整理和筛选，避免出现自相矛盾的证据。一般来说，自相矛盾主要包含证据之间自相矛盾以及证据与诉讼请求之间的自相矛盾。证据之间自相矛盾是指原告收集的几个证据相互之间自相矛盾，比如原告提供了几个证据证明同一案件事实，但是几个证据的案发时间不一致或者几个证据证明的借款数额不一致等。证据与诉讼请求之间的自相矛盾是指原告提供的证据与其诉讼请求相矛盾，无法支持自己的诉讼请求，比如原告认为被告把其打伤，请求法院判令被告赔偿其因人身侵权给原告造成的损失，但原告提供的录像视频中显示原告与被告相互争吵，争吵过程中原告把被告推倒，被告站起后继续与原告争吵，视频中没有被告殴打原告的画面，原告又没有提供其他证据证明被告对其实施了人身侵权行为，因此，原告的证据与其诉讼请求相矛盾，无法得到法院的支持。

三、教学示范

教师提供民事案件资料，示范和引导学生归纳出原告的证据材料。教师可以综合运用讲授法、讨论法、问答法、示范法等教学方法完成本阶段课堂教学任务。

【案例材料】

李东生与王雪艳是夫妻关系，二人以批发雪糕、烟酒等货物为生。刘梅军与贺红霞系夫妻关系，二人经营一家商店。2019 年 6 月 12 日，李东生、王雪艳与刘梅军、贺红霞签订了雪糕和啤酒的供应合同，合同约定自 2019 年 6 月 12 日起至 2019 年 12 月 31 日止，由李东生、王雪艳向刘梅军、贺红霞持续供应雪糕和啤酒，每日早上 7 点至 8 点把雪糕和啤酒送至刘梅军、贺红霞经营的商店，同时刘梅军、贺红霞提供第二天需求的雪糕和啤酒的类型和数量，如果需求有变动，刘梅军、贺红霞应及时打电话变更需求订单，每日以收货时签收的订单为准，每月的月底结账一次，刘梅军、贺红霞向李东生、王雪艳付清当月的货款。合同签订后，李东生、王雪艳每日指派雇员薛梅庆开车向刘梅军、贺红霞供应雪糕、啤酒若干，刘梅军、贺红霞也按照合同的约定连续四个月的月底与李东生、王雪艳结清了货款。2019 年 10 月底结账时，刘梅军、贺红霞以近期进货支出太大暂时资金周转不开为由，暂时拖欠李东生、王雪艳雪糕、啤酒款 2 万元，并当场在刘梅军和贺红霞的儿子刘永华的作业本上书写了因资金周转问题欠李东生、王雪艳雪糕、啤酒款 2 万元的欠条，刘梅军、贺红霞均签字并注明日期。

2019 年 11 月底，李东生、王雪艳与刘梅军、贺红霞结账时，李东生、王雪艳拿出刘梅军、贺红霞书写的欠条，让其还款，刘梅军、贺红霞一再恳求，希望李东生、王雪艳能够宽限到下个月，李东生、王雪艳考虑到双方还需要继续合作，便做出了让步，结果刘梅军、贺红霞不但没有返还上月的 2 万元欠款，又拖欠李东生、王雪艳 11 月份的雪糕、啤酒款 1.2 万元，刘梅军和贺红霞又在刘永华的作业本上书写了因资金周转问题欠李东生、王雪艳雪糕、啤酒款 1.2 万元的欠条，并再三保证下月底全部结清欠款。

2019 年 12 月 31 日，李东生、王雪艳向刘梅军、贺红霞供应了最后一批雪糕和啤酒，结账时，刘梅军、贺红霞以资金暂时短缺为由，恳请李东生、王雪艳宽限到下月中旬还款，李东生、王雪艳不同意，双方发生了激烈争吵，争吵之后，经过沟通协商，双方达成以下协议：刘梅军、贺红霞必须于 2020 年 1 月 10 日之前清偿李东生、王雪艳 10 月、11 月、12 月三个月的雪糕、啤酒款共计 4.8 万元（10 月份欠款 2 万元、11 月份欠款 1.2 万元、12 月份欠款 1.6 万元，合计 4.8 万元），如果刘梅军、贺红霞不能按时还款，应当每日按照欠款额的 5‰ 向李东生、王雪艳支付利息。刘梅军把该协议写在刘永华的作业本上，双方均签字并注明日期。

签了协议之后，李东生就放心了，因为如果刘梅军、贺红霞不按时还款，需要按日支付利息。因李东生需要去银行办业务，便让王雪艳搭薛梅庆的送货车回家，回头自己打车回家。在去银行的途中，经过红星隆小卖部时，李东生到小卖部买了一包香烟，结果李东生把记载协议的刘永华的作业本落在红星隆小卖部的柜台上。第二天，王雪艳问李东生记载协议的作业本是否已收好时，李东生打开自己的公文包，发现里面没有作业本，回想一下，可能落在了红星隆小卖部或者银行柜台了，于是便开车去红星隆小卖部寻找。小卖部的店主刘梅花说昨天确实发现柜台上有一个作业本，她看到作业本上写着刘永华的名字，以为是刘永华放学在小店买东西落下的，便把该作业本交给了刘永华的母亲贺红霞。李东生给刘梅军、贺红霞打电话索要作业本，遭到拒绝，李东生电话里说记载还款协议的作业本被红星隆小卖部的刘梅花交给了贺红霞，如果不返还作业本，就应该重新书写一个还款协议，刘梅军说还款协议已经书写并交给了李东生，不可能重新出具欠款协议。

2020 年 1 月 10 日，李东生、王雪艳到刘梅军、贺红霞商店索要欠款，刘梅军、贺红霞以李东生、王雪艳没有欠款协议为由拒绝还款，双方发生纠纷，于是，李东生、王雪艳将刘梅军、贺红霞起诉至法院，要求被告返还货款 4.8 万元及利息。

【教学步骤】

1. 让学生仔细阅读案件资料，了解案件基本事实及原告的诉讼请求。

2. 引导和示范学生合理识别、甄选、梳理、归纳原告的证据材料。

3. 根据上述案件资料，在示范学生归纳原告的证据材料时，引导学生掌握归纳原告证据材料的技巧。

原告李东生、王雪艳可以提供以下证据材料：1. 雪糕和啤酒的供应合同；2. 收货单；3. 雇员薛梅庆提供的证言；4. 红星隆小卖部店主刘梅花提供的证言；5. 原告李东生给被告刘梅军打电话的电话录音。

四、实务训练素材

案例材料 1

李富贵与黄小平系夫妻关系，二人育有两个儿子李红民与李红军，李红民和李红军都已经成家立业，各自忙于自己的生活，李富贵与黄小平分别于 2007 年 4 月和 2010 年 3 月去世，二人的遗产分别由李红民与李红军继承。

李红军与胡爱娟结婚后，生育一子李小海，后来二人因夫妻感情不和离婚，两年后，李红军与王莹莹再婚，婚后感情和谐，生活比较幸福。

李红军是上海兴隆天华投资顾问有限责任公司的员工，其主要业务是帮助顾客炒股及购买其他理财产品。李红军比较精明，通过炒股和理财赚了不少钱，哥哥李红民想把手里的闲钱拿出来，让弟弟李红军帮助其理财。自 2005 年起，李红民多次委托李红军以李红军的名义进行投资理财产，李红民胆子比较小，不敢冒险，要求李红军不要用其给的钱炒股，购买理财项目即可，这样比较稳健，每次理财到期后，李红军都把李红民投入的资金连本带息返还给李红民。李红民比较信任弟弟李红军，把钱交给弟弟李红军打理也比较放心，自己不用操心就可以获得一定的利益，所以，手里只要有闲钱就交给弟弟帮助打理。李红军于 2012 年 3 月因病去世，截止到 2012 年 3 月，李红军尚欠李红民理财本金 50000 元未归还。2012 年 6 月 13 日，王莹莹从北京海德金投资顾问有限责任公司（以下简称海德公司）领取了以李红军名义投资的本金及利息共计 216235.5 元。李小海证实李红军去世前曾向其提起李红民为增加收益以李红军的名义向海德金公司投资理财本金 50000 元，上述投资本金及利息尚未归还。

李红民手里有 2012 年 8 月 2 日李小海与王莹莹的电话录音，王莹莹在该电话录音中认可其从海德金公司取走的 216235.5 元理财金中包括李东华、李东英、李自强、李红民的投资本金及利息 180000 元，并承诺在其解决完李红军的遗产纠纷后归还，王莹莹与李小海因分割被继承人李红军的遗产发生争议，李红军的遗产尚未分割。

李红民起诉至法院认为：王莹莹从北京海德金投资顾问有限责任公司取走的理财产品中有 50000 元是李红民的财产，不属于李红军的遗产，王莹莹拒不返还，侵犯了我的合法权益，现诉至法院，要求王莹莹返还我投资的理财本金 50000 元，诉费由王莹莹承担。

王莹莹辩称：李红军生前未告知我李红民曾以李红军的名义投资 50000 元理财产品。2012 年 8 月 2 日，我与李小海在电话中谈到的同意返还李红民投资本金是我误以为存在上述债务，且在李小海同意将李红军的遗产房屋处理完毕后为归还条件的。现我与李小海就李红军遗留的房屋如何处理尚未达成协议，故不同意李红民的诉讼请求。

案例材料 2

王友民与张杰英系夫妻关系。张凯荣与张凯明系兄弟关系，王友民、张杰英与张凯荣、张凯明均居住在石家庄市鹿泉区获鹿镇张家庄村，张凯荣、张凯明所居住的房屋与王友民、张杰英所居住的房屋并排相邻，张凯荣、张凯明房屋在东侧，王友民、张杰英房屋在西侧。双方因张凯荣、张凯明拆建房屋事宜多次发生冲突。2018 年 5 月 15 日，经获鹿镇派出所主持双方进行调解，王友民、张凯荣、张凯明共同签订了《调解协议书》，确认主要事实为 2018 年 5 月 25 日 11 时许，王友民在本镇张家庄村与张凯荣、张凯明因盖房子问题发生争议，后张凯明将王友民打伤。达成协议内容为：1. 双方不要求公安机关依法处理此事，双方私下调解解决。2. 双方不追究对方法律责任。3. 张凯荣、张凯明一次性赔偿王友民医药费、误工费等共计人民币 2400 元整。4. 张凯荣、张凯明保证在相关部门介入解决其盖二层楼房的问题之前，暂停进行二层楼房的建筑，王友民同意在张凯荣、张凯明不进行二层楼房施工的前提下，让对方将一层房顶的修复工作完成，张凯荣、张凯明在此事相关部门介入之前，不得采取任何方式损害王友民家的东墙。5. 此调解为一次性调解，双方保证不再因此事再发生任何违法行为。6. 双方今后因此事引起的后果，责任自负。7. 2400 元赔偿款于 2018 年 5 月 15 日双方在场的情况下履行完毕。

2018 年 9 月 12 日下午 3 时左右，王友民、张杰英与张凯荣、张凯明再次因张凯荣、张凯明拆建房屋事宜产生肢体冲突，当时案外人黄永利、张明华、卢玉玲等均在场。获鹿镇派出所出警并将双方带至镇派出所进行询问，制作了询问笔录，但并未对双方进行任何行政处罚。

张凯荣在该次肢体冲突中受伤，于当日前往获鹿镇中心医院进行治疗，后又于2018年9月15日前往鹿泉区协和医院就诊并住院治疗，经该医院诊断为胸第9、第12椎体压缩骨折，脑震荡，双侧胸腔积液，双肺挫伤，头部开放伤口，全身散在皮擦伤，全身多处软组织损伤。张凯荣于2018年9月24日出院，该医院出院建议为全休1个月，出院1个月后门诊复查，适当功能恢复锻炼，近期禁止下地负重活动。不适随诊。住院期间陪护一人。

2018年9月14日，获鹿镇派出所委托河北省恒鑫司法鉴定所对张凯荣伤情进行法医临床学伤检，该所于2018年9月14日出具法医临床学伤检临时意见书，检查所见为全身多处皮肤挫擦伤大于20厘米。临时意见为：根据现有材料，张凯荣上述损伤暂定为轻微伤。张凯荣花费鉴定费800元。经中间人苏西平调解，王友民同意张凯荣申请河北省天秤司法鉴定中心就其伤情进行伤残等级鉴定，该中心于2018年10月8日出具了医学鉴定意见书，鉴定意见为张凯荣伤残等级为十级，张凯荣花费鉴定费3000元。张凯荣多次请求王友民、张英杰赔偿因侵权造成的损失，均遭到拒绝，于是以王友民、张杰英为被告起诉至法院。

2019年3月2日，张凯荣向法院起诉称：我与王友民、张杰英系邻居，双方均居住在石家庄市鹿泉区获鹿镇张家庄村。2018年9月12日15时许，我正组织人员对自家房屋进行翻建时，王友民、张杰英前来阻挠，并与我发生争执，争执过程中王友民把我推倒在地并将我打伤，故起诉至法院，要求王友民、张杰英赔偿医疗费2250元、住院期间伙食补助费800元、营养费1000元、误工费6600元、护理费1800元、矫形器费用2100元、两次鉴定费3800元、精神损失费6000元、伤残赔偿金68000元。

王友民、张杰英共同辩称：2018年9月12日15时许，双方确实发生冲突，但是张凯荣与张凯明将王友民、张杰英打伤，王友民、张杰英并未动手，因此张凯荣受伤的损失不应由王友民、张杰英承担赔偿责任。不同意张凯荣的诉讼请求。

五、实务训练过程

1. 学生按照预先分配的小组坐在一起，各组组长抽取本组实务训练素材的案例。

2. 各组针对本组抽取的案例，进行讨论，识别、甄选原告的证据材料。

3. 各组通过讨论分析，对原告的证据材料进行梳理，归纳出原告的证据材料，并把原告的证据材料撰写在作业纸上。

4. 各组推荐一位同学到讲台上展示本组归纳的案例中原告的证据材料，并提交小组撰写的原告证据材料。

5. 每组展示成果后，由其他组的同学对该组归纳的原告证据材料进行点评，教师进行总结，并给出比较客观合理的评分。

学习任务二：归纳被告的证据材料

一、教学目标和要求

根据案件事实，结合原告的诉讼请求及其提供的证据材料，学生能够合理识别、甄选、梳理、归纳被告的证据材料，并掌握归纳被告证据材料的方法。要求学生围绕原告的诉讼请求及其提供的证据，搜集和归纳支持被告反驳的证据材料。

二、基本理论

证据是指能够证明案件真实情况的各种客观事实，证据需要符合客观性（真实性）、关联性和合法性。客观性（真实性）是指证据所反映的内容应当是真实的、客观存在的事实，而不是想象的、虚假的、捏造的事实。关联性又称相关性，是指证据与案件事实之间存在客观联系，只有与案件事实存在客观联系的证据，才能起到证明案件真实情况的作用，尽管一切与案件事实相联系的人物、时间、空间、条件、地点等证据均为相关证据，但是往往与案件事实存在因果联系的证据才是最关键、最主要的证据。合法性是指当事人收集和提供的证明案件真实情况的证据必须符合法律的规定，证据必须具备合法的形式、合法的来源并且是法定人员依照法律规定的程序和方法收集的。民事诉讼中原告对其提出的主张负举证责任，被告也应当对其提出的主张提供证据支持。《最高人民法院关于民事诉讼证据的若干规定》中明确指出：被告提出反诉，应当提供符合起诉条件的相应的证据；人民法院应当向当事人说明举证的要求及法律后果，促使当事人在合理期限内积极、全面、正确、诚实地完成举证，当事人因客观原因不能自行收集的证据，可申请人民法院调查收集；在诉讼过程中，一方当事人陈述的于己不利的事实，或者对于己不利的事实明确表示承认的，另一方当事人无需举证证明。因此，被告对原告的主张进行反驳必须提供证据，被告的证据能否充分证明自己的主张是被告反驳成败的关键，收集、归纳被告证据材料需要注意以下问题：

（一）主体资格

被告在收到起诉状后一定要搜集主体资格的证据，换句话说就是需要查明原告和被告是否符合诉讼主体资格。如果被告对原告的主体资格有异议，就应当提供证据证明原告不是适格的诉讼主体，原告不是民事争议的一方当事人，其与被告没有发生权利义务关系，原告的权益也没有受到损害。作为被告方认为自己不符合诉讼主体资格，就需要证据证明自己不是纠纷的一方当事人，自己没有参与纠纷，不具备诉讼主体资格，可以请求法院驳回原告对其的诉讼请求。

（二）诉讼管辖

被告搜集证据时千万不要忽视涉及诉讼管辖的证据，如果有证据证明受诉法院没有管辖权，可以及时提出管辖权异议。管辖权异议是指当事人提出的，认为受理案件的法院对该案没有管辖权的意见或主张。《民事诉讼法》第一百二十七条规定："人民法院受理案件后，当事人对管辖权有异议的，应当在提交答辩状期间提出。人民法院对当事人提出的异议，应当审查。异议成立的，裁定将案件移送有管辖权的人民法院；异议不成立的，裁定驳回。"被告可以根据自己收集的证据审查受理法院是否对案件具有管辖权，如果认为无管辖权的，被告可以在收到诉状之日起15日内提出管辖权异议。管辖权异议制度作为管辖制度的程序性救济措施，对保障当事人诉权、保证管辖规则的正常运行和构建程序正义有重要意义。

（三）纠纷事实

被告应当仔细研究原告诉状中的诉讼请求和纠纷事实，针对纠纷事实搜集、整理和归纳对自己有利的证据材料。被告需要围绕自己不需要承担责任或者承担较小的民事责任进行搜集证据，如果能够提供证据证明原告诉状中阐明的案件事实与被告无关，被告即不需要承担责任；即使根据案件事实能够确定被告需要承担责任，那么被告也可以搜集证据证明自己的责任较轻，应当承担较小的民事责任。虽然原告提供了证据证明案件纠纷的事实，但是被告也可以搜集证据证明原告提出的证明纠纷事实的证据存在瑕疵，如原告取证的程序违反法律的规定、提供的书证是伪造的、证人证言虚假等。

（四）举证责任倒置

举证责任倒置是指按照举证责任分配的一般规则本来应当配置给一方当事人的

举证责任，可以通过法律上的明确规定等转移给另一方当事人承担，也就是说通过法律规定将属于原告的举证责任由被告当事人承担。根据我国相关法律规定，在下列民事诉讼中，对原告提出的侵权事实，被告否认的，由被告负责举证：（1）因新产品制造方法发明专利引起的专利侵权诉讼，由制造同样产品的单位或者个人对其产品制造方法不同于专利方法承担举证责任；（2）高度危险作业致人损害的侵权诉讼，由加害人就受害人故意造成损害的事实承担举证责任；（3）因环境污染引起的损害赔偿诉讼，由加害人就法律规定的免责事由及其行为与损害结果之间不存在因果关系承担举证责任；（4）建筑物或者其他设施以及建筑物上的搁置物、悬挂物发生倒塌、脱落、坠落致人损害的侵权诉讼，由所有人或者管理人对其无过错承担举证责任；（5）饲养动物致人损害的侵权诉讼，由动物饲养人或者管理人就受害人有过错或者第三人有过错承担举证责任；（6）因缺陷产品致人损害的侵权诉讼，由产品的生产者就法律规定的免责事由承担举证责任；（7）因共同危险行为致人损害的侵权诉讼，由实施危险行为的人就其行为与损害结果之间不存在因果关系承担举证责任；（8）因医疗行为引起的侵权诉讼，由医疗机构就医疗行为与损害结果之间不存在因果关系及不存在医疗过错承担举证责任。

三、教学示范

教师提供民事案件资料，示范和引导学生归纳出被告的证据材料。教师可以综合运用讲授法、讨论法、问答法、示范法等教学方法完成本阶段课堂教学任务。

【案例材料】

2018 年 3 月 8 日，河北省阳原县东堡乡东堡村村民王树云在乘坐冀 PD4XXX 号中型普通客车过程中遭遇车祸身亡。赵春花系受害人王树云的母亲，陈振华系王树云的配偶，陈翠英、陈翠蓉是陈振华与王树云夫妻二人所生的子女。陈振华、陈翠英、陈翠蓉曾因王树云的死亡赔偿费用的纠纷，起诉至阳原县人民法院，后经人民法院审理，作出（2018）冀 0828 民初 312 号民事判决，判决结果为：1. 中国人民财产保险股份有限公司阳原支公司应于判决生效之日起十日内，在交强险死亡伤残赔偿限额内赔偿受害人损失 65000 元给赵春花、陈振华、陈翠英、陈翠蓉；2. 中国人民财产保险股份有限公司阳原支公司应于判决生效之日起十日内，在商业三者险责任限额内赔偿损失 264000 元给赵春花、陈振华、陈翠英、陈翠蓉；3. 阳原县斯通龙汽车客运有限公司应于判决生效之日起十日内赔偿受害人损失 184000 元给赵春花、陈振华、陈翠英、陈翠蓉。诉讼费中，阳原县斯通龙汽车客运有限公司负担 3500 元，中国人民财产保险股份有限公司阳原支公司负担 6100 元，赵春花、陈振华、陈翠英、陈翠蓉负担 1200 元。该判决于 2019 年 7 月 18 日生效后，中国人民财产保险股份有限公司阳原支公司已将其应支付的赔偿款 329000 元划至阳原县法院账户，后在该案执行过程中，阳原县斯通龙汽车客运有限公司应支付的赔偿款 184000 元也已执行到位，现存于阳原县法院账户。后因原告赵春花与被告陈振华、陈翠英、陈翠蓉就上述赔偿款的分配无法达成一致协议，原告赵春花遂于 2020 年 1 月 11 日起诉至法院。

王树云死亡时符合《中华人民共和国继承法》第十条第一款所规定的第一顺序继承人资格的为原告赵春花、被告陈振华、陈翠英、陈翠蓉。王树云死亡后，原告赵春花并未参加王树云的葬礼，也未参与操办丧葬事宜。

原告赵春花起诉至法院请求判令：1. 分割原告女儿王树云死亡后由中国人民财产保险股份有限公司支付的赔偿款，将 82250 元分配给原告。2. 分割原告女儿王树云死亡后，阳原县斯通龙汽车客运有限公司应当支付的赔偿款，将 46000 元分配给原告。3. 诉讼费用由被告承担。

被告陈振华、陈翠英、陈翠蓉辩称：一、关于死亡赔偿金：本案中，王树云虽然是原告的女儿，但王树云嫁到陈家，与被告陈振华、陈翠英、陈翠蓉共同生活，原告不是王树云的家庭成员。所以死亡赔偿金原告应不分或少分。二、关于丧葬费、办丧误工费及交通费。王树云死后，丧葬事项全部由被告陈振华、陈翠英、陈翠蓉操办，费用也全部由被告陈振华、陈翠英、陈翠蓉支付，所以这些费用应当首先从死亡赔偿金中扣除。三、在分割共有财产前，应先扣除为争取赔偿金而支付的必要费用。被告陈振华、陈翠英、陈翠蓉通过起诉才争取到赔偿金，其花费的律师费 30000 元、诉讼费 1200 元等应先扣除。

【教学步骤】

1. 让学生仔细阅读案件资料，了解案件基本事实及原告的诉讼请求。

2. 引导和示范学生合理识别、甄选、梳理、归纳被告的证据材料。

3. 根据上述案件资料，在示范学生归纳被告的证据材料时，引导学生掌握归纳被告证据材料的技巧。

被告陈振华、陈翠英、陈翠蓉可以提供以下证据材料：1.（2018）冀 0828 民初 312 号民事判决书；2. 阳原县殡仪馆收款专用收据 3 份；3. 丧葬费支出收据十五份；4. 办理丧葬时误工费证明三份；5. 腾龙云律师事务所律师费收据两份；
6. 阳原县人民法院诉讼收费专用票据两份。

四、实务训练素材

案例材料 1

王学民系李金芳的女婿，刘相成与王东韵是夫妻关系。2018 年 11 月 10 日，经天津亨通思嘉公司居间，原告李金芳的女婿王学民以原告（出卖人）的名义与刘相成、王东韵（买受人）签署《天津市存量房屋买卖合同》及《补充协议》，约定由刘相成、王东韵购买原告李金芳名下位于天津市南开区长虹街道黄河道 48 号楼 8 门 501 号房屋，房屋成交价格为 185 万元，定金 3 万元。同日原告李金芳为甲方、被告刘相成和王东韵为乙方、天津亨通思嘉公司为丙方，三方共同签订了《补充协议》，协议约定 2018 年 11 月 10 日乙方向甲方支付定金 3 万元，买卖合同签署时，该定金则视为首付款的一部分。甲方应在接到丙方的评估通知后，三日内配合评估公司对房屋进行评估。乙方于银行面签之前将首付款人民币 64 万元整自行直接支付甲方。甲乙双方应于出评估报告后两个工作日内共同前往贷款机构办理贷款申请手续。乙方若拒绝购买该房屋，逾期履行本补充协议第 2 条约定的义务超过 15 日的，乙方应在违约行为发生之日起 15 日内，以相当于该房屋总价款的 20% 向甲方支付违约金，乙方向甲方支付的全部款项冲抵违约金，多退少补；丙方收取的费用不予退还。

合同签订前，王学民未能出示原告李金芳的授权委托书，也未向刘相成、王东韵出示房产证原件。王学民表示事后会及时出具上述两项文件。王学民在合同落款处直接签署了原告的名字，没有在代理人处签署自己的名字。刘相成、王东韵向王学民交付了 3 万元定金，王学民以原告的名义向刘相成、王东韵出具了收条。双方还约定自行划转交易结算资金。此后双方合同未再继续履行。

天津亨通思嘉公司的经办人苏三敏提供的证言证实：签署合同时王学民没有出示房主的委托书及房产证原件，但我公司曾经审查过房产证原件，并告诉刘相成、王东韵房屋没有问题。王学民承诺 3 个工作日内补齐委托手续，房屋钥匙也在我公司处。2018 年 11 月 14 日，原告本人到我公司为王学民签署了授权委托书，我公司还进行了录像。当日刘相成就打电话说委托书是无效的，买卖合同已经撤销。此后，我公司为了保证合同的顺利履行，还垫资对房屋进行了评估，并于 2019 年 1

月 18 日 15：30 短信通知刘相成继续履行合同。

刘相成为了证明没有收到亨通思嘉公司 2019 年 1 月 18 日的短信，提供了从联通公司处打印的手机短信清单，该清单没有显示当天有该条短信。

刘相成、王东韵为了证明曾经在 2018 年 11 月 14 日就向王学民提出曾经撤销合同、退还定金，王学民也同意，提供了 2018 年 11 月 15 日刘相成与王学民的电话录音一份，该电话录音时长为三分十余秒。录音内容中，王学民对于刘相成表示"昨天咱们都说好，协商取消交易么"表示认可，并对刘相成要求退定金的要求表示没有时间。刘相成提供的电话通话清单中，该次通话时长为三分十八秒。

刘相成于 2019 年 2 月 15 日向原告李金芳及王学民分别邮寄了要求撤销合同的通知。之后，原告李金芳及王学民要求刘相成、王东韵继续履行合同，双方发生纠纷。

2019 年 3 月 20 日原告李金芳起诉至法院称：2018 年 11 月 10 日，经亨通思嘉公司居间，原告与刘相成、王东韵签署《天津市存量房屋买卖合同》，约定由刘相成、王东韵购买原告位于天津市南开区长虹街道黄河道 48 号楼 8 门 501 号房屋，房屋成交价格为 185 万元，定金 3 万元。同时，我们双方还与天津亨通思嘉房地产经纪有限公司签署了《补充协议》及《居间服务合同》，后来刘相成、王东韵拒绝履行合同。现我诉至法院，要求刘相成、王东韵履行合同，并承担我们的经济损失。

刘相成、王东韵辩称：签约当天，房主即原告本人并未到场，而是一个叫"王学民"的人，自称是原告的女婿，代替原告签署的合同。当时王学民既没有原告的授权委托书，也没有向我们出示房产证原件。王学民说两天内会拿出原告的委托书及房产证原件，我们当时信任了王学民的承诺，签署了《天津市存量房屋买卖合同》。王学民在签合同时也是签署原告的名字，并未在代理人处签署自己的名字。两天后，王学民并未向我出示原告的授权委托书及房产证原件。2018 年 11 月 14 日，我担心合同交易的安全性，请中介公司协调，要求王学民出示有效的授权委托书、房主的身份证原件及房产证原件，中介协调后，王学民仍未出示以上原件。我就与王学民电话沟通此事，明确提出撤销合同，退还定金，王学民也同意了我的要求。2019 年 2 月 15 日，我们以特快专递的形式向王学民和原告李金芳发出了撤销合同的通知。我们已经撤销了该合同，应当由原告退还定金 3 万元。

案例材料 2

郑天伟系阳原县辛堡乡辛堡村村民委员会委员。2019 年 11 月 18 日，该村召开村委委员及群众代表会议，会议主要议题为该村对外承包土地问题及村东头土地的流转问题，郑天伟因为出差在外地，无法回来，未出席该会议。在会议上，大家讨论非常激烈，有人提议村民委员会委员郑天伟出差没有回来，他不同意怎么办，村民委员会主任顾娟敏告诉大家经与原告郑天伟电话联系，原告同意委托被告刘素清代其签字，被告刘素清随即在会议决议同意栏代签原告姓名。

原告郑天伟诉称：原告是阳原县辛堡乡辛堡村村民委员会委员。2019 年 11 月 18 日，村民委员会召开会议，原告因出差没有出席，但事后原告发现该次会议形成的决议中有原告的姓名，经了解，会议决议上原告的姓名是在其毫不知情的情况下由被告代签。被告在会议决议上盗用原告名义，签上原告姓名并按上手印，其行为侵害了原告的姓名权，应属于无效行为。故原告诉至法院，要求：1. 依法判令被告盗用原告名义的签字无效；2. 被告向原告赔礼道歉；3. 被告承担本案的诉讼费用。

被告刘素清辩称：关于阳原县辛堡乡辛堡村村民委员会小北地对外承包问题，村民委员会已经开了多次会议。在 2018 年 11 月 2 日召开的群众代表及村民委员会会议上，原告同意该决议并签字，当时的会议记录可以证明。在 2018 年 11 月 13 日再次就该事项召开村民委员会会议时，原告因出差未归无法签字，当时是村民委员会主任顾娟敏给原告打电话进行沟通，说本人同意委托被告代签的，所以，被告才在会议决议上代替原告签字，村委会主任顾娟敏和村委会委员顾思佳均可证明。签字是经原告委托后被告代签的，所以被告没有过错，不应当承担责任。

五、实务训练过程

1. 学生按照预先分配的小组坐在一起，各组组长抽取本组实务训练素材的案例。

2. 各组针对本组抽取的案例，进行小组讨论，并根据原告的诉讼请求和案件事实，识别、甄选被告的证据材料。

3. 各组通过讨论分析，对被告的证据材料进行梳理，归纳出被告的证据材料，并把被告的证据材料撰写在作业纸上。

4. 各组推荐一位同学到讲台上展示本组归纳的案例中被告的证据材料，并提交小组撰写的被告证据材料。

5. 每组展示成果后，由其他组的同学对该组归纳的被告证据材料进行点评，教师进行总结，并给出比较客观合理的评分。

学习任务三：分析案件的证据材料

一、教学目标和要求

根据案件事实，结合原告与被告的证据材料，学生能够合理分析案件的证据材料，并掌握分析案件证据材料的方法。要求学生围绕原告与被告的主张及其提供的证据，分析案件的证据材料。

二、基本理论

分析案件的证据材料是指对原告与被告提供的证据材料进行解释和说明，主要是从证据材料的来源、证据的内容、证明的对象、证据的证明力等方面进行分析。

（一）证据的来源

根据证据的来源不同，民事证据可分为原始证据和传来证据（即派生证据）两种。原始证据是指直接来源于案件客观事实而未经复制和转述的证据，原始证据属于"第一手材料"，一般要比传来证据更可靠、证明力更强。传来证据（即派生证据）是指非直接来源于案件事实，经过复制、转述、转抄等中间环节辗转得来的证据，其法律效力小于原始证据。

（二）证据的内容

有些证据材料分析的重点是证据的内容，证据的内容不仅反映了当事人之间的法律关系，还体现了当事人当时进行民事法律行为的意思和主张，尤其是合同纠纷案件，合同的具体内容便是证据分析的关键，比如合同成立的时间、合同约定的双方权利和义务、合同的标的、价格、履行期限、履行方式、违约责任、解决争议的方法等，合同这些内容中任何一处有争议，都是合同证据内容分析的核心。

（三）证明的对象

民事诉讼中的证明对象是指诉讼参与人运用证据加以证明的案件事实。分析案件的证据材料需要阐明该证据希望证明的对象，也就是说该证据材料要证明哪些案件事实。分析证据材料的证明对象时应当实事求是地依据证据材料本身可以证明的事实进行说明，避免掺杂着当事人的主观臆断，脱离了证据材料能够证明的事实，比如有的学生在分析侵权案件中受害人的伤情诊断证明时，认为该证据证明受害人是如何受伤的，其实该证据只能证明受害人受伤情况的事实，至于受害人是如何受伤的，需要结合其他证据来证明其受伤的原因。

（四）证据的证明力

证据的证明力是指证据对案件事实的证明作用与效力的大小强弱。证据的证明力表现证据的价值，即证据在多大程度上对待证事实有证明作用。证据之间证明力的大小是客观存在的，它决于证据自身的特征以及证据与待证事实之间的逻辑关系。

根据《最高人民法院关于民事诉讼证据的若干规定》第八十五条规定，人民法院应当以证据能够证明的案件事实为根据依法作出裁判。审判人员应当依照法定程序，全面、客观地审核证据，依据法律的规定，遵循法官职业道德，运用逻辑推理和日常生活经验，对证据有无证明力和证明力大小独立进行判断，并公开判断的理由和结果。

三、教学示范

教师提供民事案件资料，示范和引导学生分析案件的证据材料。教师可以综合运用讲授法、讨论法、问答法、示范法等教学方法完成本阶段课堂教学任务。

【案例材料】

刘怀希与黄晓燕经他人介绍相识，交往一段时间之后，二人关系比较和谐，后结为夫妻，婚后家庭生活比较幸福，先后生育了四个子女，老大刘宗东、老二刘宗西、老三刘宗南、老四刘宗北，刘怀希一家人虽然不富裕，但家庭和睦，父慈子孝，生活平静。1987年5月1日老大刘宗东与张思云结婚成家，另立门户，1988年7月15日儿子刘全才的出生给刘宗东的小家庭增添了更多乐趣。天有不测风云，1997年4月12日刘宗东出门遭遇车祸，不幸去世，不久张思云改嫁他人，刘全才跟随爷爷刘怀希和奶奶黄晓燕共同生活。2013年2月15日，刘怀希因患癌症去世，刘怀希去世对黄晓燕的打击很大，黄晓燕本来身体不是太好，又因为对丈夫刘怀希思念过度，身心均受到影响，多次因病住院治疗，幸亏子女比较孝顺，大家齐心协力进行精心照顾，黄晓燕生命得以延续，2018年9月18日，黄晓燕再次发病住院，于2018年9月22日病逝。

刘怀希与黄晓燕有位于合肥市蜀山区南七里站街道丁岗村58号房屋一套。2018年9月28日，刘宗南、刘宗西、刘宗北、刘全才签订协议：如果黄晓燕名下的房屋（88平方米）获得拆迁补助，则刘全才给刘宗南25万元（贰拾伍万元）之后，任何人绝不再参与黄晓燕名下任何财产的分配：如果未获得拆迁补助，该协议自动失效。

2018 年 10 月，丁岗村办理旧村改造拆迁补偿，因刘全才与奶奶黄晓燕一家共同居住。现在黄晓燕已经去世，所以，所有拆迁手续均由刘全才办理并领取补偿费用。刘宗南对补偿费等事项并不知情，后刘宗南到街道办事处申请查询拆迁安置补偿协议，街道办事处回复该拆迁协议涉及当事人隐私，不在政府信息公开的范围。

2018 年 10 月 29 日，刘宗南组织刘宗西、刘宗北及刘全才召开一次家庭会议，会上刘宗南问刘全才索要拆迁补偿款时与刘全才发生争执，刘宗南认为协议中写明的 25 万元太低，明确表示不愿意执行协议。刘全才表示，黄晓燕就医的所有治疗费用均由自己支付，刘宗南如果想继承遗产，也需要承担医疗费用。争吵中，刘宗南表示，即使不要黄晓燕的任何财产，也不愿意承担任何医疗费用。刘宗西和刘宗北则明确表示放弃继承父母的遗产，于是四人当场达成一致，解除 2018 年 9 月 28 日的协议。以上事项有当日会议活动录像证明。

2019 年 1 月 19 日，刘宗南找到刘全才再次协商黄晓燕财产分配问题，表示自己有权继承父母遗产。刘全才则拿出黄晓燕生前自书的赠与书一份，写明其死后将其房产赠予刘全才，因此房屋拆迁补偿费，刘宗南根本无权获得。刘宗南对此赠与书真实性表示怀疑。

2019 年 10 月，刘宗南以刘全才、刘宗西、刘宗北为被告向人民法院提起诉讼，要求依法继承父母遗产。

【教学步骤】

1. 让学生仔细阅读案件资料，了解案件当事人可能提供的证据材料。

2. 引导和示范学生合理分析案件的证据材料。

3. 根据上述案件资料，在示范学生分析案件证据材料时，引导学生掌握分析案件证据材料的技巧。

本案的证据材料分析如下：

1. 村委会证明。证明被继承人刘怀希、黄晓燕的死亡事实以及其与原告与被告的亲属关系，原告与被告均为第一顺序继承人。

2. 遗产分割协议。证明 2018 年 9 月 28 日，刘宗南、刘宗西、刘宗北、刘全才曾关于黄晓燕遗产分割签署过协议。该协议内容是如果黄晓燕名下的房屋（88 平方米）获得拆迁补助，则刘全才给刘宗南 25 万元（贰拾伍万元）之后，任何人绝不再参与黄晓燕名下任何财产的分配；如果刘全才未获得拆迁补助，该协议自动失效。

3. 赠与书。刘全才提供的赠与书应视为被继承人黄晓燕的自书遗嘱，根据赠与书内容，证明黄晓燕名下房屋均由刘全才继承。但原告对赠与书真实性有异议，原告有权请求鉴定。

4. 家庭会议活动录像。证明 2019 年 1 月 19 日，原告与被告一致同意解除 2018 年 9 月 28 日四人达成的遗产分割协议；刘宗西和刘宗北明确表示放弃继承父母的遗产，但是原告刘宗南与被告刘全才对遗产继承存在纠纷。

四、实务训练素材

案例材料 1

2014 年，马广民投资创办了天竺四方服装加工厂，该厂属于个人独资企业，2014 年 2 月 26 日经审批获得了经营执照，该厂经营比较正常，连续两年都有盈利。2016 年 4 月 22 日，张凤君与马广民签订《工作服生产加工合作协议》，约定合作制作天山水业有限公司员工的工作服，由服装加工厂委托张凤君作为业务代表全权负责跟天山水业有限公司的合作事宜；由张凤君、马广民作为该服装项目的出资方，双方出资，马广民出资 60%，张凤君出资 40%，目前以 20 万元作为基数，如后期需求超出 20 万元，双方需同比例进入资金；双方根据天山水业有限公司的付款金额，每个月结算一次，结算方法，马广民按付款金额的 80%，张凤君按付款金额的 20%，由于天山水业有限公司为承兑汇票结算货款，张凤君应在收到承兑 2 日内送达马广民处，马广民应在收到承兑汇票后 5 日内按票面金额的 20% 支付现金给张凤君，如逾期不支付，违约方按该金额的双倍在下个月的货款中扣除；如今后由于原材料上涨等原因，马广民方经成本核算无利润，且天山水业有限公司不提价的情况下，马广民可向张凤君提出停止供货，张凤君需在收到马广民方书面通知后一个月内作出答复，如双方协商停止供货，由张凤君根据购销合同条款全权负责停止供货事宜，马广民不得单方向天山水业有限公司提出停止供货等。

2018 年 8 月 12 日，张凤君与黄小红在石家庄市公安局栾城分局达成《矛盾纠纷调解协议书》，载明主要事实：张凤君和马广民合作制作天山水业有限公司员工工作服，2018 年春节，马广民方提出以后不再合作制作该工作服事宜，但马广民方未按协议支付张凤君方投资款及分成款。经调解，双方自愿达成如下协议：

1. 2018 年 8 月 12 日前，由服装加工厂开具法人委托书一份，委托张凤君全权负责与天山水业有限公司发生供货差错的 500 套左右服装事宜等数量对清开票后一个月，由马广民方付清 8 万元投资款及余额，数量没有对清之前，马广民方可不付该款项；2. 2018 年 8 月 12 日前，由马广民方支付 6 万元现金分红款给张凤君。张凤君与黄小红签字确认。黄小红确认在签字之前将内容告知了马广民，并得到了马广民的同意之后签字。马广民与黄小红系夫妻关系。

原告张凤君诉称：请求判令马广民、黄小红立即支付张凤君 6 万元分红款及该款自 2018 年 8 月 13 日起至判决给付之日止，按照银行同期贷款利率计算的逾期付款利息。

被告马广民、黄小红辩称：对协议的真实性没有异议，该协议协商的是合伙事务，退伙及分红事宜属合伙事务，合伙事务应由合伙人协商，黄小红不是服装加工厂的合伙人，根据合同的相对性，其不是适合的合同主体，因此黄小红无权签订此协议，该协议应属无效。因此请求驳回张凤君的诉讼请求。

案例材料 2

2018 年 8 月 6 日晚 18 时左右，黄飞彪及同事与刘继军及同学在石家庄工程机械学院篮球场打球，黄飞彪一方四人对战刘继军一方四人，刘继军做假动作投篮时，黄飞彪跳起进行防守，刘继军用右肩撞击黄飞彪胸部后，黄飞彪倒地，手部支撑地面，造成桡骨头骨折。黄飞彪被送往石家庄市龙海骨伤专科医院进行治疗，经诊断为左臂桡骨头骨折，并于 2018 年 8 月 8 日、9 月 8 日、10 月 6 日出具医嘱分别全休一个月，支付医疗费 2546 元。黄飞彪的单位河北省安全监督管理局出具误工费证明记载"兹证明黄飞彪系我单位员工，办公室科员。因其左臂骨折，于 2018 年 8 月 6 日至 2018 年 11 月 8 日未上班工作，根据本单位规定，未向其发放全额工资，扣发期间工资总计为人民币伍仟肆佰壹拾陆元整"。

证人苏三明作证，证明在黄飞彪到达石家庄工程机械学院之前，黄飞彪的同事一行八人要求进入学校篮球场打球，刘继军在门口进行阻拦，经与学校保安协调，学校保安允许黄飞彪同事一行八人进入学校到达篮球场。当篮球场一部分学生离开篮球场时，黄飞彪同事与刘继军同学组织对抗赛。此时黄飞彪赶到，黄飞彪及同事共四人上场，刘继军及同学共四人上场。在刘继军做假动作投篮时，黄飞彪跳起进行防守，刘继军故意用右肩撞击黄飞彪胸部，黄飞彪倒地，手部支撑地面，造成左臂骨折。事发后第三天，苏三明陪同黄飞彪到学校寻求校领导协商解决此事，刘继军承认因球场资源少，不想让黄飞彪及同事进场打球。

黄飞彪提供手机录音一份，录音中记载刘继军承认其不想让黄飞彪等人到球场打球，所以，打球时故意撞击了黄飞彪，但是没有想到会致其倒地受伤。

2019 年 1 月，黄飞彪诉至法院称：2018 年 8 月 6 日晚 18 时左右，黄飞彪与同事及刘继军在石家庄工程机械学院篮球场打球，刘继军在球场蓄意将黄飞彪撞倒，造成黄飞彪左臂骨折。事发后刘继军表示道歉，经双方协商，刘继军同意赔偿黄飞彪骨折产生的相关费用。但后来刘继军反悔，拒绝承担任何责任，也不愿意进行任何赔偿，故我诉至法院要求刘继军赔偿黄飞彪误工费 5416 元、治疗费 2546 元、精神损失费 5000 元、营养费 2000 元、交通费 1500 元，并要求刘继军书面向我赔礼道歉。

刘继军辩称：事发地的学校为涉密单位，明示不准外来人员入内，黄飞彪进入学校打篮球违反学院规定，具有主观过错。黄飞彪是在防守刘继军投篮过程中，未能站稳摔倒，手部触地才受的伤，该损害结果应由黄飞彪承担主要责任。黄飞彪的损害未达到伤残程度，无权要求精神损失费，黄飞彪未住院治疗，营养费无法律依据，交通费应与就医次数相符，医疗费已医保报销，故我只同意赔偿黄飞彪2000 元。

五、实务训练过程

1. 学生按照预先分配的小组坐在一起，各组组长抽取本组实务训练素材的案例。

2. 各组针对本组抽取的案例，进行小组讨论，确定原告与被告的证据材料。

3. 各组通过讨论，分析案件的证据材料，并把分析的证据材料撰写在作业纸上。

4. 各组推荐一位同学到讲台上展示本组归纳的案例证据材料分析，并提交小组撰写的案件证据材料分析。

5. 每组展示成果后，由其他组的同学对该组归纳的案件证据材料分析进行点评，教师进行总结，并给出比较客观合理的评分。

学习任务四：制作原告的证据清单

一、教学目标和要求

根据案件事实，结合原告的诉讼请求及其归纳提供的证据材料，学生能够合理制作出原告的证据清单，并掌握制作证据清单的方法。要求学生能够掌握制作证据清单的要领和格式，独自制作出原告的证据清单。

二、基本理论

民事案件证据清单是当事人或其委托代理人在民事案件中提交法庭的证据目录，是当事人主张的事实与所提供证据的桥梁和纽带。证据清单一般以表格的形式清晰地呈现出案件的证据顺序、证据名称、证据来源、页码、证明内容或对象等内容。证据清单有利于法官和当事人迅速便捷地了解案件的证据材料，提高办事效率；证据清单制作的优劣会影响到法庭对当事人所主张事实的认定，从而对案件处理结果产生一定的影响。根据《最高人民法院关于民事诉讼证据的若干规定》第十九条之规定："当事人应当对其提交的证据材料逐一分类编号，对证据材料的来源、证明对象和内容作简要说明，签名盖章，注明提交日期，并依照对方当事人人数提出副本。"

民事案件证据清单的主要内容（表格样式参见第 55 页民事案件证据清单）：

1. 标题。标题为"民事案件证据清单"，该标题应当加粗居中设置，放在证据清单表格的上方。

2. 证据序号或编号。证据序号也就是证据编号，是表格表头最左边的内容，从"1"开始起编，主要用于证据的检索和引用，证据序号或编号一般按照时间的发展顺序和案件事实的逻辑关系顺序进行编写。

3. 证据名称（简洁合理）。证据名称应当准确体现证据的特征和类型，证据名称需要抽象还是具体应当视情况而定，比如只有一个证人证言的证据名称可以为"证人证言"，如果是几个不同证人的证言，证据名称应当为"张三的证人证言"或"李四的证人证言"。

4. 证据来源。证据来源是指证据事实源出于何处，即证据从何处发现和如何取得。如合同是双方当事人协商一致签订的、居委会证明是居委会开具的、调查笔录是某律师或者有关单位调查取得的等。如果是从别的单位或部门获取的证据，证据来源要写清楚提供证据的具体单位或部门。

5. 证据页码。证据页码编排从第 1 页开始设置，以方便法官及当事人能够快速查找证据。证据页码可以包含所附证据的顺序及页数，如第一个证据 5 页，证据页码可以写为"1-5"，第二个证据 11 页，则应当承接第一个证据标注为"6-16"，此后以此类推。

6. 证据份数。根据《最高人民法院关于民事诉讼证据的若干规定》第十九条之规定，当事人提交证据应当依照对方当事人人数提出副本。因此，原告提供的证据份数应当是法院加上被告人数，也就是被告的人数加一，此处的"一"即是法院，比如有三个被告，证据份数就应该是四份。

7. 证明内容或对象。证明内容或对象应当与当事人主张的事实相对应，有时是一个证据便可以证明一个案件事实，有时需要一组证据来证明一个案件事实，证明内容或对象的表述应当准确完整并且与证据的证明作用保持一致，不能超越证据本身应当证明的内容。比如购买伪劣产品因产品质量问题造成侵权的案件中的购物小票，该证据可以证明当事人在某处购买了某种商品，但不能证明该商品的质量存在问题，商品的质量问题需要其他证据（如商品本身可以作为物证）来证明。

8. 原件或复印件。每份证据都要注明是原件还是复印件，原件只有一份，而复印件可以复制成许多份，一般而言有些物证（比如交给法院保存）可以是原件，而当事人提交的大多数证据均为复印件。

9. 备注。如果证据需要有特别说明时，可以在备注处进行解释说明，如果没有特别说明，此处内容便可以省略。

10. 提供人信息及提供时间。提供人信息及提供时间应当在表格下方，左边撰写举证人或者提供人即原告或者被告，但不能写成代理人的名字，右边撰写举证时间或者提供时间，一般而言原告举证时间与起诉时间一致，被告举证时间是在原告起诉后的一个合理期限内。

三、教学示范

教师提供民事案件资料，示范和引导学生制作出原告的证据清单。教师可以综合运用讲授法、讨论法、问答法、示范法等教学方法完成本阶段课堂教学任务。

【案例材料】

蒋宗华与蒋兴伟、蒋春霖均居住于河北省高碑店市兴华路街道祥和里小区，两家居住在同一栋楼。蒋兴伟与蒋春霖系父子关系。2019 年 10 月 28 日 22 时许，在河北省高碑店市兴华路街道祥和里小区内，蒋宗华与蒋兴伟因蒋兴伟停放在该院内的冀 PD4245 车辆被划而发生争执，后双方有肢体接触。经蒋兴伟报警，河北省高碑店市公安局兴华路街道派出所（以下简称兴华路街道派出所）出警，把相关人员带到了兴华路街道派出所，并进行了询问。经兴华路街道派出所调解，双方各执一词，不愿和解，无法就赔偿问题协商一致。事发后，蒋宗华及蒋兴伟均到兴华益民医院就诊。蒋宗华被诊断为头、胸部外伤，蒋兴伟被诊断为软组织挫伤、胸壁损伤。蒋春霖将冀 PD4245 车辆送往高碑店元华隆兴汽车服务有限公司进行维修，并支付修车费 440 元。

蒋宗华通过在兴华路街道派出所的亲戚调取了事发当晚在兴华路街道派出所制作的询问笔录，笔录中蒋宗华述称：我开车回家，将车辆停放在小区内楼房后面，当时深夜天黑，我下车去查看是否有停车位，走到离平时停车的位置有 1 米多时，突然有人从后面把我踹倒在地，并对我拳打脚踢，我只好奋力反抗，与其扭打在一起，这时，那男子喊来他儿子，两人又用脚踹了我的头部和胸部几下，后来，警察来了把我们带到了兴华路街道派出所。蒋兴伟述称：因为最近几天总是有人划我家的车，我想抓住那个人，当晚，我在自己家车的后面藏着，到了 22 时许，我听见有人走到我的车旁，并看见那人在我的车右侧后门划了一个长约 40 厘米的划痕，我就大喊一声，跑过去把他抓住，结果他回手就打我一拳，我就和他扭打在了一起，后来我就报了警。蒋春霖述称：当晚我听到我父亲喊他抓住划我们家车的人，让我过去帮忙，我就跑到我经常停车的地方，我发现父亲抓着那人的胳膊，父亲说他已经报警了，别让那人跑了。过了一会，警察就过来把我们带到了兴华路街道派出所。

2020 年 1 月，蒋宗华起诉至法院称：2019 年 10 月 28 日 22 时许，我开车回家，由于当时天色很黑，我下车查看停车位时，突然被蒋兴伟踹到，后蒋兴伟和蒋春霖对我拳打脚踢，导致我多处受伤，在警察询问之后，我身体疼痛难忍，家人便叫急救车把我送进医院。后蒋兴伟和蒋春霖造谣说我划了他们的车。故诉至法院，要求蒋兴伟和蒋春霖对我赔礼道歉并恢复名誉，同时要求蒋兴伟和蒋春霖赔偿我医药费 2568 元、护理费 200 元、急救车费 120 元、交通费 60 元、营养费 200 元，精神损失费 1500 元。

蒋兴伟辩称并反诉称：事发之前，我家的车多次被划，于是我就决定晚上在车后面蹲守。事发当晚，我发现蒋宗华划我的车，就试图抓住他，结果我们俩扭打在一起。后来我报警,警察过来把我们带到派出所,给我们做了笔录。因为蒋宗华把我打伤了,我去医院治疗并花费了医药费,故提出反诉,要求蒋宗华赔偿我医药费768元。

蒋春霖辩称并反诉称:我更没有打过蒋宗华,其受伤与我无关。另外,因为蒋宗华将我的车辆划坏,造成我产生修车费损失,故提出反诉要求蒋宗华赔偿我方修车费440元。

【教学步骤】

1. 让学生仔细阅读案件资料,了解案件中原告可能提供的证据材料。

2. 引导和示范学生合理归纳原告的证据材料,并完整准确地制作出原告的证据清单。

3. 根据上述案件资料,在示范学生制作原告证据清单时,引导学生掌握制作原告证据清单的技巧。

本案原告的证据清单如下:

民事案件证据清单

序号	证据名称	证据来源	页码	份数	证明对象	原件/复印件	备注
1	询问笔录	兴华路街道派出所	1-2	3	证明2019年10月28日22时许,在小区停车时,被蒋兴伟和蒋春霖打伤的事实。	复印件	
2	急救车费收据	高碑店市急救中心	3	3	事发当晚被送往兴华益民医院救治。	复印件	
3	诊断证明	兴华益民医院	4	3	证明我头部外伤、胸部软组织损伤。	复印件	
4	医疗费收据	兴华益民医院	5-8	3	证明因受伤治疗而支出的费用。	复印件	
5	交通费收据	通达汽车出租公司	9	3	证明出院回家因打车支出的费用。	复印件	

举证人:蒋宗华　　　　　　举证时间:2020年1月20日

四、实务训练素材

案例材料1

原告白晓东系河北省石家庄市裕华区永宏建材市场业主,从事建筑建材的批发与零售生意,最近几年经常与石家庄龙海兴家装饰装潢有限公司有业务往来。

自 2017 年起，石家庄龙海兴家装饰装潢有限公司曾多次向原告采购地板砖、立邦漆、脚踢线、防火板等装饰建材。2019 年 8 月 15 日，石家庄龙海兴家装饰装潢有限公司从原告处采购了多层板、窗台板、涂料等装修材料，共计 15000 元，被告魏石磊说下次购货时再付款，便向原告出具欠条一张，内容为："石家庄龙海兴家装饰装潢有限公司今欠石家庄市裕华区永宏建材市场业主白晓东建筑材料款 15000 元。"魏石磊在欠条上加盖了石家庄龙海兴家装饰装潢有限公司的公章并签了名字。

2019 年 9 月 18 日，石家庄龙海兴家装饰装潢有限公司与原告白晓东达成租赁协议，内容为：石家庄龙海兴家装饰装潢有限公司租赁白晓东的货车使用，租赁期限 20 天，自 2019 年 9 月 18 日起至 2019 年 10 月 8 日止，租金按照每日 100 元计算，共计 2000 元，租赁期限届满交付货车时向白晓东支付租金 2000 元。后石家庄龙海兴家装饰装潢有限公司一直没有返还货车，也没有向白晓东支付租金。

2019 年 10 月 27 日，石家庄龙海兴家装饰装潢有限公司再次从原告处购买地砖、油漆、踢脚线、地板、涂料、单压板、防火板等装修材料，共计 89000 元，石家庄龙海兴家装饰装潢有限公司不但没有支付上次的欠款，而且这次采购也没有付款，后来又向原告出具欠条一张，内容为："石家庄龙海兴家装饰装潢有限公司今欠石家庄市裕华区永宏建材市场业主白晓东女士未结算货款 89000 元。"欠款人处加盖有石家庄龙海兴家装饰装潢有限公司的盖章和被告魏石磊、郭怀明的签名。2019 年 12 月 15 日，石家庄龙海兴家装饰装潢有限公司又从原告处采购材料共计 58500 元，仍然是出具欠条一张，欠款人处加盖有石家庄龙海兴家装饰装潢有限公司的盖章和被告魏石磊签名。

2019 年 12 月 20 日，石家庄龙海兴家装饰装潢有限公司法定代表人郭怀明变更为孙建德。石家庄龙海兴家装饰装潢有限公司于 2019 年 12 月 25 日变更为石家庄四通惠佳装饰设计工程有限公司。

2020 年 1 月 10 日原告白晓东诉至法院，要求判令被告石家庄四通惠佳装饰设计工程有限公司：1. 返还原告货车；2. 支付原告货车租金自 2019 年 9 月 18 日起至返还货车时止，按照每日 100 元计算；3. 支付原告货款 162500 元，并按照年利率 7% 支付自 2019 年 12 月 15 日起至付清之日止的利息；4. 被告魏石磊、郭怀明对上述欠款及利息承担连带支付责任；5. 本案诉讼费由被告承担。

案例材料2

2017年7月29日，被告黄飞鹤、张爱云向原告马腾飞借款500000元，共同出具《借据》一份交原告收执，该借据载明：借款人黄飞鹤、张爱云因家庭资金周转需要，共同向马腾飞短期借款人民币伍拾万元整（500000元），借款利息共计伍仟元整（5000元），并定于2017年12月28日下午5时前还本付息，若未及时归还全部借款及利息，借款人愿向马腾飞支付1000元／日违约金，若超过借款期限10天仍未及时归还借款本息及违约金，借款人愿意用名下所有资产作为本次借款本息及违约金的连带赔偿，同时，若因此引起的一切法律纠纷，所发生的包括出借人的律师费、交通费、误工费、诉讼费等一切费用，均由借款人黄飞鹤、张爱云承担。备注：本次借款已通过银行转账方式全部转至借款人的指定账户。借款人：张爱云、黄飞鹤（签名及捺指印）。被告陈晓英在《借据》上声明：本人自愿为以上借款人黄飞鹤、张爱云承担担保责任，若本次借款逾期未还，本人愿意承担借款人应履行的还款责任与义务。担保人陈晓英（签字及捺指印）。同日，原告以转账方式通过中国工商银行支付给被告500000元。

期限届满后被告未履行还款义务，原告于2019年12月28日向法院提出诉讼，2020年1月12日原告提出撤诉申请，理由是通过与被告协商，被告同意还款付息并承担违约责任，法院作出（2020）石民初字第0013号民事裁定书准许原告撤回起诉。

嗣后，被告仍未履行还款义务，原告于2020年2月20日诉至法院称，被告黄飞鹤、张爱云系配偶关系，被告陈晓英系黄飞鹤、张爱云借款的担保人，请求：1.判令三被告共同偿还借款本金500000元和借款利息5000元，支付逾期还款违约金自2017年12月28日起至实际支付之日止（按中国人民银行同期同类贷款利率的四倍计算）；2.三被告共同偿还律师代理费28000元；3.判令三被告共同赔偿原告支出的交通费、误工费、诉讼费12000元（暂计人民币12000元，应按原告实际支出费用全额赔偿）；4.本案的诉讼费由被告承担。

原告马腾飞为该案诉讼与石家庄恒信尚法律师事务所签订了委托代理合同，并为此支付了律师代理费28000元。

被告黄飞鹤、张爱云、陈晓英辩称，1.本案已过诉讼时效。该借据定于2017年12月28日下午5时前归还借款，原告应在该日起知道权利被侵害，但原告两年之后才提出诉讼请求，所以，本案已经超过了诉讼时效；2.本案已经超过保证期限。根据相关法律规定，被告陈晓英与原告未约定保证期间，故适用保证期间为主债务履行期届满之日起六个月的规定，但原告并未在该六个月的保证期限内提起诉讼，故应免除被告陈晓英的保证责任；3. 原告支付的律师费、交通费、误工费和诉讼费过高。

五、实务训练过程

1. 学生按照预先分配的小组坐在一起，各组组长抽取本组实务训练素材的案例。

2. 各组针对本组抽取的案例，进行小组讨论，确定原告的证据材料。

3. 各组通过讨论，分析原告的证据材料，并在作业纸上完整制作出原告的证据清单。

4. 各组推荐一位同学到讲台上展示本组制作的原告的证据清单，并提交小组制作的原告证据清单的纸质版。

5. 每组展示成果后，由其他组的同学对该组制作的原告证据清单进行点评，教师进行总结，并给出比较客观合理的评分。

学习任务五：制作被告的证据清单

一、教学目标和要求

根据案件事实，结合被告的答辩主张及其归纳提供的证据材料，学生能够合理制作出被告的证据清单，并掌握制作证据清单的方法。要求学生能够掌握制作证据清单的要领和格式，独自制作出被告的证据清单。

二、基本理论

民事案件中被告证据清单的制作与原告证据清单制作的理论基础和证据清单的主要内容基本一致，此处不再赘述，可以参考上文"制作原告证据清单"中基本理论的内容。

被告需要在合理的期限内提交证据，提交证据时应当附上证据清单，因此，需要特别注意制作被告证据清单的时间要求，应当在举证期限届满之前提交证据材料并完成被告证据清单的制作。

根据《最高人民法院关于民事诉讼证据的若干规定》之规定，人民法院应当向当事人说明举证的要求及法律后果，促使当事人在合理期限内积极、全面、正确、诚实地完成举证。被告应当在答辩期届满前提出书面答辩，阐明其对原告诉讼请求及所依据的事实和理由的意见。因此，一般而言，被告应当在提交书面答辩的同时，提交证据材料并附上证据清单。

被告搜集、归纳证据材料和制作证据清单都应当在举证期限内完成。通常情况下，人民法院向被告送达应诉通知书时，并附有举证通知书，举证通知书应当载明举证责任的分配原则和要求、可以向人民法院申请调查收集证据的情形、人民法院根据案件情况指定的举证期限以及逾期提供证据的法律后果等内容。当然，举证期限可以由当事人协商，并经人民法院准许。人民法院指定举证期限的，适用第一审普通程序审理的案件不得少于15日，当事人提供新的证据的第二审案件不得少于10日。适用简易程序审理的案件不得超过15日，小额诉讼案件的举证期限一般不得超过7日。

举证期限届满后，当事人提供反驳证据或者对已经提供的证据的来源、形式等方面的瑕疵进行补正的，人民法院可以酌情再次确定举证期限，该期限不受前款规定的期间限制。

有时遇到特殊情况，当事人可以申请延长举证期限。当事人申请延长举证期限的，应当在举证期限届满前向人民法院提出书面申请。申请理由成立的，人民法院应当准许，适当延长举证期限，并通知其他当事人。延长的举证期限适用于其他当事人。申请理由不成立的，人民法院不予准许，并通知申请人。

根据《最高人民法院关于民事诉讼证据的若干规定》第五十五条之规定，存在下列情形的，举证期限按照如下方式确定：（一）当事人依照《民事诉讼法》第一百二十七条规定提出管辖权异议的，举证期限中止，自驳回管辖权异议的裁定生效之日起恢复计算；（二）追加当事人、有独立请求权的第三人参加诉讼或者无独立请求权的第三人经人民法院通知参加诉讼的，人民法院应当依照本规定第五十一条的规定为新参加诉讼的当事人确定举证期限，该举证期限适用于其他当事人；（三）发回重审的案件，第一审人民法院可以结合案件具体情况和发回重审的原因，酌情确定举证期限；（四）当事人增加、变更诉讼请求或者提出反诉的，人民法院应当根据案件具体情况重新确定举证期限；（五）公告送达的，举证期限自公告期届满之次日起计算。

总之，被告应当在举证期限内，根据自己提交的证据材料，合理、完整地制作好证据清单，并及时向法院提交。

三、教学示范

教师提供民事案件资料，示范和引导学生制作出被告的证据清单。教师可以综合运用讲授法、讨论法、问答法、示范法等教学方法完成本阶段课堂教学任务。

【案例材料】

2010 年刘怀志与马腾云经朋友介绍相识，后两人建立恋爱关系，经过几年的交往，二人感情颇深，于 2016 年 9 月 1 日登记结婚，2017 年 10 月 5 日生育一子名刘宗南。刘怀志与马腾云结婚之后夫妻感情尚可，后因生活琐事产生矛盾。

刘怀志与马腾云于 2017 年 8 月 18 日在天津鸿达汽车贸易有限公司购买一辆宝马牌小汽车（税价合计 382100 元），购车款中有 30 万元系自马腾云之母李小雪名下卡号为 6214**********3432 的招商银行卡转账支付，该车一直由马腾云使用。双方均认可除李小雪支付的 30 万元外，其余购车款系以夫妻共同存款支付，认可该车现价值为 30 万元。

2018 年 3 月，马腾云与王庆华、张广科、付青云、苏炳云共同出资组建佰斯特公司，马腾云认缴的出资额 40 万元，占公司注册资本的 30%，其中 10 万元已于 2018 年 3 月 25 日自其名下中国工商银行账户汇缴。

2018 年 4 月 2 日，马腾云与石龙宏海开发股份有限公司签订《固定车位买卖协议》，购买坐落在天津市滨海区蓝色花园三区地下车库二层 1155 号车位（以下简称 1155 号车位）一个，购买价格为 10 万元；同年 4 月，马腾云之父马光明以马腾云名义与天津五方实业置业股份有限公司签订《地下车库租赁合同》，租赁坐落在天津市北辰区紫荆花园一区 2 号楼地下车库 1232 号车位（以下简称 1232 号车位），租期 40 年，自 2018 年起至 2058 年 5 月 1 日止，租金共计 40000 元。前述两笔费用均系马腾云之母李小雪自其名下光大银行卡号尾号 2234 账户汇款支付。刘怀志认为上述两个车位均登记在马腾云名下，属夫妻共同财产，要求马腾云给付分割款 7 万元；马腾云认为车位购买款 10 万元和租赁费 40000 元均系其母垫付，故上述两个车位均属马腾云个人财产，不同意分割给刘怀志。

刘怀志提供了其名下中国建设银行卡（尾号 2215）的账户（理财金账户）显示余额 46000 元，中国工商银行卡（尾号 3230）账户显示余额 52000 元。马腾云指出了其名下中国银行卡（尾号 2211）账户（理财金账户）显示余额 80200 元、中国建设银行卡（尾号 3400）账户显示余额 12000 元。马腾云认为其名下中国银行卡（尾号 2211）账户（理财金账户）的余额 80200 元中有 50000 元钱是母亲李小雪转入的，2019 年 2 月马腾云的儿子刘宗南得病急需用钱，马腾云便打电话让母亲李小雪转入 50000 元给儿子治病，该笔金钱是从母亲李小雪处借用的。

2019 年 7 月，刘怀志起诉称，我与马腾云结婚后生育一子刘宗南。婚后双方疏于沟通，矛盾不断，现夫妻感情已经破裂。诉请判决：1. 双方离婚；2. 婚生子刘宗南由马腾云抚养；3. 分割小汽车、佰斯特公司股份、1155 号车位、1232 号车位及被告的银行存款等夫妻共同财产。

马腾云答辩称：一、同意与刘怀志离婚。二、同意由我抚养儿子刘宗南，要求刘怀志一次性支付抚养费 50 万元，或按每月 3000 元支付抚养费。三、要求分割下列夫妻共同财产：1. 刘怀志手里的夫妻共同存款 98000 元；2. 登记在马腾云名下的宝马牌汽车一辆；3. 马腾云认缴佰斯特公司的出资额为 40 万元，目前只缴纳 10 万元，尚欠 30 万元未缴纳。四、要求分担下列夫妻共同债务：1. 为购买丰田越野车向马腾云之母李小雪借款 30 万元；2. 给儿子看病向母亲借款 5 万元。

【教学步骤】

1. 让学生仔细阅读案件资料，了解案件中被告可能提供的证据材料。

2. 引导和示范学生合理归纳被告的证据材料，并完整准确地制作被告的证据清单。

3. 根据上述案件资料，在示范学生制作被告证据清单时，引导学生掌握制作被告证据清单的技巧。

本案被告的证据清单如下：

民事案件证据清单

序号	证据名称	证据来源	页码	份数	证明对象	原件／复印件	备注
1	结婚证	滨海区民政局	1-2	2	证明原告与被告于 2016 年 9 月 1 日登记结婚	复印件	
2	出生证明	塘沽妇产医院	3	2	儿子刘宗南于 2017 年 10 月 5 日出生	复印件	
3	购车发票	鸿达汽车贸易有限公司	4	2	2017 年 8 月 18 日双方在天津鸿达汽车贸易有限公司购买一辆宝马牌小汽车含税价 382100 元	复印件	

序号	证据名称	证据来源	页码	份数	证明对象	原件/复印件	备注
4	建设银行转账记录	建设银行天津分行	5	2	证明 2017 年 8 月 18 日李小雪转给马腾云 30 万元	复印件	
5	固定车位买卖协议	石龙宏海开发股份有限公司	6-7	2	证明马腾云以 10 万元价格购买了 1155 号车位	复印件	
6	2018 年 4 月 2 日转账记录	光大银行天津分行	8	2	购买 1155 号车位的 10 万元系李小雪的光大银行卡支付的	复印件	
7	地下车库租赁合同	五方实业置业股份有限公司	9-10	2	证明马腾云以 4 万元价格租赁 1232 号车位，租期 40 年	复印件	
8	2018 年 4 月 28 日转账记录	光大银行天津分行	11	2	租赁 1232 号车位的 4 万元系李小雪的光大银行卡支付的	复印件	
9	出资证明	建佰斯特公司	12	2	马腾云认缴佰斯特公司的出资额为 40 万元，目前只缴纳 10 万元，尚欠 30 万元未缴纳	复印件	
10	中国银行账户明细	中国银行天津分行	13-15	2	马腾云的中国银行卡（尾号 2211）账户（理财金账户）的余额为 80200 元	复印件	
11	中国建设银行账户明细	中国建设银行天津分行	16-18	2	马腾云的中国建设银行卡（尾号 3400）账户的余额为 12000 元	复印件	
12	2019 年 2 月的转账记录	光大银行天津分行	19	2	2019 年 2 月母亲李小雪转入 50000 元给马腾云的儿子治病	复印件	

举证人：马腾云　　　　　　　　举证时间：2019 年 7 月 29 日

四、实务训练素材

案例材料 1

2017 年 10 月 12 日，苏志刚诉至法院称：苏志刚系被继承人周四海之子，赵小云系周四海之妻，周四海在 2017 年 9 月 14 日因病去世，留下位于天津市河东区上杭路街道泰兴南路 28 号 4 号楼 1 单元 104 号房产一套，以及住房公积金、抚恤金、丧葬费等财产，故诉至法院，要求继承周四海名下位于天津市河东区上杭路街道泰兴南路 28 号 4 号楼 1 单元 104 号房屋；与赵小云共同继承周四海的养老保险费、住房公积金、抚恤金、丧葬费及医保部分的二次报销费用；继承周四海名下的银行存款。

赵小云辩称：我不同意苏志刚的诉讼请求，对于房产，我方认为应当由苏志刚、赵小云及赵小云之子继承，养老金、公积金属于夫妻共同财产，应当依法分配，抚恤金、丧葬费不属于遗产。家具家电是我与周四海婚内共同财产。在遗产分配前，应将我支付的治疗费、丧葬费予以扣除。考虑到我的实际状况，还有一个14岁的未成年儿子需要抚养，周四海去世时的医疗费、丧葬费都是我一人支付的，苏志刚从未支付，苏志刚与周四海来往较少，连周四海经历三次婚姻都不知道。另，苏志刚在周四海住院期间只来过三次，苏志刚还让我借钱支付医疗费，请求法院在分配遗产上，给我多分。

被继承人周四海与赵小云系夫妻关系，双方在2015年6月24日登记结婚，均系再婚。苏志刚系被继承人周四海与前妻所生之子。赵小云与前夫在2006年经法院调解离婚，双方之子胡建华归男方抚养。2017年9月14日周四海去世，未留有遗嘱。

位于天津市河东区上杭路街道泰兴南路28号4号楼1单元104号房产系周四海于2010年7月11日购买，并于2013年9月10日办理了房屋所有权证，该房屋按经济适用房管理，产权人登记在周四海名下。

存放在天津市河东区上杭路街道泰兴南路28号4号楼1单元104号房产内的周四海与赵小云的共同财产有：三星46寸液晶电视一台、容声冰箱一台、布艺转角沙发一组、双人床一张、联想笔记本电脑一台。

现在中国工商银行周四海名下账号为6222***********8465账户内的余额为560元。2017年12月20日，天津市四通海天股份有限责任公司出具了证明，内容为：我单位职工周四海截止到2017年9月个人养老保险账户余额68000元（存于单位社会账户），住房公积金账户余额26000元（存于单位住房公积金账户），丧葬费8000元（未领），赵小云提供借条复印件2张，欲证明其为给周四海看病及办理后事借款65000元的主张，苏志刚对此不予认可。赵小云提供证人朱三民的证言一份，证言内容为赵小云当着朱三民的面交付给苏志刚45000元，作为苏志刚为周四海办理后事的预支费用。苏志刚承认赵小云给其45000元为周四海办理后事，但其未向法院提供其支出该笔费用的证据。

案例材料2

2015年5月10日，石家庄市元氏县宋曹镇人民政府及经济联合总公司（以下简称甲方）与石家庄宏海速达医药有限公司（以下简称乙方）签订协议书，双方约定：一、甲方无偿为乙方提供土地15.5亩，使用期限为50年。二、甲方负责为乙方协调元氏地方各方面关系，办理企业注册、税务、招工、计量、海关等一切手续。……六、甲方负责为乙方协调环保部门的关系，并承诺免费排水。2016年8月15日，刘国标与原元氏县赵同乡赵同村村民委员会签订承包合同书，双方约定：赵同村委会将本村杨树林承包给刘国标经营管理。四至及面积，村庄南边（居民住宅以外）凡属集体所有的往西至大坎地界，南边至涝地沟，东至杨楼村地界，北至赵杨路以南属赵同地界内的林木（不包括白地面积）。承包年限为50年，即自2016年8月15日至2066年8月15日。此承包合同书附表及有关说明载明，赵同村委会承包给刘国标的杨树林东至杨楼村地界，西至大坎地界，北至赵杨路，南至落地沟，总面积988亩，包括此范围内的全部林木、道路、河滩、土地（不包括白地面积）及现有水电设备、设施等。宏海速达医药公司与刘国标承包的林地南北相邻，刘国标承包的林地在南。宏海速达医药公司产生的污水一直向其西边的河道内排放。该污水顺河道流经刘国标承包的林地。

2019年12月12日，刘国标诉至法院称：2016年8月15日，我承包赵同村林地988亩，承包期为50年。石家庄宏海速达医药有限公司地处赵同村东，其公司院内的污水自东向西排出，污水流经我承包的林地。后我发现河两侧自己承包的树木出现死亡、干叶等现象，被污染的林地达50余亩。故起诉请求法院判令宏海速达医药公司立即停止向我承包的林区排放污水；令宏海速达医药公司赔偿我2016年至2019年的经济损失1850000元及至损害停止时的经济损失。

宏海速达医药公司辩称：2015年5月10日，我公司与原石家庄市元氏县宋曹镇人民政府及经济联合总公司签订了协议书。该协议书第1条明确约定："甲方负责为我公司协调环保部门的关系，并承诺免费排水。"2016年4月22日，石家庄市元氏县政府平政办发〔2016〕33号专题会议关于我公司经营发展问题协调会纪要中第6项，要求县环保局指导和协调我公司做好排污等环境治理工作，经县环保局同意，我公司的污水经处理达标后，可以排入该排水河道。多年来，我公司排放的污水经有关部门检测，符合排放标准，况且我公司排放的污水现在已经不再流经刘国标承包的林地。刘国标林地受到的损害与我公司不存在因果关系。故此，请求法院驳回刘国标的上述诉讼请求。

五、实务训练过程

1. 学生按照预先分配的小组坐在一起，各组组长抽取本组实务训练素材的案例。

2. 各组针对本组抽取的案例，进行小组讨论，确定被告的证据材料。

3. 各组通过讨论，分析被告的证据材料，并在作业纸上完整制作出被告的证据清单。

4. 各组推荐一位同学到讲台上展示本组制作的被告的证据清单，并提交小组制作的被告证据清单的纸质版。

5. 每组展示成果后，由其他组的同学对该组制作的被告证据清单进行点评，教师进行总结，并给出比较客观合理的评分。

单元课后练习

要求：反复阅读案件，掌握案件的基本事实，归纳出原告与被告的证据材料；分析案件的证据材料；并根据案件的证据材料完整、准确、合理地制作出原告与被告的证据清单。

案例材料 1

张春明早年丧妻，孤身一人含辛茹苦地抚养了张东海、张东云、张东霞、张东军四个子女，孩子们都已长大成人，建立家庭，有了自己的事业，张春明也退休在家，幸福地安度晚年。1999 年 4 月，张春明用光了自己的所有积蓄，花了 15 万余元购买了上海市闵行区春草家园小区 6 号楼 1 单元 1003 号的两居室房屋，产权登记在张春明名下。

一晃十年过去了，张春明的身体开始出现一些不良状况，多次因病住进了医院，张春明担心自己单独居住，没有亲人在身边，万一晚上犯病不能得到及时救助，就可能撒手人寰。于是张春明与小儿子张东军商量，希望能够把现有住房卖掉，住进张东军的家里，一旦身体不适，张东军也方便照顾，张东军同意了父亲张春明的想法，愿意照顾父亲的生活。2010 年 6 月 15 日张春明把自己春草家园小区 6 号楼 1 单元 1003 室的两居室房屋出售，该房屋交易价格 85 万元。2010 年 11 月 12 日，张东军作为买方购买上海市闵行区燕子路西里 4 号楼 1501 号两居室房屋，房价款 82 万元。张春明从自己的卖房款中支付给张东军 80 万元，张东军自己筹备了两万元。支付了购房款后张东军买下了燕子路的两居室房屋，第二天张东军就取得了该房屋的所有权证。

2016 年 2 月 11 日，张春明签署《财产赠予情况说明》，该说明主要内容为："我叫张春明，生于 1936 年 4 月 25 日，现住上海市闵行区燕子路西里 4 号楼 1501 号，我早年丧妻，有张东海、张东云、张东霞、张东军四个子女，曾于 2010 年 6 月 15 日把自己春草家园小区 6 号楼 1 单元 1003 室的两居室房屋卖出，该房屋当时的交易价格是 85 万元，因为我与小儿子张东军一起居住，以后由张东军负责我的养老送终，我自愿赠予张东军 80 万元，帮助其购买上海市闵行区燕子路西里 4 号楼 1501 号两居室房屋，已于 2010 年 11 月实际给付完毕。"该说明的落款为张春明，时间是 2016 年 2 月 11 日。

2016 年 10 月 12 日，张春明、张东海、张东云、张东霞签署《财产情况说明》，其内容为："2010 年父亲张春明委托小儿子张东军通过房屋中介卖掉上海市闵行区春草家园小区 6 号楼 1 单元 1003 室的住房，并用此款以张春明的名义买下上海市闵行区燕子路西里 4 号楼 1501 号住房，自买房之日起至今父亲张春明同小儿子张东军夫妇住在此处。"四人均在情况说明内签字。

2017 年 4 月 14 日，张东海、张东云、张东霞曾陪同张春明到闵行区人民法院起诉张东军要求确认上海市闵行区燕子路西里 4 号楼 1501 号房屋权属，闵行区人民法院以（2017）闵民初字第 2048 号受理了该案，后来法院依法终结了该案的审理。因为，在该案审理过程中，承办法官与张春明单独面谈时，了解到张春明并不想起诉小儿子张东军，是张东海、张东云、张东霞不依不饶，自己没有办法才来法院的，起诉张东军并非张春明真实意思表示，所以，法院进行了结案处理。

张春明与小儿子张东军一起生活时，曾经患过一次脑梗死，经过及时抢救，虽然挽救了生命，但是右边肢体活动明显受限，需要搀扶着才能行走，经过一段时间的艰苦训练，张春明右腿和右胳膊都有明显的恢复，自己每天散步锻炼身体，生活基本能够自理。2017 年 9 月 17 日，张春明又突患脑梗，张东军赶紧打 120 电话把父亲送往医院，第二天，张春明经抢救无效死亡。在医院为张春明作出的死亡医学证明书中载明：直接导致死亡原因大面积脑血栓堵塞脑动脉引起的脑组织缺血缺氧致死。张春明只有张东海、张东云、张东霞、张东军四个子女，无其他继承人。

2018 年 2 月，张东海、张东云、张东霞起诉至法院称：张东军欺骗张春明委托其卖掉位于上海市闵行区春草家园小区 6 号楼 1 单元 1003 室的住房，并用此款以张春明的名义买下上海市闵行区燕子路西里 4 号楼 1501 号住房一套，但张东军在未经张春明同意并授权的情况下将该套房子登记在张东军名下。张春明与我们共同签署的《财产情况说明》可以证明此事实。因此，要求法院依法撤销张春明对张东军的房屋赠予，位于上海市闵行区燕子路西里 4 号楼 1501 号住房由我们与张东军共同所有。

张东军辩称：上海市闵行区燕子路西里 4 号楼 1501 号房屋是自己合法所有的财产，父亲张春明赠予我 80 万元是通过合法手续取得。我不同意张东海、张东云、张东霞的诉讼请求。

案例材料 2

原告蒋向军与被告李红梅于 2013 年 8 月 16 日经人介绍相识，二人相识后互相爱慕，经过一段时间交往后，蒋向军、李红梅于 2014 年 12 月 29 日登记结婚。2016 年 11 月，李红梅之父母为李红梅购买了本田雅阁小客车一台（车牌号为京NLL087），蒋向军书写了《财产约定》，承诺以后如发生任何分歧，此本田雅阁小轿车都归属于李红梅一方。现该车在蒋向军处。

蒋向军、李红梅虽然领取了结婚证，但是因为各自忙于工作，结婚仪式迟迟没有举行，在李红梅的再三督促下，2017 年 8 月，蒋向军、李红梅才举行了结婚仪式，婚礼办得非常隆重，李红梅也很满意，亲朋好友送来祝福并赠送了彩礼，除去办置婚礼支出的费用之外，剩余礼金 12 万余元。2018 年，李红梅怀孕，2019 年 3 月 18 日，李红梅在海淀区妇幼保健院产下一女婴。2019 年 6 月，蒋向军、李红梅给小孩办百天，蒋向军的亲属又赠送了礼金 6 万余元。

后在例行检查时，原告蒋向军发现该婴儿血型为 A 型，而蒋向军、李红梅的血型均为 B 型，蒋向军因此确定其并非该婴儿生父，经向李红梅质询，李红梅承认该婴儿的生父不是蒋向军，是与他人出轨所致。双方因此发生纠纷。

蒋向军、李红梅结婚以后，蒋向军将其工资卡交给了李红梅。截至 2020 年 1 月 18 日，李红梅工资卡余额是 2183.88 元，蒋向军工资卡余额为 12688.19 元。在双方婚姻关系存续期间，未有大额支出。

2019 年 12 月 15 日，蒋向军诉至法院，请求判令我与李红梅离婚；判令双方共同收入扣除一般家庭支出的剩余部分全部归我所有；判令李红梅返还我的亲友给付的结婚礼金 12 万元及因生小孩给付的礼金 6 万元；判令双方婚姻关系存续期间购买的车牌号为京 NLL087 的本田雅阁轿车归我所有；判令李红梅向我支付精神损害抚慰金 5 万元。

李红梅辩称：一、答辩人同意离婚。二、双方在婚姻存续期间，财产来源主要是双方的工资收入，并无其他来源，法院应依据双方提交的工资收支明细表来认定并分割夫妻共同财产。三、关于返还结婚时蒋向军亲友所给付的礼金及因生小孩给付的礼金。礼金是双方的亲朋、好友、同事的赠与行为，蒋向军要求返还，主体不适格。四、关于双方婚姻关系存续期间购买的本田雅阁车。该车辆是答辩人的父母于 2016 年 11 月全部出资购买，登记在答辩人名下，是答辩人父母赠予答辩人的个人财产，不属于夫妻共同财产，而且双方在 2016 年 11 月 26 日书面约定该车属于答辩人一方，所以不存在分割的情形。五、关于精神损害赔偿。答辩人的行为虽然客观上导致了夫妻感情破裂，但并没有违反《民法典》第一千零九十三条的规定。因此，蒋向军要求精神损害抚慰金的诉讼请求，没有法律依据。综上所述，请求人民法院依法判决双方离婚并分割夫妻共同财产。

本单元案例材料参考答案要点：

学习任务一之实务训练素材（案例材料1）参考答案要点

原告李红民可以提供以下证据材料：1. 李红军的死亡证明；2. 李红民委托李红军理财的记录明细；3. 李小海提供的证言；4. 李小海与王莹莹的电话录音材料。

学习任务一之实务训练素材（案例材料2）参考答案要点

原告张凯荣可以提供以下证据材料：1.《调解协议书》；2. 获鹿镇派出所制作的询问笔录；3. 黄永利、张明华、卢玉玲等人的证人证言；4. 获鹿镇中心医院的诊断证明；5. 鹿泉区协和医院的诊断证明；6. 出院证明；7. 医疗费单据；8. 法医临床学伤检临时意见书；9. 伤残等级鉴定意见书；10、两次鉴定的费用单据；11. 误工费证明；12. 矫形器收据；13. 伙食及营养费单据。

学习任务二之实务训练素材（案例材料1）参考答案要点

被告刘相成、王东韵可以提供以下证据材料：1.《天津市存量房屋买卖合同》；2.《补充协议》；3. 定金收条；4. 苏三敏提供的证言；5. 手机短信清单；6. 电话录音；7. 寄件凭证。

学习任务二之实务训练素材（案例材料2）参考答案要点

被告刘素清可以提供以下证据材料：1. 2018 年 11 月 2 日的会议记录；2. 村委会委员顾思佳的证人证言；3. 2018 年 11 月 13 日的会议记录。

学习任务三之实务训练素材（案例材料1）参考答案要点

本案的证据材料分析如下：1. 营业执照：证明天竺四方服装加工厂属于个人

独资企业，马广民系该厂的法定代表人；2.《工作服生产加工合作协议》：证明
2016 年 4 月 22 日，张凤君与马广民签订了关于合作生产加工工作服的协议。该协
议约定了双方出资的比例及相互的权利和义务，符合合同成立生效的条件；3.《矛
盾纠纷调解协议书》：证明张凤君和马广民于 2018 年 8 月 12 日终止了合作制作工
作服事宜，并对双方终止协议后的债权债务进行了分割和处理；4. 证人证言：证
明马广民与黄小红系夫妻关系，黄小红经过马广民同意后才在《矛盾纠纷调解协议
书》上签字。

学习任务三之实务训练素材（案例材料 2）参考答案要点

本案的证据材料分析如下：1. 苏三明的证人证言：证明 2018 年 8 月 6 日，黄
飞彪打篮球时，刘继军故意用右肩撞击黄飞彪胸部，致使黄飞彪倒地，造成左臂骨
折；2. 手机录音：证明刘继军承认其不想让黄飞彪等人到球场打球，所以，打球
时故意撞击了黄飞彪，但是没有想到会致其倒地受伤；3. 诊断证明书：证明经诊
断黄飞彪左臂桡骨头骨折的事实；4. 医疗费单据：证明黄飞彪因伤治疗而支出的
费用；5. 劳动合同书：证明黄飞彪系河北省安全监督管理局的正式职工；6. 误工
费证明：证明黄飞彪受伤后，无法正常上班，单位扣发其因伤误工的工资数额；
7. 所得税完税证明：证明黄飞彪的个人收入情况；8. 证明交通费单据：证明黄飞
彪因伤治疗期间支出的交通费；9. 营养费单据：证明黄飞彪因伤治疗期间因增
加营养而支出的费用。

学习任务四之实务训练素材（案例材料 1）参考答案要点

本案原告的证据清单如下：

民事案件证据清单

序号	证据名称	证据来源	页码	份数	证明对象	原件/复印件	备注
1	2019 年 8 月 15 日欠条	石家庄龙海兴家装饰装潢有限公司和魏石磊	1	4	证明 2019 年 8 月 15 日石家庄龙海兴家装饰装潢有限公司欠白晓东建筑材料款 15000 元的事实	复印件	
2	租赁协议	原告与被告签订	2-3	4	证明 2019 年 9 月 18 日，石家庄龙海兴家装饰装潢有限公司租赁原告货车的事实	复印件	

续表

序号	证据名称	证据来源	页码	份数	证明对象	原件/复印件	备注
3	2019 年 10 月 27 日欠条	石家庄龙海兴家装饰装潢有限公司和魏石磊、郭怀明	4	4	证明 2019 年 10 月 27 日，石家庄龙海兴家饰装潢有限公司欠原告装修材料费 89000 元的事实	复印件	
4	2019 年 12 月 15 日欠条	石家庄龙海兴家装饰装潢有限公司和魏石磊	5	4	证明 2019 年 12 月 15 日，石家庄龙海兴家饰装潢有限公司欠原告装修材料费 58500 元的事实	复印件	
5	法定代表人变更记录	工商信息	6	4	证明 2019 年 12 月 20 日，石家庄龙海兴家饰装潢有限公司法定代表人郭怀明变更为孙建德	复印件	
6	公司变更记录	工商信息	7	4	证明 2019 年 12 月 25 日石家庄龙海兴家装饰装潢有限公司变更为石家庄四通惠佳装饰设计工程有限公司	复印件	

举证人：白晓东　　　　　　　　举证时间：2020 年 1 月 10 日

学习任务四之实务训练素材（案例材料 2）参考答案要点

本案原告的证据清单如下：

民事案件证据清单

序号	证据名称	证据来源	页码	份数	证明对象	原件/复印件	备注
1	《借据》	黄飞鹤、张爱云	1	3	证明 2017 年 7 月 29 日，被告黄飞鹤、张爱云向原告马腾飞借款 500000 元及被告陈晓英在《借据》上愿意承担保证责任的声明	复印件	
2	转账记录	中国工商银行	2	3	证明 2017 年 7 月 29 日，原告以转账方式通过中国工商银行支付给被告 500000 元	复印件	
3	（2020）石民初字第 0013 号民事裁定书	石家庄市长安区人民法院	3-4	3	证明原告于 2019 年 12 月 28 日向法院提出诉讼，后因被告同意还款付息并承担违约责任而撤诉	复印件	
4	委托代理合同	石家庄恒信尚法律师事务所	5-6	3	证明原告马腾飞为该案起诉委托石家庄恒信尚法律师事务所代理诉讼的事实	复印件	
5	代理费收据	石家庄恒信尚法律师事务所	7	3	证明原告马腾飞委托石家庄恒信尚法律师事务所代理诉讼而支付代理费 28000 元	复印件	

续表

序号	证据名称	证据来源	页码	份数	证明对象	原件／复印件	备注
6	诉讼费凭据	石家庄市长安区人民法院	8	3	证明原告因起诉被告而向长安区人民法院缴纳的诉讼费用	复印件	
7.	交通费凭据	出租车公司	9-15	3	证明原告因起诉被告而支出的交通费用。	复印件	
8	劳动合同书	天华福地大酒店	16-20	3	证明原告马腾飞系天华福地大酒店的员工。	复印件	
9	误工费证明	天华福地大酒店	21	3	证明原告马腾飞因诉讼误工，单位扣发的费用。	复印件	

举证人：马腾飞　　　　　　　　　　举证时间：2020 年 2 月 20 日

学习任务五之实务训练素材（案例材料 1）参考答案要点

本案被告的证据清单如下：

民事案件证据清单

序号	证据名称	证据来源	页码	份数	证明对象	原件／复印件	备注
1	房屋所有权证书	天津市河东区房屋管理局	1-4	2	证明 2013 年 9 月 10 日涉案房屋的所有权登记在周四海名下	复印件	
2	结婚证	天津市河东区民政局	5-6	2	证明周四海与赵小云于 2015 年 6 月 24 日登记结婚，双方系夫妻关系	复印件	
3	照片	赵小云	7-10	2	证明涉案房屋内财产有三星 46 寸液晶电视一台、容声冰箱一台、布艺转角沙发一组、双人床一张、联想笔记本电脑一台	复印件	
4	银行流水单	中国工商银行	11	2	证明周四海名下尾号为 8465 的中国工商银行账户内的余额为 380.24 元	复印件	
5	证明	天津市四通海天股份有限责任公司	12-13	2	证明截止到 2017 年 9 月周四海单位提供其个人养老保险账户、住房公积金账户的余额及丧葬费的数额	复印件	
6	借条（2 张）	赵小云	14-15	2	证明赵小云从其他人处借款两次，共计 65000 元	复印件	
7	朱三民的证言	朱三民	16	2	赵小云曾交付给苏志刚 45000 元，作为苏志刚为周四海办理后事的预支费用	复印件	

举证人：赵小云　　　　　　　　　　举证时间：2017 年 10 月 25 日

学习任务五之实务训练素材（案例材料 2）参考答案要点

本案被告的证据清单如下：

民事案件证据清单

序号	证据名称	证据来源	页码	份数	证明对象	原件/复印件	备注
1	协议书	被告与石家庄市元氏县宋曹镇人民政府及经济联合总公司	1-5	2	证明 2015 年 5 月 10 日，被告与石家庄市元氏县宋曹镇人民政府及经济联合总公司签订协议，约定了被告排水问题	复印件	
2	会议纪要	石家庄市元氏县政府	6-8	2	证明 2016 年 4 月 22 日，石家庄市元氏县政府平政办发〔2016〕33 号专题会议记载，经县环保局同意，被告的污水经处理达标后，可以排入该排水河道	复印件	
3	检测单	元氏县环保局	9-12	2	证明被告排放的污水经环保部门多次检测，均符合排放标准	复印件	
4	照片	被告	13-15	2	证明被告排放的污水已经不再经过原告承包的林地	复印件	

举证人：石家庄宏海速达医药有限公司　　举证时间：2019 年 12 月 26 日

学习单元三　案件民事法律关系分析

本单元包含阐明当事人主张、归纳案件民事法律关系和分析案件民事法律关系三个学习任务，通过本单元的学习和训练，要求学生能够阐明案件中当事人的主张，完整、准确地归纳出案件的民事法律关系，并能够恰当、合理地分析阐明案件民事法律关系的属性。

学习任务一：阐明当事人主张

一、教学目标和要求

掌握案件的基本情况，学生能够根据案件资料，阐明当事人主张，并掌握总结归纳阐明当事人主张的基本方法。

二、基本理论

"主张"一般是指自然人对某一事物的观点和看法。《现代汉语词典》中把"主张"解释为：①动词，对于如何行动持有某种见解：他～马上动身。②名词，对于如何行动所持有的见解：自作～。这两种～都有理由。本文的"当事人主张"事实上就是案件当事人对某种事物的见解（也就是认识、观点和看法）并且该见解与案件的处理结果有关联，能够产生一定的法律效果。民事诉讼中不是当事人所有的主张都是民事诉讼的主张，比如当事人对与案件处理结果无关的描述、情绪的宣泄等都不是民事诉讼主张，民事诉讼的目的是产生一定的法律效果，因此，只有能够产生一定法律效果的当事人主张才可以作为民事诉讼的主张。一般而言，原告的诉讼请求、被告的辩驳理由、第三人的观点陈述就是案件当事人最基本的主张。

（一）当事人主张的类型

根据不同的划分标准，可以把当事人主张划分为以下几种不同的类型：

1. 程序主张与实体主张。民事纠纷的解决既要保证民事诉讼程序规范，又要保障实体的公正。根据当事人提出的主张是关于民事诉讼程序问题还是关于民事实体问题，可以把当事人主张分为程序主张和实体主张。比如当事人主张管辖权问题、回避问题、当事人是否适格问题、是否符合受理条件问题等属于程序主张；当事人主张合同解除问题、侵权问题、离婚问题、赡养问题等则属于实体主张。

2. 原告主张、被告主张与第三人主张。根据民事诉讼过程中主张的当事人不同，可以把当事人主张分为原告主张、被告主张与第三人主张。原告提出的诉讼请求以及其对法律适用和案件事实的观点和看法都是原告的主张，被告对原告诉讼请求的辩驳及其对证据的见解就是被告的主张，案件有利害关系的第三人为维护自己的合法权益提出的观点和看法便是第三人主张。

3. 事实主张与法律主张。"以事实为根据，以法律为准绳"是民事裁判的基本原则，因此，认定事实和适用法律是解决民事纠纷的两项核心任务。"事实"是指客观世界所直面的情况，也就是事情的真实情况。所谓"事实问题"是指探索案件已发生或将要发生的行为、事件、行为人的主观意愿或者其他心理状态时所产生的问题。当事人关于案件事实问题提出的观点和看法就是事实主张，比如张三主张李四开车撞伤了自己构成侵权，这就是事实主张，李四是否开车撞伤了张三是通过证据材料进行事实认定问题。所谓"法律问题"是指对已经认定的案件事实，按照法律规范应如何作出评价的问题。法律问题包括法律适用和法律解释两部分内容，当事人关于案件法律问题的看法和见解就是法律主张，比如张三主张其与李四进行的买卖行为合法有效，这就是法律主张，张三与李四之间的买卖行为是否有效需要看法律规定，即该买卖行为是否符合了民事法律规范规定的民事法律行为的有效要件。

（二）主张与举证

《民事诉讼法》第六十四条规定："当事人对自己提出的主张，有责任提供证据。"第六十五条又规定："当事人对自己提出的主张应当及时提供证据。人民法院根据当事人的主张和案件审理情况，确定当事人应当提供的证据及其期限。"这是我国民事诉讼法里仅有的几处关于当事人主张的规定，它体现了"谁主张，谁举证"的基本举证规则。所谓举证，是指当事人出示证据来证明某种事情的真实情况，在民事诉讼中原告或其诉讼代理人对己方提出的诉讼请求需要通过证据材料予以证明，被告也需要通过列举证据事实对原告方举证的证据事实加以反驳和否定，第三人也需要提供证据证明自己的权益受到了侵害。

根据我国法律规定，民事案件当事人对自己提出的主张有收集或提供证据的义务；当事人因客观原因不能自行收集的证据，或者人民法院认为审理案件需要的证据，人民法院应当调查收集。因此，当事人主张与其举证息息相关，当事人主张只是一种观点、看法与请求，但要使得这一观点、看法与请求得到法庭认可，取得预期的审判效果，就必须出示证据事实予以证明自己的主张。当事人通过提供证据事实来证明自己主张的过程就是举证，如果当事人没有举证或者没有提供足够的证据材料来证明自己的主张，那么这种主张将不会被法庭认可，也不会产生预期的诉讼效果。

三、教学示范

教师提供民事案件资料，示范和引导学生根据案件资料，阐明案件中当事人主张。教师可以综合运用讲授法、讨论法、问答法、示范法等教学方法完成本阶段课堂教学任务。

【案例材料】

1980 年 10 月，经朋友介绍陈晓云与赵建军相识，经过半年多的相处，两人志同道合、感情深厚。1981 年 5 月 1 日，陈晓云与赵建军办理了结婚手续，结为连理，婚后生活非常幸福，第二年便生育一子，取名赵志国，1984 年又生育一对双胞胎女儿，分别取名赵志蓉和赵志英。天有不测风云，人有旦夕祸福，1984 年底，赵建军去城里办事，回来的路上突发车祸，命丧黄泉，陈晓云艰难地带着三个孩子生活。赵建军去世后，陈晓云的同学周建设经常过来照看几个孩子，帮助陈晓云解决生活中的困难，周建设上中学生就非常喜欢陈晓云，现在看到陈晓云落难了，便毫不犹豫地伸出援助之手，随着时间的推移，周建设与几个孩子的关系非常融洽。为了给孩子们一个完整的家，1989 年 4 月 12 日，陈晓云与周建设进行了结婚登记，赵志国、赵志蓉和赵志英跟随母亲陈晓云与周建设共同生活。

1991 年 3 月，陈晓云与周建设生育一子周小华，1993 年 8 月，二人又生育一女周小玲。孩子比较多，生活压力较大，周建设为了多挣些钱养家糊口，组建了工程队，在外带着工程队承建楼房的地基工程。随着我国房地产业的蓬勃发展，周建设的工程项目应接不暇，每年收入更是成倍增长，家庭生活也蒸蒸日上。

2011 年 3 月之后，陈晓云发现周建设回家的次数越来越少，而且回家后总是与陈晓云闹矛盾。有一次陈晓云因为急事去工地上找周建设，发现有个女人一直陪着周建设，而且二人关系比较亲密，陈晓云经过暗中调查，了解到这个女人叫苏小红，周建设不但与这个女人有染，而且还与这个女人生了一个女儿叫周小云。2011年5月8日，周建设回家取衣服时，陈晓云揭穿了周建设在外养女人的事实，双方大闹一场，周建设承认自己出轨苏小红，并生育一女周小云。

陈晓云想想自己辛辛苦苦地操持家，抚养那么多孩子，而丈夫周建设根本不理解，心里非常痛苦，既然周建设心里有了别的女人，那么以后也没有什么幸福可言，于是，一纸诉状把周建设起诉至法院，要求与周建设离婚，2012年3月，经法院判决，陈晓云与周建设离婚。

周建设离婚后，没有再婚，2019年4月15日，周建设在工地上被张海龙驾驶的推土机碾压致死，张海龙是天华通达工程机械有限公司雇用的职工，后来天华通达工程机械有限公司与周小华等人签订赔偿协议，该协议书约定：天华通达工程机械有限公司自愿一次性赔偿周建设第一顺序继承人死亡赔偿金、被抚养人生活费、精神抚慰金、丧葬费、受损车辆赔偿费等经济损失共计82.8万元。协议书上有陈晓云、周小华、周小玲、赵志国、赵志蓉、赵志英签字和手印。该赔偿款由周小华领取后存入陈晓云银行账户中，后被周小华取走。

2019年9月12日，赵志国、赵志蓉、赵志英要求陈晓云、周小华返还其应得赔偿款的份额。

陈晓云表示女儿周小玲愿意放弃自己应当分得的赔偿款份额，如果法院判决分给其份额，就归母亲陈晓云所有。

周小华、陈晓云认为周建设去世后，周小华花钱操办了周建设的后事，其中包括：安葬、刻字服务费，墓穴租赁、管理费，火化费，收殓整容费，购买高档寿衣等费用，存尸、抬尸等费用，交通费，餐饮费，清理费等。只同意给赵志国、赵志蓉、赵志英每人5万元。

【教学步骤】

1. 让学生仔细阅读案件资料，了解案件基本事实，掌握原告的诉讼请求，被告的辩驳及第三人的陈述。

2. 引导和示范学生合理归纳案件当事人的主张。

3. 根据上述案件资料，在示范学生阐明案件当事人主张时，引导学生掌握阐明当事人主张的技巧。

本案当事人主张有：1. 原告赵志国、赵志蓉、赵志英共同主张陈晓云、周小华返还天华通达工程机械有限公司支付给周建设第一顺序继承人死亡赔偿金、被抚养人生活费、精神抚慰金、丧葬费、受损车辆赔偿费等经济损失共计82.8万元中其应得赔偿款的份额。2. 陈晓云主张女儿周小玲愿意放弃自己应当分得的赔偿款份额，如果法院判决分给其份额，就归母亲陈晓云所有。3. 周小华、陈晓云共同主张同意给赵志国、赵志蓉、赵志英每人5万元。因为周小华给周建设操办后事时花了很多钱，其中包括：安葬、刻字服务费，墓穴租赁、管理费，火化费，收殓整容费，购买高档寿衣等费用，存尸、抬尸等费用，交通费，餐饮费，清理费等。

四、实务训练素材

案例材料 1

2018年3月12日12时许，在天津市滨海新区学府路88号天津君汇度假大酒店附近，赵子明驾驶车号为津 NC6465 小汽车进入主路时，不慎撞到了付思宝驾驶的车号为津 PT6250 号小客车，两车均有不同程度的损坏，值得庆幸的是没有出现人员伤亡，付思宝要求赵子明赔偿损失，于是赵子明打电话让交警处理，经交通管理部门认定，赵子明承担此次交通事故的全部责任，付思宝无责任。

事发后，按照赵子明的要求，付思宝把小汽车开到太平信安保险股份有限公司天津分公司进行定损，该分公司对 PT6250 号小客车定损金额为62485元，但付思宝认为该定损不合理，未在该定损单上签字确认。

2018年4月10日，付思宝将车辆送往其购车的4S店天津市四通恒运汽车销售服务有限公司维修，花费汽车修理费共计64485元。付思宝多次要求赵子明和太平信安保险股份有限公司天津分公司赔偿汽车修理费，均遭到拒绝。

2018年5月16日，付思宝以财产损害纠纷将赵子明和太平信安保险股份有限公司天津分公司诉至南开区人民法院，要求其赔偿汽车修理费64485元。

2018年11月12日，南开区人民法院经过审理，依法作出（2018）南民初字第9628号民事判决书，判令赵子明赔偿付思宝车辆修理费62485元。太平信安保险股份有限公司天津分公司赔偿付思宝车辆修理费2000元。

2018年11月18日，赵子明按照判决书的要求向付思宝履行了赔付车辆修理费62485元义务。之后，赵子明以投保机动车第三者责任保险为由，到太平信安保险股份有限公司天津分公司办理保险理赔时，遭到保险公司的拒绝。赵子明多次到太平信安保险股份有限公司天津分公司协商理赔事宜，均未获得赔偿。

2018 年 1 月 21 日赵子明为涉诉车辆投保了交通事故责任强制险和机动车第三者责任保险不计免赔率附加条款，交强险项下死亡伤残赔偿限额为 110000 元、医疗费用赔偿限额为 10000 元、财产损失赔偿限额为 2000 元。机动车第三者责任保险项下保险金额为 60000 元，保险期间自 2018 年 1 月 22 日零时起至 2019 年 1 月 21 日 24 时止，赵子明已经向太平信安保险股份有限公司天津分公司交纳了相应保险费用。

2019 年 3 月 12 日，赵子明以太平信安保险股份有限公司天津分公司为被告诉至法院，要求太平信安保险股份有限公司天津分公司给付保险赔偿款 62485 元，并承担本案诉讼费用。

太平信安保险股份有限公司天津分公司辩称：认可双方的保险合同关系。因赵子明与付思宝撞车后，付思宝的受损车辆是单方擅自维修，没有经过太平信安保险股份有限公司天津分公司的同意。太平信安保险股份有限公司天津分公司已经根据人民法院的判决，在交通事故责任强制险范围内，赔偿了付思宝的 2000 元费用。

案例材料 2

2016 年 11 月 12 日，侯子立购买了金科地绿公司位于天津市红桥区金科地绿四海嘉园 6-1-1201 号房屋一套。2018 年 5 月 15 日，侯子立与中星汇天公司签订金科地绿四海嘉园前期物业管理服务协议。2018 年 5 月 16 日，侯子立与中星汇天公司签订装饰装修管理协议书。2018 年 5 月 20 日，侯子立与隆兴富海装饰公司签订天津市家庭居室装饰装修工程施工合同，后又签订增项单，施工内容中无拆改暖气项目，当年 9 月底完工。2018 年 10 月，天津捷成供热中心在红桥电视台播出捷成管道注水公告。2018 年 10 月 15 日，中星汇天公司通知侯子立试水时家中留人，试水时未发生漏水现象。2018 年 11 月 2 日，侯子立家发生暖气漏水后向中星汇天公司报修，随后维修人员前往侯子立家中进行维修，维修人员赶到现场将户外管井阀门关闭，将卫生间地漏撬开排水后离开，中星汇天公司称维修人员系金科地绿公司员工，侯子立亦称维修人员系金科地绿公司员工。侯子立称其当时报的暖气漏水只有次卧室一间，此后其发现主卧室暖气渗水，不是很严重。

侯子立所购买房屋的供热系统保修期限为自交付业主使用后 2 个采暖期，2018 年 10 月暖气发生漏水时尚在保修期内。侯子立持有地板销售合同单及收据，收据上显示其购买的地板总价为 15455 元，窗帘及墙面的材料费收据 4826 元，施工费支付凭证 1450 元。

2019 年 2 月，侯子立起诉至法院称：2018 年 9 月底，我的新房装修完毕，2018 年 11 月 2 日，我发现家中暖气漏水，木地板被泡，窗帘及墙面严重受损。我找到中星汇天公司，经该公司工作人员紧急处理将供暖阀门关掉。但我家的财产损失已形成。经检查，我家主卧室主管道接口处及次卧室暖气接口处都有漏水。我从金科地绿公司买房，金科地绿公司配套安装供暖设施，金科地绿公司对卧室主管道漏水有不可推卸的责任。隆兴富海装饰公司在装修过程中对次卧暖气背后进行刷墙过程中，对次卧暖气进行了拆装，对次卧暖气漏水有不可推卸的责任。中星汇天公司对暖气试水工程中的管理责任有过错，应承担相应的责任。现诉至法院，请求判令金科地绿公司、中星汇天公司、隆兴富海装饰公司连带赔偿我经济损失：地板 15455 元，窗帘及墙面的材料费 4826 元，施工费 1450 元，共计 21731 元。

金科地绿公司辩称：侯子立称主卧室暖气主管道漏水与金科地绿公司有关，属房屋质量责任，没有任何依据。侯子立入住前供暖系统已于 2017 年 11 月 15 日至 2018 年 3 月 15 日低温运行了一个采暖期，未有漏水现象。侯子立私自拆装室内供暖设施，违反了相关法规及有关协议的约定，应自行承担相应责任及造成的损失。侯子立的诉讼请求没有法律及事实依据，请求法院予以驳回。

中星汇天公司辩称：中星汇天公司对小区供暖设施及供暖设施打压试水没有维修、检测的通知义务。供暖设施打压试水由供热单位全面直接负责。中星汇天公司已履行了告知义务。发生漏水事故后，中星汇天公司及时赶到现场，采取紧急措施，并帮助侯子立排水。中星汇天公司履行了相应职责，对侯子立家漏水造成的损失，不应当承担赔偿义务。

隆兴富海装饰公司辩称：隆兴富海装饰公司与侯子立的装修合同及后期装修项目增加表中，并没有暖气拆改项目，隆兴富海装饰公司并未拆改暖气。侯子立称隆兴富海装饰公司拆改暖气不属实，隆兴富海装饰公司不应承担经济赔偿责任。

五、实务训练过程

1. 学生按照预先分配的小组坐在一起，各组组长抽取本组实务训练素材的案例。

2. 各组针对本组抽取的案例，进行小组讨论，并根据案件事实、原告的诉讼请求、被告的辩驳和第三人见解，阐明案件当事人主张。

3. 各组通过讨论分析，对案件当事人主张进行梳理和归纳，并把案件当事人主张撰写在作业纸上。

4. 各组推荐一位同学到讲台上展示本组阐明的案件当事人主张，并提交小组撰写的案件当事人主张。

5. 每组展示成果后，由其他组的同学对该组归纳的案件当事人主张进行点评，教师进行总结，并给出比较客观合理的评分。

学习任务二：归纳案件民事法律关系

一、教学目标和要求

根据案件事实，结合案件中的证据材料，学生能够恰当归纳案件涉及的民事法律关系，并掌握归纳案件民事法律关系的方法。要求学生围绕案件的基本事实和对证据材料的分析，归纳案件涉及的民事法律关系。

二、基本理论

（一）民事法律关系概述

民法以人为本，以权利义务为核心。民法通过将社会关系转化为法律关系完成其调整功能。法律关系的概念最初是由德国学者萨维尼提出的，是指由法律所规范的以权利与义务为内容的社会关系。苏联民法学者在法律关系的基础上创立了民事法律关系这个概念，我国民法学界一直沿用苏联的民事法律关系的概念。民事法律关系是指由民事法律规范调整所形成的平等主体之间的以民事权利与义务为核心内容的社会关系，是民法调整的财产关系和人身关系在民法上的表现。民事法律关系与民事案件处理密切相关，民事案件处理的核心是解决案件的民事法律关系，在识别案件民事法律关系的基础上，分析案件事实，确定当事人的权利、义务和责任，唯有如此才能正确处理民事案件，解决好民事纠纷。

民事法律关系是平等主体之间的社会关系。参与民事法律关系的当事人不仅主体资格平等而且法律地位也平等，当事人在民事活动中平等地享有民事权利和承担民事义务，平等地受法律的保护。平等主体也是民事法律关系区别于行政法律关系和刑事法律关系的重要特征。社会关系是人们在共同的物质和精神活动过程中所结成的相互关系的总称，民事法律关系从属于社会关系，是社会关系的一种类型，民事法律关系是人与人之间的一种社会关系，而不是人和物的关系或者物和物的关系，尽管有时民事法律关系的客体是物，但是法律关系的内容是发生在人与人之间的权利和义务，在人与物或者物与物之间不会产生权利和义务。

民事法律关系是以民事权利和民事义务为基本内容的人身关系和财产关系。民法对民事法律关系的调整，是通过平等的民事主体之间的财产关系和人身关系转化为民事权利和义务来实现的。民事法律关系的基本内容是民事权利和民事义务，民事法律关系的基本类型是人身关系和财产关系。

民事法律关系是基于民事法律事实而形成的社会关系。民事法律规范必须与民事法律事实相结合才能形成具体的民事法律关系，民事法律规范是指调整民事法律关系的各项法律的总称，它是确认民事法律事实的依据，民事法律事实是引起民事法律关系产生、变更或消灭的具体原因，民事法律关系的产生、变更或消灭则是民事法律事实所必然导致的结果。例如，有合同法，仅仅是有法律条文，还必须有张三和李四进行商品买卖的事实，才能在张三和李四之间形成买卖合同关系的民事法律关系。

民事法律关系是由国家强制力保障实施的社会关系。民事法律关系是由民法调整的一种社会关系，是通过国家强制力来保障实现的。国家禁止不履行民事义务和侵犯他人民事权益的行为。国家通过建立民事权利、义务的法律关系，维护社会的正常经济关系和正常经济秩序，实现对社会关系调整的职能。

民事法律关系的保障措施具有补偿性和财产性。民法调整的是平等主体之间的民事法律关系，民事主体在民事活动中法律地位平等，一方当事人不能惩罚另一方当事人，惩罚只能存在于刑事法律关系和行政法律关系这些主体地位不平等的法律关系中，因此，民事责任以财产补偿为主要内容，一般也不具有惩罚性，惩罚性和非财产性责任不是主要的民事责任形式。

（二）民事法律关系的分类

根据不同的划分标准，民事法律关系可以划分为不同的类型，如根据是否具有财产内容可以把民事法律关系划分为财产法律关系和人身法律关系，根据义务人的范围不同可以把民事法律关系划分为绝对法律关系和相对法律关系，根据内容的复杂程度不同可以把民事法律关系划分为单一民事法律关系和复合民事法律关系，根据形成和实现的特点不同可以把民事法律关系划分为权利性民事法律关系和保护性民事法律关系。其中，应详细重点理解财产法律关系和人身法律关系。

财产法律关系，是指与财产所有和财产流转相联系、具有直接物质内容的民事法律关系。财产法律关系与当事人的物质利益密切相关，在民事法律关系中所占比重较大。财产法律关系可以分为物权法律关系、债权法律关系和知识产权法律关系。物权法律关系可以细分为所有权关系、用益物权关系、担保物权关系和占有关系，债权法律关系可以细分为合同关系、侵权关系、不当得利关系、无因管理关系，知识产权法律关系可以分为著作权关系、商标权关系、专利权关系。

人身法律关系，是指与民事主体人身不可分离并且为满足民事主体的人身利益而形成的民事法律关系。人身法律关系不具有直接的物质利益，但是却与物质利益人有一定关系，如果人身权受到侵害，财产法律关系往往受到影响。人身法律关系又可以分为人格法律关系和身份法律关系。继承法律关系是以身份法律关系为基础发生的财产法律关系，是人身法律关系与财产法律关系的复合。

（三）民事法律关系的要素

民事法律关系的要素，是指构成民事法律关系的必要因素或必要条件。民事法律关系的要素包括主体、客体和内容，三者缺一不可，其中任何一个发生变化，民事法律关系也就发生变化，所以又称民事法律关系三要素。民事法律关系的主体简称为民事主体，是指参与民事法律关系享受民事权利和负担民事义务的人。民事主体主要有自然人、法人、非法人组织，在特定情况下还包括国家。民事法律关系的客体是指民事法律关系中的民事权利和民事义务共同指向的对象。民事法律关系的客体主要包括物、行为、智力成果及人身利益。民事法律关系的内容是民事主体在民事法律关系中享有的权利和负担的义务，亦即当事人之间的民事权利和民事义务，民事权利和民事义务是民事法律关系的核心要素。

（四）民事法律关系的表述

表述案例中的民事法律关系需要阐明在哪些当事人之间产生了哪种类型的民事法律关系，民事法律关系的类型应该比较具体，不要太抽象。例如，甲乙是好朋友，甲是某公司的老板，经济比较宽裕，乙没有工作，经济比较拮据，乙打算租房开设饭馆，向甲借款1万元，甲把1万元钱借给乙时说，好朋友谈不上借钱，拿去用吧，不需要还了，以后饭馆开业了，去乙的饭馆吃顿饭即可，乙非常感谢甲的慷慨相助，便说开业时一定通知甲，邀请甲去品尝一下饭菜。本案中甲乙之间的民事法律关系是财产关系中的债权关系，往下分即是债权关系中的合同关系，最后细分为合同关系项下的具体的民事法律关系即赠与合同关系，因此，本案的民事法律关系最终可以表述为甲乙之间的赠与合同关系。

（五）筛选归纳案件的民事法律关系

一个案件中往往有很多民事法律关系，但不是案件中所有的民事法律关系都是需要我们归纳的民事法律关系，只有那些与案件处理结果有密切联系的民事法律关系或者裁判价值的民事法律关系，才是我们需要归纳的民事法律关系，因此，我们在归纳案件民事法律关系之前应当先筛选一下案件的民事法律关系，剔除与案件处理结果无关的民事法律关系，把与案件处理结果联系密切的民事法律关系保留下来，然后归纳出案件的民事法律关系。例如，原告刘宝经营餐饮，被告李叶承建镇水泥路面的硬化工程后，经镇政府同意，将工程用的泥沙堆放于马路边以备使用。刘宝认为李叶影响其经营，二人发生争执。刘宝要求李叶将泥沙移开，李叶说自己是经政府同意的，你不就是想要钱嘛。刘宝说："你不要以为自己有个红旗轿车就不得了。"李叶："我有个红旗轿车这么样？你叫我几声干爹，给我磕头、拜祭我，我就把红旗轿车送给你。"刘宝当即如此做，并要求李叶交付轿车。通过对本案案件事实的分析，可以发现本案有三个民事法律关系：1. 李叶与镇政府之间的承揽合同关系；2. 李叶与刘宝之间的侵权关系；3. 李叶与刘宝之间的赠与合同关系。因为本案原告刘宝的诉求是让李叶交付轿车，所有第1和第2个民事法律关系与本案的处理结果没有必然的联系，只有第3个民事法律关系才与本案的处理结果有关，所以前两个民事法律关系不属于本案应归纳的民事法律关系，本案的民事法律关系应当归纳为：李叶与刘宝之间的赠与合同关系。

三、教学示范

教师提供民事案件资料，示范和引导学生归纳出案件的民事法律关系。教师可以综合运用讲授法、讨论法、问答法、示范法等教学方法完成本阶段课堂教学任务。

【案例材料】

2018 年 12 月 24 日，王书鹏以 8 万元的价格从李振江手中购得一台二手黑色红旗轿车，车牌号为皖 BG2406，但未办理车辆变更登记。2019 年 8 月 28 日，王书鹏开车载着王四喜、蒋卫华去朋友家吃饭，饭后王书鹏接到一个电话，临时有事需要去合肥一趟，估计三天后才能回来，于是便让王四喜和蒋卫华开着轿车回家，并嘱咐王四喜把轿车停在王书鹏的厂房门口。王四喜未经王书鹏同意，将该车开到安徽省无为县田湖镇，并与蒋卫华共同将该车质押给胡尚虎借款 5 万元。借款合同载明：今日起胡尚虎出借给王四喜和蒋卫华 5 万元，利息每日 50 元，王四喜和蒋卫华以皖 BG2406 号的汽车质押给胡尚虎，待王四喜和蒋卫华还清 5 万元借款及利息时，胡尚虎应把汽车返还给王四喜和蒋卫华。

王四喜和蒋卫华拿到 5 万元钱后，二人每人花费 1.5 万元各自买了一辆摩托车，高高兴兴地骑着车回家了。2019 年 9 月 1 日，王书鹏从合肥回来后，没有找到汽车，便找王四喜、蒋卫华索要汽车，王四喜、蒋卫华只好把汽车质押给胡尚虎的实情告诉了王书鹏，王书鹏与王四喜、蒋卫华一起找到了胡尚虎，胡尚虎要求他们支付 5 万元及其利息，否则拒绝归还该汽车，该车辆现由胡尚虎实际占有、保管。

2019 年 10 月 12 日原告王书鹏诉至法院称：2019 年 8 月 28 日，被告王四喜与被告蒋卫华在未经原告同意的情况下，私自将原告的汽车质押给被告胡尚虎，被告胡尚虎在明知该车辆登记的所有权人不是被告王四喜和蒋卫华的情况下仍然接受质押，三被告的行为侵害了原告的合法权益，故原告依法起诉至法院请求：1. 依法确认三被告针对皖 BG2406 号红旗轿车所达成的质押协议无效；2. 依法判令三被告返还原告皖 BG2406 号红旗轿车；3. 如不能返还该汽车应连带赔偿原告损失 8 万元；4. 三被告承担本案诉讼费。

被告王四喜辩称：该车辆确实被我开到安徽省无为县田湖镇并质押给胡尚虎，王书鹏所述均是事实。该车辆是王书鹏的，当时是我借的，我开到安徽省无为县田湖镇后，与蒋卫华一起把该车质押给了胡尚虎，车辆应予返还，我没有异议。

被告蒋卫华辩称：该车辆确实是王书鹏所有，我与王四喜一起把该车辆质押给了胡尚虎，同意把该车辆返还给王书鹏。

被告胡尚虎辩称：王四喜与蒋卫华以该汽车作为质押物向我借款 5 万元，我并不知道该车是王书鹏所有，如果让我返还该汽车，就必须先返还我的 5 万元及其利息。

【教学步骤】

1. 让学生仔细阅读案件资料，了解案件基本事实及当事人主张。

2. 引导和示范学生合理识别、梳理、归纳案件的民事法律关系。

3. 根据上述案件资料，在示范学生归纳案件民事法律关系时，引导学生掌握归纳案件民事法律关系的技巧。

本案的民事法律关系有：1. 王书鹏与李振江之间的买卖合同关系；2. 王书鹏与王四喜、蒋卫华之间的委托合同关系；3. 王四喜、蒋卫华与胡尚虎之间的借款合同关系；4. 王四喜、蒋卫华与胡尚虎之间的质押合同关系。

四、实务训练素材

案件材料 1

　　黄传家系某大学的法学教授，兼职律师。2015 年 2 月，在一次朋友聚餐时，黄传家经朋友介绍与南京市四海兴隆出版社的领导吴建军相识。黄传家与吴建军互相加了微信，双方偶有联系，2017 年 3 月，吴建军联系黄传家，希望聘请黄传家为南京市四海兴隆出版社的常年法律顾问，经过几次协商，2017 年 5 月 22 日，南京市四海兴隆出版社与黄传家签订了《聘请常年法律顾问合同》，该合同约定黄传家接受南京市四海兴隆出版社的聘请，担任该中心的法律顾问，就南京市四海兴隆出版社业务上涉及的法律问题提供帮助，包括：解答法律咨询，就南京市四海兴隆出版社业务上涉及法律问题提供法律上意见；应南京市四海兴隆出版社要求草拟或审查与修改法律事务文书和其他法律行为文件；参与南京市四海兴隆出版社经济合同的谈判及其他该出版社认为的重大经济活动的谈判；应南京市四海兴隆出版社要求就该出版社投资开发与商业利益的需要，提供出法律上的意见或建议；应南京市四海兴隆出版社要求，就南京市四海兴隆出版社已经面临或可能发生的纠纷进行法律论证，提出解决方案；为南京市四海兴隆出版社利益需要，可以根据事实和理由主动向南京市四海兴隆出版社提出司法建议书或法律意见；合同期限一年，自 2017 年 6 月 1 日起至 2018 年 5 月 31 日止；南京市四海兴隆出版社聘请黄传家法律顾问年薪 48000 元。一个季度付一次款，支付时间分别为 2017 年 9 月、12 月和 2018 年 3 月、6 月。合同签订后，南京市四海兴隆出版社支付黄传家顾问费6000 元。

　　2017 年 8 月 15 日，受南京市四海兴隆出版社的委托，黄传家代理南京市四海兴隆出版社参与了该出版社与职工吴景明之间的劳动仲裁案件，南京市玄武区劳动争议仲裁委员会分别作出南玄劳仲字〔2017〕第 3686 号和南玄劳仲字〔2017〕第936 号决定书各一份，载明由黄传家作为南京市四海兴隆出版社的代理人与吴景明因达成和解协议，分别撤回仲裁申请。南京市四海兴隆出版社为此支付黄传家仲裁代理费 3200 元。

　　2017 年 10 月 12 日，受南京市四海兴隆出版社的委托，黄传家代理南京市四海兴隆出版社参与了该出版社与戴建英之间的合同纠纷案件，南京市玄武区人民法院作出的（2007）玄民初字第 6882 号民事判决书载明由黄传家作为南京市四海兴隆出版社的代理人参与了了该出版社与戴建英合同纠纷案的庭审活动。南京市四海兴隆出版社为此支付黄传家仲裁代理费 3800 元。

2017 年 11 月 15 日，黄传家与南京市四海兴隆出版社的领导吴建军微信聊天时，要求出版社尽快支付拖欠的顾问费，吴建军解释说该出版社经营状况不好，资金遇到了困难，暂时很难支出这笔钱，同时希望解除该出版社与黄传家之间的聘用合同，但是黄传家没有同意。

2018 年 6 月，黄传家起诉至法院要求南京市四海兴隆出版社支付拖欠的顾问费 42000 元。

南京市四海兴隆出版社认为双方的合同关系属实，但不同意黄传家的诉讼请求。因为我们之间还有别的合作，黄传家在我们出版社出版了 3 本书，当时出版社的领导与黄传家协商用顾问费冲抵出书的费用，所以，出版 3 本书一共只收取黄传家约 3 万元，黄传家也同意用顾问费冲抵出书费用。另外，2017 年 11 月 15 日，南京市四海兴隆出版社的领导吴建军已经告知黄传家解除该出版社与黄传家之间的聘用合同，之后合同就不再履行了。

案件材料 2

2014 年 4 月 20 日，原告白晓曦与被告刘卫东签订《承包经营合同》，约定原告白晓曦将其承租的河北省固安县牛驼镇牛驼三村 50 亩河滩地出租给被告刘卫东经营，经营期限为 10 年，自 2014 年 5 月 1 日至 2024 年 4 月 30 日，承包金前 5 年为 30000 元／年，从 2019 年 5 月 1 日起每年租金递增 1000 元，合同签订当日被告刘卫东应当向原告白晓曦支付一年的租金 30000 元，从次年开始，被告刘卫东每年应于 4 月 20 日前缴清一年的租金 30000 元；原告白晓曦同意被告刘卫东为增加产值可改善现有的种植、养殖结构，但不得随意砍伐承包地内果树及其他树木，如被告刘卫东认为有必要调整需砍伐，应经有关园林部门批准及原告白晓曦的书面同意；原告白晓曦将该承包地现有房产、设备、设施全部移交被告刘卫东管理使用，果树也由被告刘卫东打理并获得收益，待被告刘卫东承包期满后完整交付原告白晓曦；原告白晓曦负责基地的交接工作，为避免财产流失，合同签订前，原告白晓曦与被告刘卫东共同统计房产、固定设备、设施等，待承包期满后，被告刘卫东完整归还原告白晓曦；被告刘卫东在经营期内每年于 4 月 20 日前向原告白晓曦缴纳承包金，若被告刘卫东不愿继续承包，应在当年的 2 月 20 日前提出申请，否则应当按照承包合同继续履行义务；根据少投入、多收益原则，被告刘卫东原则上不再建设非永久性建筑，若认为有必要应取得有关部门书面批准方可施工。此外，合同还对双方当事人的其他权利义务进行了约定。合同签订后，原告白晓曦将承包地交付被告刘卫东，被告刘卫东向原告白晓曦支付了 30000 元租金，双方对交付时基地上的房产、设备等进行统计、清点，在承包地南头现有平房 1 排共 12 间、苹果树约 2 亩、葡萄树 4 亩左右、桃树约 4 亩、杨树林约 3 亩；承包地东北角有房屋 4 间。

2017 年度、2018 年度，被告刘卫东向原告白晓曦每年支付租金 25000 元，在原告白晓曦签字的租金收条上载明：电费差额款已扣除。被告刘卫东认为原告白晓曦签字视为同意扣除电费差额款 5000 元／年，原告白晓曦认为只表示其收到收条所载租金。2019 年度租金，被告刘卫东未支付，被告刘卫东表示同意支付 2019 年度及后续到期的 2020 年度租金。

经查，本案所涉承包土地上的财产，现主要有承包地南头平房 1 排共 12 间；苹果树约 4 亩，其中 2 亩是后期栽种的；葡萄树 8 亩左右，其中 4 亩是后期栽种的；桃树约 8 亩，其中 4 亩是后期栽种的，杨树林 3 亩；承包地东北角的房屋只有 3 间。被告刘卫东称承包地东北角的房屋原来有 4 间，后来有一间房屋塌陷了，所以就将那间房子推平了。

2020 年 2 月 12 日原告白晓曦诉称：原告白晓曦在河北省固安县牛驼镇牛驼三村租赁土地 50 亩，从事养殖、种植和农工副业加工。2014 年 4 月 20 日，原告白晓曦与被告刘卫东签订《承包经营合同》，原告白晓曦将加工生产基地出租给被告刘卫东经营。合同约定，被告刘卫东在经营期内每年 4 月 20 日之前向原告白晓曦支付承包金；被告刘卫东对原告白晓曦原投资的房产、设备及设施应妥善使用和保管，承包期满后应如数移交，不得损失或丢失。但 2017 年至今，被告刘卫东并未遵守合同约定，存在多处违约行为：1. 被告刘卫东以电费涨价为由于 2017 年、2018 年每年少交租金 5000 元，并在 2018 年 4 月 20 日之前未按照约定缴纳 2019 年租金，经原告白晓曦多次催缴仍未缴纳；2. 被告刘卫东未经原告白晓曦同意擅自把原告承包地东北角的 1 间房屋拆除，并把拆后建筑材料变卖归自己所有。综上，依据法律规定，原告白晓曦有权要求解除合同。故诉至法院，请求：1. 原告白晓曦与被告刘卫东所签承包合同终止，被告刘卫东返还原告白晓曦加工生产基地；2. 被告刘卫东支付 2017 年和 2018 年少缴租金 10000 元，及自 2019 年 5 月 1 日至加工生产基地返还之日止的租金；3. 被告刘卫东支付房屋赔偿款 50000 元；4. 被告刘卫东承担本案的诉讼费。

被告刘卫东辩称：1. 被告刘卫东未拆过房屋，涉案房屋是自己倒塌的；2. 被告刘卫东愿意支付租金，但不同意解除合同。

五、实务训练过程

1. 学生按照预先分配的小组坐在一起，各组组长抽取本组实务训练素材的案例。

2. 各组针对本组抽取的案例，进行小组讨论，确定案件的民事法律关系。

3. 各组通过讨论，归纳案件的民事法律关系，并在作业纸上完成案件民事法律关系的撰写。

4. 各组推荐一位同学到讲台上展示本组归纳的案民事法律关系，并提交小组撰写的案件民事法律关系的纸质版。

5. 每组展示成果后，由其他组的同学对该组归纳的案件民事法律关系进行点评，教师进行总结，并给出比较客观合理的评分。

学习任务三：分析案件民事法律关系

一、教学目标和要求

根据案件事实，结合案件中的证据材料和归纳的民事法律关系，学生能够合理地分析案件涉及的民事法律关系，并掌握分析案件民事法律关系的方法。要求学生围绕案件的基本事实和归纳的民事法律关系，熟练运用民事法律关系分析法分析案件涉及的民事法律关系。

二、基本理论

（一）法律关系分析法概述

要分析案件中的民事法律关系就必须掌握法律关系分析法，所谓法律关系分析法，是指通过理顺不同的法律关系，确定其要素及变动情况，从而全面地把握案件的性质与当事人的权利义务关系，并在此基础上，通过逻辑三段论的适用以准确适用法律，作出正确的判断的一种案例分析方法。遇到错综复杂的民事案件时，可以运用法律关系分析法，将各种复杂的民事法律关系剥离出来，根据不同的民事法律关系来确定案件当事人的民事权利和民事义务。通过对民事法律关系的分析和把握，可以合理区分民事法律关系和非民事法律关系，把"好意施惠""自然债务"等不属于民事法律关系的因素排除出去，也能够更好地把握民事法律关系的三要素

（主体、客体和内容）和民事法律关系的变动情况，民事法律关系的产生和变动源于一定的民事法律事实，民事法律事实是将抽象的法律规范与具体的法律关系加以连接的中介和桥梁。

（二）法律关系分析法的特点

法律关系分析法是解决民事法律问题的一种重要的方法，法律关系分析法具有以下特点：

第一，法律关系的分析方法首先着眼于对案件事实的考察，在确定案件事实的基础上去适用法律，把案件事实的分析与法律的适用作为两个步骤进行处理，从而避免案件事实的分析与法律的适用混杂在一起，逻辑不清晰。

第二，法律关系分析法是对法律关系三要素（主体、客体和内容）的全面考察，而不仅仅对法律关系的某特定内容的考察。采用法律关系分析法，可以把错综复杂的民事法律关系简单化，把民事法律关系中当事人的民事权利和民事义务完整地阐述清楚。

第三，法律关系的分析方法是法学最基本的分析方法和分析框架。其不仅是一种案例分析的方法，而且适用于法学研究和民法体系的构建。法学的考察对象即是特定的法律关系，任何法律问题不外乎是法律关系的分析与综合。

（三）分析案件民事法律关系的基本方法

根据案件事实及当事人争议的焦点，结合原告的诉讼请求和被告的辩驳，分析案件涉及的民事法律关系。

第一，厘清法律关系与非法律关系。法律关系，是指法律规范在调整人们的行为过程中所形成的具有法律上权利义务形式的社会关系。非法律关系是指不被民法所规范和调整，也不能产生具体的民事权利义务的社会关系，非法律关系不引起法律关系产生、变更和消灭，一般由道德、习俗、习惯等规范来调整。生活关系、好意施惠关系、情谊关系基本上属于非法律关系，如邀请参加舞会、请吃饭、看电影等。分析案件法律关系首先要排除案件中的非法律关系。

第二，掌握民事法律关系的性质。根据案件事实，明确民事案件中当事人的权利与义务，弄清楚当事人之间通过何种法律事实产生何种法律关系，如当事人之间是合同关系还是侵权关系，是婚姻关系还是继承关系等，从而判断谁享有什么权利及承担什么义务，阐明案件中民事法律关系的性质。

第三，确定核心法律关系。根据案件事实，结合原告的诉讼请求及当事人争议焦点，确定案件核心的民事法律关系。围绕核心的民事法律关系，查明与之相关联的民事法律关系，并理解核心的民事法律关系与相关联的民事法律关系之间的联系。

第四，分析法律关系的三要素。主体、客体和内容是民事法律关系的三要素。民事法律关系的主体是指参与民事活动的当事人，考察民事法律关系的主体，应当明确谁与谁进行民事活动，产生了民事法律关系，谁是原告，谁是被告，有没有第三人。民事法律关系的客体是民事权利和民事义务指向的对象，要分析在具体的民事法律关系中权利和义务指向的对象是什么，是行为、物、智力成果，还是人身利益。民事法律关系的内容是民事权利和民事义务，民事权利和民事义务决定着当事人之间的民事法律关系类型，分析民事法律关系的内容可以判断案件是物权关系、债权关系，还是人身权关系。

第五，明确法律关系的变动及变动原因。民事法律关系产生之后，要考察有没有基于当事人的意志或者客观事实导致民事法律关系的变动，如果民事法律关系出现了变动，要了解民事法律关系变动的原因，民事法律关系变动的原因不同，产生的民事法律后果也会不一样，如因不可抗力产生的民事法律关系变动，当事人可以免责；如果是一方当事人擅自变更了民事法律关系，就有可能要承担不利的法律后果。

第六，分析民事法律关系产生和存续的时间。民事法律关系产生和存续的时间对案例分析具有重要影响，诉讼时效和除斥期间都与民事法律关系的时间有关，清偿期限、担保期限、履行期限等也离不开民事法律关系的时间。

三、教学示范

教师提供民事案件资料，示范和引导学生分析案件的法律关系。教师可以综合运用讲授法、讨论法、问答法、示范法等教学方法完成本阶段课堂教学任务。

【案例材料】

2020 年 8 月 20 日盛隆四通科技有限责任公司（以下简称盛隆科技公司）与北方神鸟科技有限责任公司（以下简称北方科技公司）签订了买卖合同，约定盛隆科技公司以 20 万元从北方科技公司处购买 40 台索尼 DSC-RX100M5A 数码相机，每台数码相机单价 5000 元，北方科技公司在合同订立后三日内履行交付 40 台数码相机的义务，盛隆科技公司按照约定向北方科技公司支付了 20 万元的货款。北方科技公司在与盛隆科技公司签订合同后，便积极寻找货源，经过多方打听，一直没有找到货源，如果三天内凑不到 40 台索尼 DSC-RX100M5A 数码相机，北方科技公司就要承担违约责任，北方科技公司的老板苏思云非常着急，此时，他接到了华夏尧舜科技有限公司（以下简称华夏科技公司）的老板朱思奇的电话，苏思云便问朱思奇是否有索尼 DSC-RX100M5A 数码相机，朱思奇承诺能够提供 40 台索尼 DSC-RX100M5A 数码相机，于是，北方科技公司与华夏科技公司签订了数码相机购买协议，北方科技公司从华夏科技公司处以 18 万元价格购买 40 台索尼 DSC-RX100M5A 数码相机，并约定由华夏科技公司在合同签订后三日内将数码相机交付给盛隆科技公司，但后来华夏科技公司并没有向盛隆科技公司交付数码相机。盛隆科技公司多次向北方科技公司催货，北方科技公司均未向盛隆科技公司提供数码相机。2021 年 2 月 12 日，盛隆科技公司基于与北方科技公司之间合同而解除产生的 20 万元货款及其利息的债权与崔浩明签订了债权转让协议，并约定崔浩明支付 18 万元债权转让款，双方共同制作债权转让书，崔浩明按照约定向盛隆科技公司支付了 18 万元，双方欲把债权转让情况通知北方科技公司，但因北方科技公司变更了公司地址，双方没能通知到北方科技公司。2021 年 2 月 20 日，崔浩明按照北方科技公司新地址亲自找到了北方科技公司，出示了债权转让协议书与债权让与通知书，要求北方科技公司支付货款 20 万元及其利息，但是遭到了北方科技公司的拒绝。

北方科技公司主张：其与盛隆科技公司之间的买卖合同并没有解除，因此不存在对盛隆科技公司返还贷款及利息的债务关系，崔浩明无权要求其支付贷款及利息，盛隆科技公司与崔浩明之间签订的债权转让协议实为合同转让，但没有经过其同意，因此该合同转让无效。

盛隆科技公司与崔浩明主张：盛隆科技公司在与北方科技公司签订合同后，并经多次催告后没有收到数码相机，华夏科技公司也没有向其交付数码相机，因此北方科技公司根本无意履行合同，盛隆科技公司有权解除合同，北方科技公司应承担返还贷款及利息的债务，盛隆科技公司为债权人，因此盛隆科技公司与崔浩明之间是债权转让关系，并且已经通知了北方科技公司，因此该债权转让有效。

【教学步骤】

1. 让学生仔细阅读案件资料，了解案件基本事实及当事人主张，明确当事人之间的民事法律关系。

2. 引导和示范学生正确分析案件中的民事法律关系。

3. 根据上述案件资料，在示范学生分析案件民事法律关系时，引导学生掌握分析案件民事法律关系的技巧。

本案当事人之间的民事法律关系分析：

1. 盛隆科技公司与北方科技公司之间存在买卖合同关系。

两公司之间的数码相机买卖合同，基于双方真实意思表示，符合法律规定，根据《中华人民共和国民法典》（以下简称《民法典》）第四百六十五条规定："依法成立的合同，自成立时生效。"因此 2020 年 8 月 20 日，盛隆科技公司与北方科技公司之间的数码相机买卖合同成立并生效，双方存在买卖合同关系。

2. 北方科技公司与华夏科技公司之间存在向第三人履行的合同关系。

北方科技公司在与盛隆科技公司签订数码相机买卖合同后，因自身货源紧张，无法履行相关合同义务，因此与华夏科技公司签订了数码相机购买协议，约定由华夏科技公司向盛隆科技公司支付数码相机，但盛隆科技公司并没有收到华夏科技公司的数码相机，因此根据《民法典》第五百二十三条规定："依法成立的合同，受法律保护。"华夏科技公司应当向北方科技公司承担违约责任。

3. 盛隆科技公司与北方科技公司之间的数码相机买卖合同已经解除，双方形成债权债务关系。

盛隆科技公司在与北方科技公司签订合同后，北方科技公司没有在约定的期限内履行义务，后经多次催告后北方科技公司也没有履行义务，北方科技公司已经形成根本违约，根据《民法典》第五百六十三条第一款第三项规定："当事人约定由第三人向债权人履行债务，第三人不履行债务或者履行债务不符合约定的，债务人应当向债权人承担违约责任。"因此盛隆科技公司可以解除合同，双方形成债权债务关系，北方科技公司应当返还 20 万元货款及其产生的利息。

4. 盛隆科技公司与崔浩明之间存在债权转让关系，崔浩明为北方科技公司新债权人。

盛隆科技公司与北方科技公司之间的合同已经解除，盛隆科技公司与北方科技公司之间变为债权债务关系，北方科技公司应向盛隆科技公司支付 20 万元货款及利息，根据《民法典》第五百四十六条规定："当事人一方延迟履行主要债务，经催告后在合理期限内仍未履行，当事人一方可以解除合同。"因此盛隆科技公司与崔浩明签订债权转让协议书，并且崔浩明于 2021 年 2 月 20 日到北方科技公司出示了债权转让协议及债权让与通知书，足以代表盛隆科技公司的真实意思表示，因此崔浩明为北方科技公司的债权人。

四、实务训练素材

案例材料 1

2020 年 5 月 12 日，原告苏四海与盛华兴业财产保险有限责任公司（以下简称盛华保险公司）签订了机动车辆保险合同，就其所有的车号为冀 PA2648 重型自卸货车投保了机动车交通事故责任强制保险和机动车第三者责任保险条款（以下简称"三者险"），保险期间自 2020 年 5 月 15 日零时起至 2021 年 5 月 14 日 24 时止。保险金额为 200000 元，保险条款第 7 条约定对精神损害赔偿及仲裁或者诉讼费用以及其他相关费用保险公司不承担赔偿责任。第二十四条约定保险人依据被保险机动车驾驶人在事故中所负的事故责任比例，承担相应的赔偿责任。被保险人或被保险机动车驾驶人根据有关法律、法规的规定选择自行协商，被保险机动车驾驶人负次要事故责任的，保险人承担的事故责任比例为 30%。

原告苏四海是涉诉车辆冀 PA2648 重型自卸货车的车主。原告苏四海与罗四方系雇用关系，2021 年 3 月 15 日 11 时 56 分许，焦昌华驾驶的二轮摩托车与罗四方驾驶的冀 PA2648 重型自卸货车在河北省廊坊市大厂回族自治县夏垫镇大香线与夏垫西街丁字路口相撞发生交通事故，造成焦昌华死亡，两车损坏。经大厂回族自治县交通支队现场勘察认定，焦昌华为主要责任，盛华兴业财产保险有限责任公司与罗四方为次要责任。2021 年 4 月 15 日焦昌华的亲属王晓玲、焦德顺、焦德海以交通事故人身损害赔偿纠纷将苏四海、罗四方、盛华保险公司诉至法院，河北省廊坊市大厂回族自治县人民法院作出（2021）大民初字第 1334 号民事调解书约定盛华兴业财产保险股份有限公司在"交强险"范围内赔偿经济损失 110000 元；苏四海、罗四方连带赔偿经济损失 50000 元（扣除罗四方已付 20000 元）；诉讼费 2658 元由苏四海和罗四方连带负担。2021 年 4 月 20 日上述协议履行完毕。

原告苏四海于 2021 年 5 月 20 日诉至法院称：原告苏四海系车号为冀 PA2648 的重型自卸货车的所有权人，盛华保险公司系车号为 PA2648 重型自卸货车的"交强险"和"商业三者责任险"的保险人。

2021 年 3 月 15 日 11 时 56 分许，罗四方驾驶冀 PA2648 重型自卸货车在河北省廊坊市大厂回族自治县夏垫镇大香线与夏垫西街丁字路口发生交通事故，造成焦昌华死亡。2021 年 4 月焦昌华的亲属王晓玲、焦德顺、焦德海向人民法院提起交通事故人身损害赔偿诉讼。经法院调解达成协议，约定盛华兴业财产保险股份有限公司在"交强险"范围内赔偿经济损失 110000 元；苏四海、罗四方连带赔偿经济损失 50000 元（扣除罗四方已付 20000 元）；诉讼费 2658 元由苏四海和罗四方连带负担。2021 年 4 月 20 日上述协议履行完毕。另外，盛华兴业财产保险有限责任公司的"商业第三者责任险"的保险期限为 2020 年 5 月 15 日至 2021 年 5 月 14 日，保险金额为 200000 元。因事故造成焦昌华死亡实际发生的费用为丧葬费 9200 元、死亡赔偿金 210000 元、被告预付的费用 15000 元、救护车辆费 400 元、抢救费 600 元共计 235200 元，扣除被告在机动车交通事故责任强制保险下应该承担的 110000 元，保险公司理应对该交通事故中原告支出的剩余费用 125200 元按照保险条款的相关规定依法进行赔付。

现盛华兴保险公司以原告苏四海的 52658 元损失系双方协商且未经其书面"核定"为由，拒绝赔偿。原告苏四海故诉至法院，请求判令：1. 请求法院判令盛华保险公司赔偿原告苏四海 52658 万元。2. 本案诉讼费用由盛华保险公司承担。

盛华保险公司辩称：不同意原告苏四海的诉讼请求，对调解书的调解金额有异议。丧葬费和赔偿金同意按照 30% 赔付，依据保险条款不同意赔付精神抚慰金，包括原告苏四海支付的 20000 元，由于我方最后应该赔付的是 32658 元，原告苏四海现在相当于多支付了 20000 元。

上述事实，有机动车辆保险单及保险条款、（2021）大民初字第 1334 号民事调解书、案款收据、收条及双方当事人陈述等证据在案佐证。

案例材料 2

原告胡某莹诉称：我是中国人陆著名的演员、模特，曾出演《新射雕英雄传》《楚乔传》《斗破苍穹》《天机十二宫第一季》等诸多影视作品；曾荣获影视界诸多荣誉；曾应邀为中国著名的白酒公司、中国某通信公司、中国著名的服装公司等拍摄商业广告。我本人具有一定的知名度，我的肖像已经具有了一定的商业价值。作为公众人物，我一直以来都将维护个人健康形象作为工作重点之一。我发现被告张晓敏在其主办网站 www.yaoxunbairi.com 中擅自使用我的照片，用于其建筑瓷砖项目的商业宣传配图。被告未经我允许擅自使用我的照片用于商业性宣传，涉嫌侵犯我的肖像权，同时被告使用我照片的位置以及涉嫌侵权页面的内容，导致我遭到很多误解，使我的社会评价相应降低，侵犯了我的名誉权。故我诉至法院：1. 要求被告在全国公开发行的报纸上向我公开赔礼道歉，要求：致歉内容应包含本案判决书案号、侵权图片名称、侵权图片及使用位置，致歉版面面积不小于：6.0cm×9.0cm（名片大小），时间不少于 30 天；2. 要求被告赔偿我经济损失 6 万元、精神损害抚慰金 2 万元、公证费 1000 元、维权成本合理开支 5000 元。3. 诉讼费用由被告承担。

被告张晓敏辩称：不同意原告诉讼请求，涉案网站是我方主办，但是制作方不是我方。原告的诉讼请求过高，没有必要在报纸上道歉，原告的知名度也不高，没有证据证明原告的社会评价降低，原告要求经济赔偿没有法律依据。

原告胡某莹，系国内青年演员。被告张晓敏系某建筑瓷砖销售商。首页地址为 www.yaoxunbairi.com 的网站登记的主办单位系被告张晓敏经营，审核通过时间为 2021 年 3 月 18 日，网站名称为"尧舜白日建筑瓷砖"，网站负责人为张晓敏。该网站以宣传尧舜白日建筑瓷砖销售业务为主要内容。该网站的一篇名为《尧舜白日建筑瓷砖风靡全国》的文章中使用了原告的一张照片作为配图。该文章的左侧、右侧附有 QQ 咨询、联系电话、销售地址等。

2021 年 4 月 24 日，原告的代理人胡尚军向河北省天诚公证处（以下简称天诚公证处）申请对上述网页内容进行保全公证。同日，天诚公证处对网站 www.yaoxunbairi.com 中发布的上述文字内容所在网页内容进行了保全公证，并于 2021 年 4 月 30 日出具（2021）冀天诚内民证字第 3368 号公证书。原告交纳公证费 1000 元。

2021 年 4 月 24 日，原告以被告在涉案网站擅自使用其照片侵犯肖像权、名誉权为由诉至法院，要求被告赔礼道歉并赔偿损失。原告系知名人士，被告未经允许在涉案网页使用其照片导致其社会评价降低，并且给原告的精神带来巨大痛苦，故主张被告赔偿原告精神损害抚慰金，但原告未能就其社会评价降低之事实举证。

原告提供的证据有：（2021）冀天诚内民证字第 3368 号公证书、公证费发票、律师代理费收据等相关证据。

五、实务训练过程

1. 学生按照预先分配的小组坐在一起，各组组长抽取本组实务训练素材的案例。

2. 各组针对本组抽取的案例，进行小组讨论，确定案件的民事法律关系。

3. 各组通过讨论，分析案件的民事法律关系，并在作业纸上完整写出小组分析的案件民事法律关系。

4. 各组推荐一位同学到讲台上展示本组分析的案件民事法律关系，并提交小组分析的案件民事法律关系的纸质版。

5. 每组展示成果后，由其他组的同学对该组分析的案件民事法律关系进行点评，教师进行总结，并给出比较客观合理的评分。

单元课后练习

要求：反复阅读案件，掌握案件的基本事实，阐明案件中当事人的主张，完整、准确地归纳出案件的民事法律关系，并能够恰当、合理地分析阐明案件的民事法律关系。

案例材料 1

2020 年 3 月 30 日，李景四与高汉群协商合伙经营石家庄市通达荣汇宾馆，双方签订了合伙协议，协议约定：由高汉群具体负责通达荣汇宾馆经营管理（包括宾馆宣传、制定住宿标准、收支明细等），高汉群每月月底将收取的款项全部交给李景四。由于高汉群无资金，故由李景四负责筹备获得通达荣汇宾馆经营权的全部费用及该宾馆的后期投资费用，涉及宾馆的所有费用由李景四与高汉群二人均分，李景四投入宾馆资金的二分之一属于高汉群向李景四的借款，可以从将来宾馆盈利分红或者宾馆转让费中扣除，合伙期间石家庄市通达荣汇宾馆的盈亏由李景四与高汉群二人均分。

石家庄市通达荣汇宾馆原来由郭光民经营，通过与郭光民沟通和协商，李景四与高汉群承接该宾馆需要交付给郭光民转让费 350000 元（包括门市转让费 200000元、物品折价费 100000 元、2 个月的房租 50000 元）。为了能够尽快取得通达荣汇宾馆的经营权，李景四于 2020 年 3 月 30 日，从朋友王志华处借款 150000 元，然后，又从哥哥李景三处借款 100000 元，自筹资金 50000 元。

2020 年 3 月 31 日，李景四、高汉群与郭光民签订了石家庄市通达荣汇宾馆转让协议，协议约定由李景四、高汉群一次性向郭光民支付石家庄市通达荣汇宾馆转让费 350000 元（包括门市转让费 200000 元、物品折价费 100000 元、两个月的房租 50000 元），李景四、高汉群取得该宾馆的经营权。石家庄市通达荣汇宾馆的房屋系胡总运所有，郭光民承租时每月租金 25000 元，郭光民已交付该宾馆租金承至2020 年 5 月 31 日。通过与胡总运协商，胡总运同意李景四和高汉群承租该宾馆，该宾馆的租金不变，自 2020 年 6 月 1 日起，由李景四、高汉群与胡总运重新签订房屋租赁协议。

取得石家庄市通达荣汇宾馆的经营权后,李景四又投入 20000 元作为宾馆的宣传及其他开支,高汉群也把宾馆打理得井井有条,每月的收入都计入账单并交付给李景四。2020 年 6 月 1 日,李景四、高汉群与胡总运重新签订房屋租赁协议,协议约定,李景四和高汉群一次性支付给胡总运半年的房租(即从 2019 年 6 月 1 日起至 2020 年 12 月 31 日止),租金共计 150000 元。李景四和高汉群各出资 75000 元,向胡总运支付了该宾馆半年的租金。

因为宾馆经营效益不理想,2020 年 12 月底李景四与高汉群决定把该宾馆转让出去,经过联系和协商,李景四、高汉群与孙大信签订了石家庄市通达荣汇宾馆转让协议,由孙大信向李景四、高汉群支付 360000 元(包括门市转让费 240000 元、物品折价费 120000 元)的转让费,孙大信获得石家庄市通达荣汇宾馆的经营权。

2021 年 1 月 12 日,李景四与高汉群签订了解除合伙协议,该协议载明:"合伙时,由于高汉群无资金,故由李景四一人支出 350000 元的宾馆转让费用,李景四后期投入宾馆 20000 元,后来半年的房租由李景四与高汉群各出资 75000 元。经过仔细核算,李景四与高汉群合伙期间宾馆经营的收入共计 264000 元,宾馆转让收入 360000 元,扣除李景四的支出 445000 元和高汉群的支出 75000 元,共计盈余 104000 元。"后来,高汉群多次要求李景四依据合伙解除协议支付其出资并分配合伙盈余,均遭到拒绝。

2021 年 2 月 25 日高汉群起诉至法院,请求:1. 被告李景四支付高汉群合伙出资(75000 元)和盈余分配(52000 元),共计 127000 元;2. 诉讼费由被告李景四承担。

李景四辩称:合伙期间,高汉群多次免费安排自己的亲友在宾馆居住,并且对宾馆的经营管理不当,致使最后两个月宾馆收益大幅下降,所以,不同意高汉群的请求。

案例材料 2

2020 年 11 月 25 日,钱宇飞希望购买一处二手房,但是不清楚自己的条件是否符合购房规定,于是找到北京金海惠家房地产经纪有限公司(以下简称"房产经纪公司")进行咨询。钱宇飞如实告知房产经纪公司其妻子胡玉美名下已有一套房产,胡玉美是北京市户口,但钱宇飞没有北京市户口,钱宇飞刚来北京工作不久,缴纳社保不满半年,手头资金也不是太多,如果不能取得贷款资格,就不能具备购房能力。房产经纪公司的业务员肖莉娜接待了钱宇飞，她向钱宇飞承诺能够为钱宇飞办理贷款并帮助其购买到合适的房产。

钱宇飞告诉肖莉娜希望购买一套小两居的二手房，房屋面积不要超过 70 平方米，小区环境比较安静，配套设施比较齐全，最好附近有大商场和医院。于是，肖莉娜便在电脑中向钱宇飞推荐了几处房源，经过对比筛选，钱宇飞确定了一套 68 平方米的房产，该房产的地理位置、房屋结构及室内装修都比较符合钱宇飞的要求，但是该房屋的价格每平方米 5.5 万元，总价 374 万元，钱宇飞感觉价格有点高，希望肖莉娜能够跟房主协商一下，降低一下房屋价格。肖莉娜说一定尽快与房主沟通，尽量帮助钱宇飞压低一下价格，有消息会及时通知钱宇飞。

2020 年 11 月 28 日，肖莉娜打电话告诉钱宇飞，上午 10 点左右约了房主孙建强在房产经纪公司面谈购房事宜。钱宇飞按时到了约定地点，见到肖莉娜和房主孙建强之后，钱宇飞提出先看一下房屋，然后谈房价。在孙建强的带领下，钱宇飞仔细考察了一下房屋情况，查看了孙建强的房屋产权证书，了解了孙建强出售房屋的原因，并向孙建强咨询了一些关于房屋和小区的问题。回到房产经纪公司后，钱宇飞便与孙建强协商房屋价格问题，钱宇飞提出了房屋的不足之处及自己的困难，希望孙建强降低一下房屋价格，经过反复协商，在肖莉娜的撮合下，最终钱宇飞与孙建强达成一致，钱宇飞以 365 万元的价格购买孙建强所有的坐落于北京市朝阳区常营中路保利嘉园 1 号院 6 号楼 1 单元 1004 号的房屋。

2020 年 11 月 28 日下午，在房产经纪公司的业务员肖莉娜的帮助下，钱宇飞与孙建强签订《北京市存量房屋买卖合同（经纪成交版）》及《补充协议》，由钱宇飞以 365 万元的价格购买孙建强所有的坐落于北京市朝阳区常营中路保利嘉园 1 号院 6 号楼 1 单元 1004 号的房屋。业务员肖莉娜要求钱宇飞按照购买房屋价格的 1.5% 支付居间费（即 3650000×1.5%=54750 元），钱宇飞认为居间费太高，如果不降低居间费就拒绝购买房屋，经过多次协商，肖莉娜反复与房产经纪公司的经理沟通，最后将居间费降到 40000 元，但是房产经纪公司要求钱宇飞在交纳居间费用之后才可以签订居间成交确认书。

当晚，钱宇飞向房产经纪公司支付了居间费 40000 元，房产经纪公司向钱宇飞出具收据一张。然后，北京金海惠家房地产经纪有限公司作为中介方与钱宇飞及孙建强共同签了"居间成交确认书"及"过户、按揭代理合同"。

上述合同签订后，钱宇飞因不具备购房资格，无法办理贷款、房屋过户等手续，"北京市存量房屋买卖合同（经纪成交版）""补充协议""过户、按揭代理合同"等均未实际履行。钱宇飞多次要求房产经纪公司返还居间费 40000 元，遭到拒绝。

2021 年 3 月 20 日，钱宇飞起诉至人民法院，请求：1. 被告北京金海惠家房地产经纪有限公司返还原告钱宇飞居间费 40000 元；2. 被告赔偿原告的经济损失 5000 元；3. 诉讼费用由被告承担。

被告北京金海惠家房地产经纪有限公司辩驳称：被告已经履行了相应义务，也尽力促成原告钱宇飞购买房屋，但因为原告的个人原因，导致合同无法继续履行，后果应当由原告自己承担，故不同意原告钱宇飞的诉讼请求。

本单元案例材料参考答案要点：

学习任务一之实务训练素材（案例材料 1）参考答案要点

本案当事人主张有：1. 原告赵子明在太平信安保险股份有限公司天津分公司处为涉诉车辆投保了交通事故责任强制险和机动车第三者责任保险不计免赔率附加条款，因涉诉车辆出现交通事故，所以，请求太平信安保险股份有限公司天津分公司给付保险赔偿款 62485 元，并承担本案诉讼费用。2. 被告太平信安保险股份有限公司天津分公司主张，原告与被告双方之间虽然存在保险合同关系，但是受损车辆没有经过太平信安保险股份有限公司天津分公司的同意，便单方擅自维修，并且太平信安保险股份有限公司天津分公司已经根据人民法院的判决，在交通事故责任强制险范围内，赔偿了受害人付思宝的 2000 元费用，所以，拒绝承担其他赔偿责任。

学习任务一之实务训练素材（案例材料 2）参考答案要点

本案当事人主张有：1. 原告侯子立主张：我家新房装修不久，暖气漏水，木地板被泡，窗帘及墙面严重受损。故请求判令房产销售公司金科地绿公司、物业管理公司中星汇天公司、隆兴富海装饰公司连带赔偿我经济损失：地板 15455 元，窗帘及墙面的材料费 4826 元，施工费 1450 元，共计 21731 元。2. 被告金科地绿公司主张：侯子立入住前供暖系统已经低温运行了一个采暖期，未有漏水现象。侯子立私自拆装室内供暖设施，违反了相关法规及有关协议的约定，应自行承担相应责任及造成的损失。3. 被告中星汇天公司主张：中星汇天公司对小区供暖设施及供暖设施打压试水没有维修、检测的通知义务。中星汇天公司履行了相应职责，对侯子立家漏水造成的损失，不应当承担赔偿义务。4. 被告隆兴富海装饰公司主张：

隆兴富海装饰公司并未拆改暖气。侯子立称隆兴富海装饰公司拆改暖气不属实，隆兴富海装饰公司不应承担经济赔偿责任。

学习任务二之实务训练素材（案例材料 1）参考答案要点

本案涉及的民事法律关系有：1. 南京市四海兴隆出版社与黄传家之间的技术服务合同关系；2. 2017 年 8 月 15 日，黄传家与南京市四海兴隆出版社之间的委托代理合同关系；3. 2017 年 10 月 12 日，黄传家与南京市四海兴隆出版社之间的委托代理合同关系；4. 黄传家与南京市四海兴隆出版社之间的图书出版合同关系；5. 黄传家与南京市四海兴隆出版社之间的债权债务法律关系。

学习任务二之实务训练素材（案例材料 2）参考答案要点

本案涉及的民事法律关系有：1. 白晓曦与河北省固安县牛驼镇牛驼三村之间的土地承包经营合同关系；2. 白晓曦与刘卫东之间的承包经营合同关系；3. 白晓曦与刘卫东之间的财产侵权关系；4. 白晓曦与刘卫东之间的债权债务法律关系。

学习任务三之实务训练素材（案例材料 1）参考答案要点

本案当事人之间的民事法律关系分析：

1. 苏四海与盛华兴业财产保险有限责任公司之间存在保险合同关系

2020 年 5 月 12 日，苏四海与盛华兴业财产保险有限责任公司签订了机动车辆保险合同，就其所有的车号为冀 PA2648 重型自卸货车投保了机动车交通事故责任强制保险和机动车第三者责任保险条款，保险期间自 2020 年 5 月 15 日零时起至 2021 年 5 月 14 日 24 时止。二者之间的保险合同，基于双方真实意思表示，符合法律规定，根据《民法典》五百零二条规定："依法成立的合同，自成立时生效。"因此 2020 年 5 月 12 日，苏四海与盛华兴业财产保险有限责任公司之间的机动车辆保险合同成立并生效，双方存在保险合同关系。

2. 苏四海与罗四方之间存在雇用合同关系

雇用合同，即"雇用契约"，指的是当事人一方（受雇者）向对方（雇主）提供劳动力以从事某种工作，由对方提供劳动条件和劳动报酬的协议。苏四海是车辆冀 PA2648 重型自卸货车的车主，其雇用罗四方为其驾驶自卸货车，苏四海是雇主，罗四方是佣工，双方成立雇用合同关系。

3. 罗四方与焦昌华之间存在侵权关系

罗四方驾驶的冀 PA2648 重型自卸货车与焦昌华驾驶的二轮摩托相撞发生交通

事故，造成焦昌华死亡，两车损坏。经认定，盛华保险公司与罗四方为次要责任。在此次交通事故中，罗四方造成焦昌华死亡，财产受损，因此，在罗四方与焦昌华之间构成侵权关系。最高人民法院《关于审理人身损害赔偿案件适用法律若干问题的解释》第九条规定："雇员在从事雇用活动中致人损害的，雇主应承担赔偿责任；雇员因故意或重大过失致人损害的，应当与雇主承担连带赔偿责任。雇主承担连带赔偿责任的，可以向雇员追偿。"罗四方是苏四海的雇员，其在雇用活动中因重大过失造成焦昌华死亡，罗四方应当与苏四海共同承担连带赔偿责任。

学习任务三之实务训练素材（案例材料2）参考答案要点

本案当事人之间的民事法律关系分析：

张晓敏与胡某莹之间存在人格侵权关系。张晓敏系尧舜白日建筑瓷砖的销售商，2021年其作为负责人创办了网站 www.yaoxunbairi.com，以宣传尧舜白日建筑瓷砖销售业务为网站主要内容，该网站的一篇名为《尧舜白日建筑瓷砖风靡全国》的文章中使用了原告胡某莹的一张照片作为配图。《民法典》第一千零一十九条规定："未经肖像权人同意，不得制作、使用、公开肖像权人的肖像。"张晓敏未经胡某莹允许，以营利为目的，擅自使用胡某莹的照片用于其建筑瓷砖项目的商业宣传配图，属于侵犯胡某莹肖像权的行为，肖像权是具体的人格权，因此，张晓敏与胡某莹之间存在人格侵权关系。

学习单元四　案件相关法律规定查找与分析

本单元包含查明案件相关法律规定、分析案件相关法律规定和归纳案件案由三个学习任务，通过本单元的学习和训练，要求学生能够查明并分析案件相关法律规定，能够根据案件事实，准确归纳出案件案由。

学习任务一：查找案件相关法律规定

一、教学目标和要求

掌握案件的基本情况，学生能够根据案件资料，独立完成案件相关法律规定的查找，并总结归纳查找案件相关法律规定的基本方法。

二、基本理论

民事案件的处理必须依据相关法律规定，因此，解决民事案件中的纠纷，就需要具备查找民事案件相关法律规定的技能。民事法律规定纷繁复杂，面对一个民事案件，能够及时准确查找案件的相关法律规定，是法律人必备的素质。查找案件的相关法律规定应当注意以下两个方面。

（一）依据法律关系查找法律规定

台湾著名的法学家郑玉波先生曾说过："法书万卷，法典千言，无非是以法律关系为中心。"依据法律关系查找案件的法律依据是最基本的查找案件相关法律规定的方法。根据案件事实，把案件涉及的各种民事法律关系都列举出来，排除与案件处理结果无关的民事法律关系，把与案件处理结果联系密切的民事法律关系筛选出来，判断该民事法律关系的性质。根据不同的民事法律关系，选择相应的法律规定，如《民法典》中的总则编、物权编、合同编、婚姻家庭编、继承编、侵权责任编及各编相应的司法解释等。例如：2021年2月12日刘香慈偷走了王继业的耕牛，然后把该牛卖给了孙熙平，该牛在孙熙平处饲养了不到一个月，便丢失。赵天武拾得此牛，饲养了若干天后，又将此牛卖给了黄飞业。依据法律关系查找本案的法律依据，刘香慈偷走王继业的耕牛属于侵犯王继业的财产权，应查找侵权责任法；刘香慈把耕牛卖给孙熙平是买卖合同关系，需要查找《民法典》中的合同编；赵天武拾到该耕牛并饲养，本来属于无因管理，但是他把该耕牛卖给了黄飞业，既有侵犯耕牛所有权人财产权的侵权关系，又有赵天武与黄飞业之间的买卖合同关系，所以应查找《民法典》中的侵权责任编和合同编。因此，界定案件民事法律关系性质，是查找案件相应民事法律规定的关键。

有时候依据法律关系查找法律规定时，还要注意民事法律关系主体与法律规定之间的联系。尤其是在侵权案件中有些侵权责任是替代责任，民事法律关系的主体不是实施侵权的行为人，而是由监护人、用人单位等作为民事主体承担相应的侵权责任，《民法典》中的侵权责任编第三章"责任主体的特殊规定"对此类问题进行规范。例如，甲公司与数百名保姆签订劳动合同，对保姆予以培训，并由公司按月向保姆支付工资。张三与甲公司签订合同，约定，张三每月向甲公司支付报酬4000元，甲公司指派保姆李笑萍为张三提供家政服务。一日，李笑萍为张三买菜途中，因骑车不慎撞伤了李四。这是一起人身侵权案件，在此案的侵权关系中，虽然李笑萍骑车为张三买菜撞伤了李四，但是李笑萍和张三都不是侵权责任承担的主体，李笑萍的聘用单位甲公司是此案侵权的主体，根据《民法典》中的侵权责任编第一千一百九十一条规定"用人单位的工作人员因执行工作任务造成他人损害的，由用人单位承担侵权责任。"李笑萍因执行公司的任务为张三提供劳务造成了李四的损害，属于"用人单位的工作人员因执行工作任务致人损害"，因此，应当由用人单位甲公司承担本案的侵权责任。

（二）依据请求权方法查找法律规定

台湾著名的法学家王泽鉴先生说："请求权方法，系指处理实例应以请求权基础或称为请求权规范基础为出发点。"请求权的一般结构是"谁得向谁，依据何种法律规范，主张何种权利"。解决此问题的主要步骤，是查明一方当事人向另一方当事人主张权利的法律规范。此种法律规范即为请求权基础或者请求权规范基础。通过请求权方法来寻找法律规范，是查找法律规定的最基本的方法，也是训练法律人思维的最基本方法。它可以通过对请求权的体系的思考来寻找妥当的法律依据。

根据当事人提出诉的内容和目的不同，可以把诉分为给付之诉、确认之诉和形成之诉（又称变更之诉）。请求权方法适用的对象主要是给付之诉，不适用于形成之诉（又称变更之诉）和确认之诉。变更当事人之间某种民事法律关系的请求和确认当事人之间存在或者不存在某种法律关系的请求不适用请求权方法，只有一方当事人提出判令对方当事人向自己履行某种给付义务的请求才可以适用请求权方法。以给付之诉请求的内容可以把请求权方法分为六类：（1）契约上给付请求权；（2）返还请求权；（3）损害赔偿请求权；（4）补偿及求偿请求权；（5）支出费用偿还请求权；（6）不作为请求权。

有的案件可能涉及多个请求权，要对所有的请求权进行全盘考虑，筛选出最佳的请求权，然后再依据请求权方法查找法律规定。比如张三从李四处买了一瓶啤酒，因啤酒瓶质量存在问题，啤酒瓶爆炸，导致张三受伤。这是一个非常普通的案例，但是该案例可能涉及多个请求权。一是该案可能涉及违约。张三购买李四的啤酒，双方形成买卖合同关系，但是李四出售啤酒的啤酒瓶存在质量问题，该买卖合同中李四存在违约行为，张三可以提出返还请求权。二是该案可能涉及侵权。李四出售的啤酒因啤酒瓶质量问题，啤酒瓶爆炸致使张三受伤，侵害了张三的人身权，张三可以提出损害赔偿请求权，张三既可以向李四提出赔偿请求，也可以向啤酒生产厂家提出赔偿请求。一般而言，遇到两种以上的请求权时，应当依据最有利于保护受害人原则，选择诉讼请求。这个案件张三很可能提出损害赔偿请求权，我们依据该请求权，不仅要查找《民法典》中的合同编，还要重点查找《民法典》中的侵权责任编的相关规定。

根据请求权方法，查找涉及的相关法律规定和司法解释，有时可能会涉及几部不同的法律，要把所有与案件有关的法律条文及司法解释都找出来。然后按照法律适用的规则予以选择应当适用的法律，这些规则主要有"上位法优先于下位法""法律文本优先于司法解释""新法优先于旧法""特别法优先于普通法"等规则。例如，我们在查找宣告失踪的公告期间时，可能会查到两个法律规定。一是，《最高人民法院关于贯彻执行〈民法通则〉若干问题的意见》第三十四条规定："人民法院审理宣告失踪的案件，应当查清被申请宣告失踪人的财产，指定临时的管理人或者采取诉讼保全措施，发出寻找失踪人的公告，公告期间为半年。"二是，《中华人民共和国民事诉讼法》第一百八十五条规定："人民法院受理宣告失踪、宣告死亡案件后，应当发出寻找下落不明人的公告，宣告失踪的公告期间为三个月，宣告死亡的公告期间为一年。"那么宣告失踪的公告期是半年还是三个月，我们要从法律适用的规则予以考虑，民通意见1988年开始实施生效，而民事诉讼法是1991年颁布实施的，基于"新法优先于旧法"的规则，宣告失踪的公告期间应当适用民事诉讼法的规定即3个月。

查找案件相关法律规定还要注意区分案件有关法律规定和与案件关系不大的法律规定，只有那些与案件处理结果密切联系，解决纠纷中必须适用的法律规定，才是我们需要查找的案件相关法律规定。有些法律规定虽然与案件有一定的联系，但是不是处理案件需要适用的法律规定，在查找案件相关法律规定时，这些与案件有联系但是处理案件又用不到的法律规定往往会给我们造成干扰，因此，一定要认真辨别，努力把与案件处理结果有关、解决纠纷需要适用的相关法律规定筛选出来，排除相近法律规定的干扰。

三、教学示范

教师提供民事案件资料，示范和引导学生查明案件相关法律规定。教师可以综合运用讲授法、讨论法、问答法、示范法等教学方法完成本阶段课堂教学任务。

【案例材料】

刘兴化与顾晓娟为夫妻关系，二人共生育五名子女，分别为刘怀英、刘怀云、刘怀萍、刘怀军、刘怀才。刘怀军与薛潇梅系夫妻关系，刘宗顺系刘怀军、薛潇梅之子。刘怀才于2007年10月死亡，生前无子女；顾晓娟于2016年5月19日死亡；刘怀军于2018年11月9日死亡；刘兴化于2021年2月12日死亡。

顾晓娟、刘兴化生前曾共同购买天津市南开区长虹街道辉宏家园4楼1单元404号房屋（以下简称404号房屋），该房屋面积76.48平方米。2017年7月28日，刘兴化取得404号房屋的产权证。

2020年4月13日，刘兴福为刘兴化代书遗嘱，遗嘱内容为："今有刘兴化由于儿子刘怀军死后，因有病生活不能自理，儿媳薛潇梅及孙子刘宗顺不照顾其生活，生活一直由大女儿刘怀英和二女儿刘怀云照理，刘兴化本人要求以后的生活由刘怀英养老送终，自己的房产由刘怀英继承，刘怀英本人也同意养老送终。刘兴福代笔。"该遗嘱落款立字人处有两个"刘兴化"签名字迹，证明人处由刘兴福、刘怀娟、马腾云签名。马腾云已于2020年10月11日死亡；刘兴福、刘怀娟对遗嘱过程进行了陈述，认为当时立遗嘱是刘兴化的真实意思表达。刘宗顺对"刘兴化"签字的真实性不予认可，并申请对是否由刘兴化本人书写进行鉴定。经委托天津市津南同顺文书司法鉴定中心对上述事项进行鉴定，天津市津南同顺文书司法鉴定中心出具司法鉴定意见书，鉴定意见为：检材2020年4月13日遗嘱上的两个签名字迹"刘兴化"，第一个签名字迹不能得出鉴定结果；第二个签名字迹与样本上刘兴化的签名字迹是同一人所写。

刘怀英出示了刘兴化于 2020 年 9 月 22 日亲自书写的内容为："因儿子刘怀军病死之后我就有病了，我生活不能自理，儿媳薛潇梅孙子刘宗顺都不管我，我一直由我大女儿刘怀英二女儿刘怀云照顾我，我愿意把我的财产和房屋都给刘怀英，以后管我一直到死。刘兴化"的遗嘱，但是该遗嘱内未注明书写时间。

刘宗顺主张刘兴化已将财产遗留给刘宗顺，并向法院提供落款日期为 2019 年 2 月 12 日，立遗嘱人处有"刘兴化"签名字样的遗嘱及刘兴化于 2019 年 11 月 15 日拍摄的录像遗嘱，该两份遗嘱的内容都是把自己的遗产留给刘宗顺。

刘怀英、刘宗顺、薛潇梅等均主张 404 号房屋的现价值为 180 万元。

2021 年 3 月，刘怀英诉至法院称：刘兴化与顾晓娟为夫妻关系，二人育有三女二子，分别为刘怀英、刘怀云、刘怀萍、刘怀军、刘怀才。顾晓娟于 2015 年 5 月 19 日去世，刘兴化于 2021 年 2 月 12 日去世，位于天津市南开区长虹街道辉宏家园 4 楼 1 单元 404 号的房屋系二人共同财产。刘怀军于 2018 年 11 月 9 日去世，其有一子刘宗顺。刘怀才于 2007 年去世，无子女。顾晓娟去世后没有留遗嘱，其遗产为上述房屋一半权益。刘兴化有自书遗嘱，将所有财产和房屋留给我，故我应取得刘兴化的全部遗产。现我起诉，要求继承刘兴化、顾晓娟遗留的天津市南开区长虹街道辉宏家园 4 楼 1 单元 404 号房屋，并要求由我分得该房屋，我给其他继承人相应房屋折价款。

刘怀萍辩称：我要求继承刘兴化、顾晓娟的遗产。我不要求分得房屋，对于房屋折价款，我听从法院判决。

刘怀云表示放弃对刘兴化、顾晓娟遗产的继承权。

刘宗顺辩称：我手中有刘兴化的遗嘱，该遗嘱落款日期为 2019 年 2 月 12 日，立遗嘱人处有"刘兴化"签名字样以及刘兴化于 2019 年 11 月 15 日拍摄的录像遗嘱，遗嘱和录像的内容均为刘兴化去世后，天津市南开区长虹街道辉宏家园 4 楼 1 单元 404 号房屋归我继承。故我不同意刘怀英的诉讼请求。

薛潇梅辩称：同意刘宗顺意见。

原告提供证据有：代书遗嘱、自书遗嘱、死亡证明。

【教学步骤】

1. 让学生仔细阅读案件资料，了解案件基本事实及当事人主张，明确当事人之间的民事法律关系。

2.引导和示范学生准确查明案件相关法律规定。

3.根据上述案件资料，在示范学生查明案件相关法律规定时，引导学生掌握查明案件相关法律规定的技巧。

本案涉及的相关法律规定有：

1.《民法典》第一千一百二十三条："继承开始后，按照法定继承办理；有遗嘱的，按照遗嘱继承或者遗赠办理；有遗赠扶养协议的，按照协议办理。"

2.《民法典》第一千一百二十七条："遗产按照下列顺序继承：第一顺序：配偶、子女、父母。"

3.《民法典》第一千一百二十八条："被继承人的子女先于被继承人死亡的，由被继承人的子女的晚辈直系血亲代位继承。……代位继承人一般只能继承被代位继承人有权继承的遗产份额。"

4.《民法典》第一千一百三十三条："自然人可以依照本法规定立遗嘱处分个人财产，并可以指定遗嘱执行人。自然人可以立遗嘱将个人财产指定由法定继承人中的一人或者数人继承。"

5.《民法典》第一千一百三十四条："自书遗嘱由遗嘱人亲笔书写，签名，注明年、月、日。"

6.《民法典》第一千一百三十五条："代书遗嘱应当有两个以上见证人在场见证，由其中一人代书，并由遗嘱人、代书人和其他见证人签名，注明年、月、日。"

7.《民法典》第一千一百四十条："下列人员不能作为遗嘱见证人：（一）无民事行为能力人、限制民事行为能力人以及其他不具有见证能力的人；（二）继承人、受遗赠人；（三）与继承人、受遗赠人有利害关系的人。"

8.《民法典》第一千一百四十二条："遗嘱人可以撤回、变更自己所立的遗嘱。立遗嘱后，遗嘱人实施与遗嘱内容相反的民事法律行为的，视为对遗嘱相关内容的撤回。立有数份遗嘱，内容相抵触的，以最后的遗嘱为准。"

9.《民法典》第一千一百五十三条："夫妻在婚姻关系存续期间所得的共同所有的财产，除有约定的以外，如果分割遗产，应当先将共同所有的财产的一半分出为配偶所有，其余的为被继承人的遗产。"

10.《民法典》继承编解释（一）第三十四条："在诉讼中，继承人向人民法院以口头方式表示放弃继承的，要制作笔录，由放弃继承的人签名。"

11.《民法典》继承编解释（一）第三十六条："遗产处理前或在诉讼进行中，继承人对放弃继承反悔的，由人民法院根据其提出的具体理由，决定是否承认。遗产处理后，继承人对放弃继承反悔的，不予承认。"

四、实务训练素材

发潮起点美发公司是一家经营美发业务的有限责任公司，三孝口店系其下设的分支机构。

2021 年 1 月 13 日晚，郭天韵到发潮起点美发公司旗下的三孝口店接受美发服务。应美发师刘素敏要求，郭天韵将随身佩戴的一条宝格丽（BVLGARI）19 新品 B.Zero1 系列女士玫瑰金色 18K 金配白金色镶密钻圆形吊坠项链（以下简称宝格丽项链）摘下交给刘素敏。做完美发后，郭天韵离开，但未带走宝格丽项链。

2021 年 1 月 14 日中午 12 时许，郭天韵致电三孝口店询问宝格丽项链下落，得到答复为未找到宝格丽项链。当日下午 2 时许，郭天韵报警称丢失宝格丽项链。合肥市公安局庐阳区分局三孝口派出所（下称三孝口派出所）出警，出警记录记载：1. 郭天韵报警称其在发潮起点美发公司、三孝口店处丢失了一条价值 46000 元的宝格丽项链；2. 监控录像显示当晚郭天韵离开美发室后，曾有人进入美发室进行美发，监控中没有发现有人取走了宝格丽项链；3. 保洁员称其进入美发室内打扫垃圾时，也没有发现宝格丽项链；4. 刘素敏称其接到宝格丽项链后放在身后的美发小车上，郭天韵离开时其未提示郭天韵取走宝格丽项链；5. 美发总监高小军当晚亦在美发室内，高小军称也未提醒郭天韵带走宝格丽项链；6. 郭天韵报案时，发潮起点美发公司、三孝口店已经开始营业，店内有多位顾客进出。三孝口派出所出具"证明"，认为宝格丽项链丢失是因为美发店对顾客物品保管不善造成，属于民事纠纷，不属于刑事案件，不予立案。

美发师刘素敏提供的证言称：1. 事发当晚郭天韵到美发店做头发护理，其询问郭天韵能否摘下宝格丽项链，郭天韵称可以并把宝格丽项链摘下交给了刘素敏，刘素敏将该项链放在美发小车上，郭天韵未看到放置项链的位置，刘素敏放完项链后未再动过放置项链的美发小车；2. 其接过宝格丽项链时未观察项链的品牌，只看到项链很细，上面有一颗圆形吊坠，但对于项链的颜色，刘素敏表示自己没有太在意，感觉好像是黄色；3. 美发室有的房间内有专门存放贵重物品的盒子，但由于当天郭天韵做美发的美发室内没有专门存放贵重物品的盒子，故其只能将宝格丽项链放在美发小车上；4. 事发第二日，郭天韵打电话询问宝格丽项链下落时，其与高小军均曾到当晚郭天韵做美发的美发室内寻找，也找过放置项链的美发小车，但未能找到项链；5. 事发当晚至第二日中午找宝格丽项链时，放置项链的美发小车没有出过事发美发室；6. 2021年2月18日，技术店长胡大斌找到刘素敏，让其辨认在库房内找到宝格丽项链，其认为库房内找到宝格丽项链与郭天韵交给其的项链有点像，故确定该项链就是郭天韵交给其的那条。

发潮起点美发公司营运主管崔玉竹提供的证言称：崔玉竹于2021年2月18日在三孝口店库房内找到一条宝格丽项链，经刘素敏辨认，确定该项链就是郭天韵丢失的项链。崔玉竹认可事发第二日曾在店内进行地毯式检查，但未能找到项链。

三孝口店技术经理胡大斌提供证言称，2021年2月18日崔玉竹在库房找到一条宝格丽项链。

发潮起点美发公司、三孝口店提供的崔玉竹找到的宝格丽项链，该项链为金黄色，项链坠上刻有"BVLGARI"字样。

郭天韵认为该宝格丽项链不是其丢失的那条项链，因为其丢失的宝格丽项链是玫瑰金色而发潮起点美发公司、三孝口店出示的宝格丽项链为金黄色。郭天韵提供了其拥有的宝格丽项链式样照片，项链颜色为玫瑰金色；还提交了经过公证的宝格丽项链发票，证明项链价格为46000元，购买时间为2020年12月20日；提交公证费票据，证明其支出公证费2200元（2021年2月4日支付）。

2021年3月28日，郭天韵起诉至法院称：我拥有一条宝格丽（BVLGARI）19新品B.Zero1系列女士玫瑰金色18K金配白金色镶密钻圆形吊坠项链（以下简称宝格丽项链），购买价格为人民币46000元。

2021年1月13日晚9时30分左右，我到发潮起点美发公司经营的位于合肥市庐阳区长江路17号的三孝口美发店做头发，美发师刘素敏建议我摘下宝格丽项链，我担心项链对美发造成妨碍，就将宝格丽项链摘下交给刘素敏保管，并告知刘素敏该项链系贵重物品，要求妥善保管。我不知刘素敏将项链存放在何处。当晚10时许，我结账后离开美发店，刘素敏并未交还项链。第二天上午11时，我想起未取走项链，遂给美发店打电话。美发顾问高小军称未找到项链。于是我马上来到美发店寻找，并报警。事后我多次与发潮起点美发公司、三孝口店交涉，要求其返还项链，均未果。

我认为发潮起点美发公司、三孝口店有义务代顾客保管贵重物品，并有提醒顾客的义务，即使我离开时忘记取走，发潮起点美发公司、三孝口店也有义务继续保管，直至我取回宝格丽项链。但发潮起点美发公司、三孝口店没有履行保管和提醒义务，造成我的经济损失。事发后态度恶劣，造成我精神伤害。因此，我请求判令发潮起点美发公司、三孝口店：1. 返还宝格丽（BVLGARI）19 新品 B. Zero1 系列女士玫瑰金色 18K 金配白金色镶密钻圆形吊坠项链一条，如不能返还则赔偿我 46000元；2. 赔偿我经济损失 2200 元（公证费）；3. 赔偿我精神损失 3000 元；4. 诉讼费由发潮起点美发公司、三孝口店承担。

发潮起点美发公司及三孝口店辩称：三孝口店有营业执照、独立财产和注册资金，可以独立承担民事责任，不需要发潮起点美发公司承担责任。

三孝口店已经找到郭天韵交付工作人员的宝格丽项链。我方已经通过派出所联系郭天韵领取项链，但郭天韵拒绝接收，我方同意返还郭天韵已经找到的宝格丽项链，但不同意其他诉讼请求。

案例材料 2

刘怀龙和李振武是天津市天龙腾海有限责任公司的职工，2021 年 1 月 18 日，刘怀龙和李振武二人驾驶货车为天津市天龙腾海有限责任公司运货到天津市西青区经济开发区，12 时许，刘怀龙和李振武在天津市西青区京福公路与津杨公路交叉口附近的大众餐厅停车吃饭时，货车尾部撞到了前去就餐的蒋春花腰部，蒋春花痛苦地倒在地上，很久不能站立，刘怀龙和李振武上前询问伤情如何，蒋春花说腰部疼痛难忍，赶紧去医院看看吧。一起去吃饭的蒋春花的丈夫吴友华和朋友王盈盈打电话叫了滴滴快车赶紧把蒋春花送到就近的天津市西青区中北镇谢庄卫生所治疗，刘怀龙和李振武也开车随行，该卫生所的大夫给蒋春花外伤进行了处理，并建议拍片子进一步检查，刘怀龙和李振武帮助蒋春花垫付了 3000 元的医疗费后，刘怀龙告诉蒋春花的丈夫吴友华他们是天津市天龙腾海有限责任公司的职工，因为急于送货无法在此长时间停留，留下自己的电话和天津市天龙腾海有限责任公司电话，说回头再电话联系，吴友华因忙着给蒋春花治疗，就让他们开车走了。

后因伤势较重，蒋春花又分别前往天津市西青医院、天津市第一中心医院就医，并于 2021 年 2 月 5 日至 15 日在天津市第一中心医院住院治疗。经诊断，蒋春花伤情为左髋盂唇撕裂。医院的医嘱显示："伤后护理期可考虑 3 个月，营养期可考虑 4 个月。"2021 年 5 月 15 经天津市津实司法鉴定中心鉴定，蒋春花的伤残程度为十级（伤残率 10%）。

蒋春花因治疗伤情支出医疗费 82480 元、交通费 1500 元、住院伙食补助费300 元、营养费 4500 元、护理费 10500 元。

蒋春花住院期间，吴友华多次给刘怀龙打电话均无人接听，吴友华打电话给天津市天龙腾海有限责任公司，要求该公司承担赔偿责任，该公司说他们公司没有刘怀龙和李振武这两个员工，也没有听说过开车撞人之事，因此不承担赔偿责任。

2021年3月15日，吴友华找到天津市天龙腾海有限责任公司，该公司的经理胡晓华接待了吴友华，胡晓华承认2021年1月18日曾经指派货车为天津市天龙腾海有限责任公司运货到天津市西青区经济开发区，是公司职工黄传民运的货，据黄传民说刘怀龙和李振武是他的朋友，当天陪着黄传民一起运货，回来后并没有告知停车吃饭时撞人之事，现在公司没有刘怀龙和李振武这两个人，公司也不知道他们的下落，因此，天津市天龙腾海有限责任公司拒绝承担赔偿责任。

蒋春花与其夫吴友华于2018年8月16日生育一子吴小军，吴小军不到三周岁，吴友华、吴小军和蒋春花一家人均为天津市城镇户口。

2021年6月12日，蒋春花起诉至法院，要求天津市天龙腾海有限责任公司、刘怀龙及李振武赔偿本次事故给蒋春花造成的经济损失，具体事项为：医疗费82480元、交通费1500元、住院伙食补助费300元、营养费4500元、护理费10500元，残疾赔偿金106545元（含被扶养人生活费20860元）、鉴定费4550元、精神损害抚慰金8000元，共计218375元。

五、实务训练过程

1. 学生按照预先分配的小组坐在一起，各组组长抽取本组实务训练素材的案例。

2. 各组针对本组抽取的案例，进行小组讨论，分析案件可能涉及的法律规定。

3. 各组通过讨论，查明案件相关的法律规定，并在作业纸上完整写出小组查明的案件相关法律规定。

4. 各组推荐一位同学到讲台上展示本组查明的案件相关法律规定，并提交小组查明的案件相关法律规定的纸质版。

5. 每组展示成果后，由其他组的同学对该组查明的案件相关法律规定进行点评，教师进行总结，并给出比较客观合理的评分。

学习任务二：分析案件相关法律规定

一、教学目标和要求

掌握案件的基本情况，学生能够根据案件资料，独立完成案件相关法律规定的分析，并总结分析案件相关法律规定的基本方法。

二、基本理论

分析案件适用的相关法律规定就是把法律条文与案件事实相结合的过程。我们查找案件相关法律规定，只是归纳出案件应当适用的法律条文。法律条文只是法律规范的条文化的文字表述形式。我们归纳出来的法律条文与需要处理的案件有什么关系，如何依据该法律条文解决案件纠纷，这需要把案件事实与查找的法律条文结合起来进行分析，从而得出案件的处理结果。

分析案件适用的相关法律规定是为最后一个单元案件处理提供法律依据和思路，只有对案件适用的相关法律规定分析准确、完整，才可能正确总结出案件的处理思路，并提出解决纠纷的可行性建议，因此，分析案件适用的相关法律规定是民事案件处理课程非常重要的一个环节。

本单元上一个任务是依据案件事实查找案件相关的法律规定，现在的任务是把查找的案件相关法律规定（即法律条文），适用于案件事实，也就是分析案件适用的相关法律规定，这个过程需要在"案件事实"和"法律规定"之间来回穿梭，"案件事实"和"法律规定"相互结合、相互渗透、相互印证、相互阐明。一个案件可能会涉及多个法律规定，每一个法律规定都要与案件事实结合起来进行分析，来解释说明案件事实应当适用的法律规定，最后通过综合分析，判断本案的案件事实是否符合查找的相关法律规定，在认定事实的基础上，能否适用查找的相关法律规定进行案件处理，从而为案件纠纷进行法律定性。例如，2021 年 1 月 3 日课间休息时间，某中学学生甲、乙及其他同学都在教室内课间休息。当时教室后部天花板上挂着元旦活动的彩带，有几名同学轮流跳起用手去够挂在高处的彩带。乙在距离甲半米左右的地方起跳，他的手在摸高下落时划伤甲的右眼，致使甲的右眼当即出血。后经诊断，甲为右眼外伤性白内障、右眼破裂。虽经手术，但甲的右眼视力明显下降至 0.1，并伴有一定后遗症。甲将乙及所在学校天津市滨海初级中学诉至法院，要求赔偿医疗费、护理费、营养费、交通费、残疾赔偿金、精神损害抚慰金等各项费用。本案的法律规定分析：1. 根据《民法典》侵权责任编第一千一百六十五条规定："行为人因过错侵害他人民事权益造成损害的，应当承担侵权责任。"第一千一百八十八条规定："无民事行为能力人、限制民事行为能力人造成他人损害的，由监护人承担侵权责任。监护人尽到监护职责的，可以减轻其侵权责任。"《民法典》第二十七条规定："父母是未成年子女的监护人。"本案中，乙在跳摸彩带后，未尽注意义务划伤甲眼部，以致造成甲受伤致残，故可认定乙有过错，应承担赔偿责任。又因为乙是未成年人，属于限制民事行为能力人，其父母是其法定的监护人，所以由他的监护人父母承担赔偿责任。2. 根据《民法典》侵权责任编第一千一百七十九条规定："侵害他人造成人身损害的，应当赔偿医疗费、护理费、交通费、营养费、住院伙食补助费等为治疗和康复支出的合理费用，以及因误工减少的收入。造成残疾的，还应当赔偿辅助器具费和残疾赔偿金。"第一千一百八十三条规定："侵害自然人人身权益造成严重精神损害的，被侵权人有权请求精神损害赔偿。"本案中，乙因自己的过错致使甲的眼睛受伤，应当由其监护人父母赔偿甲医疗费、护理费、营养费、交通费、残疾赔偿金、精神损害抚慰金等各项费用。

三、教学示范

教师提供民事案件资料，示范和引导学生分析案件相关法律规定。教师可以综合运用讲授法、讨论法、问答法、示范法等教学方法完成本阶段课堂教学任务。

【案例材料】

周家成，河北省石家庄市某自来水公司职工，因为家住东城，而自来水公司在西城，居住地离公司较远，每天上班非常不便，希望在自来水公司附近购买一套住房。经朋友介绍，得知石家庄市中元广兴房地产开发公司在自来水公司东侧不远处开发夏荷莲香小区，周家成多次到该开发公司的办事处咨询情况，反复与该开发公司的人员沟通和协商，经过一番实地调研和斟酌，周家成于 2018 年 11 月 15 日与石家庄市中元广兴房地产开发公司签订房屋买卖合同，购买该房地产开发公司开发的夏荷莲香小区 2 号楼 1 单元 1201 两居室房屋一套，该房屋属于期房，双方约定房屋交付时应通天然气。

2020 年 12 月，周家成因工作调动，被安排到东城的燃气公司工作，于是，周家成决定出售夏荷莲香小区的房屋。周家成委托了几家房地产中介公司出售自己的房屋，不久便有中介公司带来购房者商谈购房事宜，但是几个买主出价都不高，周家成有些犹豫，希望等到一个出价较高的买主再出售该房屋，2021年1月18日，福隆四海房地产中介公司带来了买主吴志年，经过周家成与其沟通，吴志年对周家成的房屋比较满意，愿意以合理的价格购买该房屋，经过该中介公司人员的协调和磋商，周家成接受了吴志年的报价，2021年1月21日，吴志年与周家成在福隆四海房地产中介公司签订购房协议，吴志年购买了该房屋，取得该房屋的所有权利。2021年5月18日，在福隆四海房地产中介公司运作和周家成的配合下，吴志年如愿以偿地取得了该房屋的房屋产权证。

因为种种原因，夏荷莲香小区竣工之后，石家庄市中元广兴房地产开发公司一直没有为该小区接通天然气，小区居民多次找到该房地产开发公司要求履行合同，接通天然气，该公司总是推托，说公司领导正在与天然气公司协商，争取尽快帮助大家解决此事，直到2021年6月，石家庄市中元广兴房地产开发公司才为该小区接通天然气，同时在吴志年室内也安装了天然气设备。有了天然气吴志年一家人非常高兴，以前都是用煤气罐生火做饭，每次更换煤气罐都非常麻烦，有时正在做饭，突然煤气罐没有煤气了，不但影响正常吃饭，也非常破坏心情，现在接通了天然气，生活方便多了，于是吴志年就赶紧去中元广兴房地产开发公司索要天然气卡。然而中元广兴房地产开发公司以吴志年未与其签订过房屋买卖合同为由，拒绝向吴志年交付天然气卡。

吴志年多次与中元广兴房地产开发公司交涉天然气卡问题，均未要回天然气卡，2021年7月12日，吴志年一纸诉状把石家庄市中元广兴房地产开发公司诉至法院，要求该房地产开发公司立即给付吴志年天然气卡。

石家庄市中元广兴房地产开发公司认为吴志年没有与该公司签订过房屋买卖合同，因此吴志年的要求没有依据，不同意吴志年的诉讼请求。

【教学步骤】

1. 让学生仔细阅读案件资料，了解案件基本事实及当事人主张，明确当事人之间的民事法律关系。

2. 引导和示范学生完整正确地分析案件相关法律规定。

3. 根据上述案件资料，在示范学生分析案件相关法律规定时，引导学生掌握分析案件相关法律规定的技巧。

本案的相关法律规定分析如下：1. 根据《民法典》第五百四十五条的规定："债权人可以将债权的全部或者部分转让给第三人，但是有下列情形之一的除外：（一）根据合同性质不得转让；（二）按照当事人约定不得转让；（三）依照法律规定不得转让。"本案所涉及的是房屋买卖合同，其不存在合同性质不得转让和法律规定不得转让的情形，而且周家成与石家庄市中元广兴房地产开发公司也未约定该房屋不得转让。因此，周家成与吴志年之间的债权转让行为有效，吴志年因为购房协议的签订替代了周家成合同主体地位，成为与该房地产开发公司房屋买卖合同关系的权利主体。2.《民法典》第五百四十七条规定："债权人转让债权的，受让人取得与债权有关的从权利，但是该从权利专属于债权人自身的除外。"本案中吴志年购买了周家成的房屋，依法取得了周家成对该房屋所拥有的主权利和从权利，吴志年要求中元广兴房地产开发公司履行给付天然气卡的义务，该项权利并不是专属于周家成本人的权利。因此，吴志年拥有要求中元广兴房地产开发公司履行接通天然气义务的权利及相关从权利，包括要求该房地产公司交付天然气卡的权利。

四、实务训练素材

案例材料 1

2021 年 1 月 18 日，孙建伟与四通家安房地产公司签订编号为 SZ002245 的《深圳市房屋承租合同》。双方约定：四通家安房地产公司将深圳市福田区福祥小区 18 号楼 1002 号房屋以每月 6000 元的价格出租给孙建伟使用；租期为 2021 年 1 月 20 日至 2022 年 1 月 19 日；孙建伟应当向四通家安房地产公司支付一个月租金 6000 元作为承租押金；房屋租金按季付，并须提前 30 日支付，第二次租金支付日为 2021 年 3 月 20 日，第三次租金支付日为 2021 年 6 月 20 日，第四次租金支付日为 2021 年 9 月 20 日；孙建伟应当向四通家安房地产公司支付服务费 5000 元；在孙建伟承租期间由四通家安房地产公司负责房屋设施维修，并承担除材料费之外的费用；随房租按照每月 200 元的标准交纳维护费；有线电视费和网络使用费由孙建伟自行支付。

双方约定四通家安房地产公司的维修责任包括：房屋内水管、总闸门老化破损、漏水、爆裂；因防水层、坐便器管道、房屋其他管道漏水；因电表、闸盒、电路、电线老化、电卡等问题导致孙建伟无法正常用电；下水管道因老化问题发生堵塞的疏通或马桶更换；地砖、墙砖因初始装修原因脱落或破损影响使用；内墙墙皮、天花板表皮老化脱落影响居住等。

孙建伟的维修责任包括：房内门窗、家具柜门、抽屉、玻璃、灯具、照明开关、灶具等因使用不当发生的维修、更换；马桶配件、水管龙头因使用不当产生问题；屋内桌椅、板凳、床、柜在原有基础上损坏；地转、地板、墙砖因使用问题造成脱落或破损；屋内其他物品因使用不当产生破损等。

双方在违约责任中约定：孙建伟逾期交付房租，拖欠期间每日须向四通家安房地产公司支付日租金两倍的违约金，同时还应履行合同约定的支付责任或支付逾期房租；孙建伟拖欠租金超过5日，四通家安房地产公司有权解除合同收回房屋，并由孙建伟赔偿四通家安房地产公司相当于两个月租金的违约金等。

2021年1月18日，合同签订当日，孙建伟向四通安家房地产公司支付了6000元的承租押金和5000元的服务费。四通家安房地产公司向孙建伟交付了该房屋的钥匙。两天后孙建伟向四通安家房地产公司支付了第一季度2021年1月20日至2021年4月19日的租金18000元及维护费600元。

2021年3月19日，四通家安房地产公司就开始提醒和督促孙建伟按时支付第二季度的房屋租金，但是孙建伟总是以各种理由拖欠租金，直到2021年3月30日，孙建伟才向四通家安房地产公司支付第二季度即2021年4月20日至2021年7月19日期间租金18000元和维护费600元。

四通家安房地产公司多次要求孙建伟支付逾期支付房租的违约金4000元（本应于2021年3月20日支付，实际支付日期是2021年3月30日），均遭拒绝，2021年6月19日，因四通家安房地产公司再次向孙建伟追讨违约金，双方发生纠纷，后来孙建伟报警，深圳市公安局福田分局福祥里派出所出警后，当场进行调解并做询问笔录。询问笔录中记载，当日8时许四通家安房地产公司人员到达租赁房屋后主张孙建伟违约，要求其支付违约金并搬离该房屋，孙建伟拒绝支付违约金，驱赶四通家安房地产公司人员离开，因四通家安房地产公司人员在屋里不出去，后孙建伟便自行离开。当日上午12时许，孙建伟返回后发现原被锁的卧室门被打开，屋内物品被放置楼道内，随后报了警。

孙建伟表示四通家安房地产公司收回房屋造成其财物的损失包括：衣物损失8620元、家具损失2220元、餐具器具损失1260元、箱包损失1800元、现金损失4500元、其他物品损失2500元，以上共计20900元。四通家安房地产公司表示，其将孙建伟屋内物品搬出时，孙建伟本人在现场，后将其物品自行取走，但是四通家安房地产公司没有提供孙建伟取走物品的证据。孙建伟拒绝承认自己取走了物品，但也没有提供损失的具体物品的证据。

四通家安房地产公司收房后，于2021年6月20日把该房屋出租给了他人。

2021年8月，孙建伟起诉至法院要求四通家安房地产公司退还租房押金6000元，赔偿财产损失20900元，退还2021年6月20日至2021年7月19日期间租金6000元和该月的维护费200元。

四通家安房地产公司则认为，因孙建伟违约导致合同解除，不应当退还押金，也不应当退还合同后期没有履行的租金费用；孙建伟要求的财产损失没有依据；孙建伟应当承担违约责任，赔偿四通家安房地产公司违约金12000元。

案例材料2

胡晓霞与张大林系夫妻关系，二人育三个女儿，即张思盈、张思君、张思海。后张大林于1997年3月去世。胡晓霞与钱富贵于2000年6月21日登记结婚，婚后无子女。张思盈一直与胡晓霞、钱富贵一起生活，胡晓霞于2021年1月3日去世。张思盈、钱富贵提供了胡晓霞医疗费的相关票据（5000元）。并提供了胡晓霞的丧葬费：殡仪馆的收费收据（1200元）、寿衣收据（500元）、尸体袋收据（200元）、骨灰盒收据（800元）、存尸费收据（200元）、死亡费用证明（上写有：胡晓霞自2021年1月3日至2021年1月8日办丧事费用如下：白布孝、烟、酒、菜、饮料、饭菜、吹、打、唱、香、纸、人工费等，及雇用一条龙服务厨师、服务人员人工费，共支出28 300元。办事后谢孝费用2800元。纪念日、60天支出2000元。总开销费用33100元。证明人张福民、张福灵、张保利）。

张保利提供的证言称：死亡证明是我签字按手印的，内容都属实。胡晓霞去世办丧事，我也参加了，我负责采买。胡晓霞丧事办了5天，包括请厨师、吹、唱、坟地、雇人等，这些费用是钱富贵与张思盈给的，给我的费用是35000元。办丧事的时候，张思君、张思海都没去。丧事在新兴镇张庄村办的，村里大部分都知道这事。张福灵是会计，张福民是丧事的组织者。村里有人去世，丧事基本都这样办，胡晓霞的丧事算是中等规模的。

张思君、张思海对死亡费用证明及张保利的证人证言不认可，对其他证据均认可。

位于石家庄市桥东区新华路11楼1门1001号房屋登记在胡晓霞名下，该房屋是胡晓霞和钱富贵于2002年4月共同购买的。2021年1月1日，胡晓霞住院期间，张思君、张思海专门到医院看望了胡晓霞，并让主治大夫苏小丽帮助胡晓霞代书遗嘱一份，遗嘱内容记载：胡晓霞去世之后，其拥有的石家庄市桥东区新华路 11 楼 1 门 1001 号房屋由儿子张思君和张思海二人共同继承，遗嘱下面有张思君、张思海和苏小丽的签字及立遗嘱时间，并且有胡晓霞摁的手印。

2021 年 5 月，张思盈、钱富贵起诉至法院称：被继承人胡晓霞与钱富贵系夫妻关系，二人于 2000 年登记结婚，婚后无子女。胡晓霞与前夫生有三个子女，即张思盈、张思君、张思海。胡晓霞患糖尿病 20 多年，一直由张思盈赡养，张思君、张思海对胡晓霞从未尽赡养义务。胡晓霞于 2021 年 1 月 3 日去世，相关的丧葬费、医疗费全由张思盈、钱富贵支付。要求：1. 判令张思君、张思海每人负担胡晓霞医疗费、丧葬费等费用 36695 元的四分之一，即 9173.75 元。2. 由张思盈、钱富贵继承胡晓霞名下位于石家庄市桥东区新华路 11 楼 1 门 1001 号房屋。

张思君、张思海辩称：对医疗费收据、殡仪馆收费收据、太平间收据、寿衣收据及骨灰盒收据真实性均认可，同意负担，但不同意对方要求的负担比例，而且胡晓霞单位也应该支付了部分丧葬费，就此具体不清楚也无证据提交，我二人同意就 35400 元按每人 1/8 负担。对死亡费用证明不认可，这部分费用不同意负担。房屋属于我们二人的，胡晓霞已经立遗嘱把该房屋留给我们俩继承。

五、实务训练过程

1. 学生按照预先分配的小组坐在一起，各组组长抽取本组实务训练素材的案例。

2. 各组针对本组抽取的案例，进行小组讨论，分析案件可能涉及的法律规定。

3. 各组通过讨论，分析案件相关的法律规定，并在作业纸上完整写出小组分析的案件相关法律规定。

4. 各组推荐一位同学到讲台上展示本组分析的案件相关法律规定，并提交小组分析的案件相关法律规定的纸质版。

5. 每组展示成果后，由其他组的同学对该组分析的案件相关法律规定进行点评，教师进行总结，并给出比较客观合理的评分。

学习任务三：归纳案件案由

一、教学目标和要求

掌握案件的基本情况，学生能够根据案件资料，独立完成案件案由的归纳，并总结归纳案件案由的基本方法。

二、基本理论

（一）民事案件案由概述

民事案件案由，是指人民法院对民事诉讼案件所涉及的法律关系的性质进行概括后形成的案件名称，主要是指以民法理论为基础对民事法律关系进行的分类。民事案件案由是民事案件名称的重要组成部分，反映案件所涉及的民事法律关系的性质，是将诉讼争议所包含的法律关系进行的概括，是人民法院进行民事案件管理的重要手段。我国民事案件案由必须严格按照《民事案件案由规定》进行确定，《民事案件案由规定》于 2007 年 10 月 29 日由最高人民法院审判委员会第 1438 次会议讨论通过，最高人民法院制定我国《民事案件案由规定》，根据 2011 年 2 月 18 日《最高人民法院关于修改〈民事案件案由规定〉的决定》（法〔2011〕41 号）文件，最高人民法院对《民事案件案由规定》进行了第一次修正。根据 2020 年 12 月 14 日最高人民法院审判委员会第 1821 次会议通过的《最高人民法院关于修改〈民事案件案由规定〉的决定》（法〔2020〕346 号）第二次修正），目前我国适用的是 2020 年 12 月 14 日第二次修正后的《民事案件案由规定》。

我国现行《民事案件案由》分为四个等级，一级案由分为人格权纠纷，婚姻家庭、继承纠纷，物权纠纷，合同、准合同纠纷，劳动争议与人事争议，知识产权与竞争纠纷，海事海商纠纷，与公司、证券、保险、票据等有关的民事纠纷，侵权责任纠纷，非讼程序案件案由，特殊诉讼程序案件案由等十一大部分，这十一大部分，作为第一级案由。在第一级案由项下细分为五十四类案由，作为第二级案由，如婚姻家庭纠纷、继承纠纷、不动产登记纠纷、物权保护纠纷、所有权纠纷、合同纠纷、不正当竞争纠纷、合伙企业纠纷、保险纠纷等等。在第二级案由项下，又列出了四百七十三种案由，如姓名权纠纷、离婚纠纷、法定继承纠纷、物权确认纠纷、抵押权纠纷、确认合同效力纠纷等等，这四百七十三种案由作为第三级案由，第三级案由是实务中最常见、最广泛使用的案由。在部分第三级案由项下，又列出了三百九十一种案由，作为第四级案由，如抚养费纠纷、确认收养关系纠纷、转继承纠纷、所有权确认纠纷、确认合同无效纠纷等等。

民事案件案由应当依据当事人主张的民事法律关系的性质来确定。虽然具体案件中当事人的诉讼请求、争议的焦点、争议的标的可能有多个，但是民事案件案由一般不包含争议焦点、诉讼请求、争议标的等要素，民事案件案由的表述方式原则上确定为"法律关系性质"加"纠纷"，如"肖像权纠纷""离婚后财产纠纷""相邻关系纠纷"等。《民事案件案由规定》在坚持以法律关系性质作为案由的确定标准的同时，对少部分案由也依据请求权、形成权或者确认之诉、形成之诉的标准进行确定。如申请公司清算、申请破产和解等。对适用民事特别程序等规定的特殊民事案件案由，根据当事人的诉讼请求直接表述。如：申请诉前财产保全、申请执行海事仲裁裁决等。

（二）民事案件案由的重要意义

民事案件案由既具有重要的理论意义又具有非常重要的实践意义，它是对民事案件中民事法律关系的高度概括，也是我国民事审判规范化、科学化的体现。民事案件案由贯穿于民事诉讼的始终，从立案到结案的整个民事诉讼过程中都离不开一个明确的案由，甚至结案后的案件归档也与案件案由密切相关，因此，在司法实践中准确确定民事案件案由具有十分重要的意义。

起诉状的基本格式中就有填写案件案由的要求，即使起诉的当事人不知道如何填写案由，人民法院在立案阶段也要根据当事人提供的诉讼材料，为该起案件确定一个准确的民事案件案由，准确确定民事案件案由，有利于当事人准确选择诉由，方便当事人诉讼。准确的案由，既有利于确定案件诉讼争点，便于当事人围绕争议点进行举证、质证，也有利于承办法官了解案件的基本情况，根据当事人的主张和提供的证据，正确适用法律，依法作出公正的裁判。准确确定民事案件案由，能够及时为民事案件司法统计提供准确的数据，提高司法统计的科学性和规范性。人民法院一般按照民事案件案由对受理案件进行分类管理。准确的案由，既有利于卷宗归档的科学性和合理性，也便于人们对卷宗材料的查阅。

（三）确定民事案件案由时应注意的问题

1. 应当准确确定民事案件案由。确定民事案件案由，只能适用 2021 年 1 月 1 日起施行的，由最高人民法院颁布的修改后的《民事案件案由规定》里的案由，案由是固定的，只能在《民事案件案由规定》里查找适用与案件对应的案由，不得擅自编造案由，因此，案由法定。另外，适用案件案由务必完整准确，不能随意省略、增加或者修改文字，如"商品房预售合同纠纷"，不能写成"商品房销售合同纠纷"或者"商品房合同纠纷"或者"商品房委托销售合同纠纷"。

2. 民事案件案由的适用必须遵循一定的顺序关系。人民法院立案时应当根据当事人诉争的民事法律关系性质，首先应适用《民事案件案由规定》列出的第四级案；第四级案由没有规定的，则适用第三级案由；第三级案由没有规定的，则可以直接适用相应的第二级案由；以此类推，第二级案由没有规定的，可以直接适用第一级案由。

3. 两个以上民事法律关系的案由确定原则。同一诉讼中，涉及两个以上的民事法律关系的，均为诉争民事法律关系的，属于主从关系的，应当以主法律关系来确定案由，但当事人仅以从法律关系起诉的，则以从法律关系来确定案由；不属于主从法律关系的，则按诉争的两个以上民事法律关系确定并列的两个案由。如法定继承纠纷与遗赠纠纷。

4. 请求权竞合与法律关系变更的案由确定原则。在请求权竞合的情形下，人民法院应当按照当事人自主选择行使的请求权，根据当事人诉争的法律关系的性质，确定相应的案由。当事人在诉讼过程中增加或者变更诉讼请求，导致当事人诉争的法律关系发生变更的，人民法院应当相应变更案件的案由。

5. 对于案由中出现顿号"、"的部分案由确定原则。对于那些名称中带有顿号（即"、"）的部分案由，适用时应当根据具体案情，确定相应的案由，不应直接将该案由全部引用。如"生命权、健康权、身体权纠纷"案由，应根据侵害的具体人格权益来确定相应的案由；"诉讼、仲裁、人民调解代理合同纠纷"案由，应当根据代理合同的性质来确定相应的案由；"发明创造发明人、设计人署名权纠纷"案由，应当根据受侵害的对象来确定相应的案由。

6. 关于物权纠纷案由与合同纠纷案由的编排设置。修改后的《案由规定》仍然沿用2011年《案由规定》关于物权纠纷案由与合同纠纷案由的编排体系。按照物权变动原因与结果相区分的原则，对于涉及物权变动的原因，即债权性质的合同关系引发的纠纷案件的案由，修改后的《案由规定》将其放在合同纠纷项下；对于涉及物权变动的结果，即物权设立、权属、效力、使用、收益等物权关系产生的纠纷案件的案由，修改后的《案由规定》将其放在物权纠纷项下。前者如第三级案由"居住权合同纠纷"列在第二级案由"合同纠纷"项下；后者如第三级案由"居住权纠纷"列在第二级案由"物权纠纷"项下。

具体适用时，人民法院应根据当事人诉争的法律关系的性质，查明该法律关系涉及的是物权变动的原因关系还是物权变动的结果关系，以正确确定案由。当事人诉争的法律关系性质涉及物权变动原因的，即因债权性质的合同关系引发的纠纷案件，应当选择适用第二级案由"合同纠纷"项下的案由，如"居住权合同纠纷"案由；当事人诉争的法律关系性质涉及物权变动结果的，即因物权设立、权属、效力、使用、收益等物权关系引发的纠纷案件，应当选择第二级案由"物权纠纷"项下的案由，如"居住权纠纷"案由。

7. 关于第三部分"物权纠纷"项下"物权保护纠纷"案由与"所有权纠纷""用益物权纠纷""担保物权纠纷"案由的编排设置。修改后的《案由规定》仍然沿用 2011 年《案由规定》关于物权纠纷案由的编排设置。"所有权纠纷""用益物权纠纷""担保物权纠纷"案由既包括以上三种类型的物权确认纠纷案由，也包括以上三种类型的侵害物权纠纷案由。民法典物权编第三章"物权的保护"所规定的物权请求权或者债权请求权保护方法，即"物权保护纠纷"，在修改后的《案由规定》列举的每个物权类型（第三级案由）项下都可能部分或者全部适用，多数都可以作为第四级案由列举，但为避免使整个案由体系冗长繁杂，在各第三级案由下并未一一列出。实践中需要确定具体个案案由时，如果当事人的诉讼请求只涉及"物权保护纠纷"项下的一种物权请求权或者债权请求权，则可以选择适用"物权保护纠纷"项下的六种第三级案由；如果当事人的诉讼请求涉及"物权保护纠纷"项下的两种或者两种以上物权请求权或者债权请求权，则应按照所保护的权利种类，选择适用"所有权纠纷""用益物权纠纷""担保物权纠纷"项下的第三级案由（各种物权类型纠纷）。

8. 关于侵权责任纠纷案由的编排设置。修改后的《案由规定》仍然沿用 2011 年《案由规定》关于侵权责任纠纷案由与其他第一级案由的编排设置。根据民法典侵权责任编的相关规定，该编的保护对象为民事权益，具体范围是民法典总则编第五章所规定的人身、财产权益。这些民事权益，又分别在人格权编、物权编、婚姻家庭编、继承编等予以了细化规定，而这些民事权益纠纷往往既包括权属确认纠纷也包括侵权责任纠纷，这就为科学合理编排民事案件案由体系增加了难度。为了保持整个案由体系的完整性和稳定性，尽可能避免重复交叉，修改后的《案由规定》将这些侵害民事权益侵权责任纠纷案由仍旧分别保留在"人格权纠纷""婚姻家庭、继承纠纷""物权纠纷""知识产权与竞争纠纷"等第一级案由体系项下，对照侵权责任编新规定调整第一级案由"侵权责任纠纷"项下案由；同时，将一些实践中常见的、其他第一级案由不便列出的侵权责任纠纷案由也列在第一级案由"侵权责任纠纷"项下，如"非机动车交通事故责任纠纷"。从"兜底"考虑，修改后的《案由规定》将第一级案由"侵权责任纠纷"列在其他八个民事权益纠纷类型之后，作为第九部分。

具体适用时，涉及侵权责任纠纷的，为明确和统一法律适用问题，应当先适用第九部分"侵权责任纠纷"项下根据侵权责任编相关规定列出的具体案由；没有相应案由的，再适用"人格权纠纷""物权纠纷""知识产权与竞争纠纷"等其他部分项下的具体案由。如环境污染、高度危险行为均可能造成人身损害和财产损害，确定案由时，应当适用第九部分"侵权责任纠纷"项下"环境污染责任纠纷""高度危险责任纠纷"案由，而不应适用第一部分"人格权纠纷"项下的"生命权、身体权、健康权纠纷"案由，也不应适用第三部分"物权纠纷"项下的"财产损害赔偿纠纷"案由。

三、教学示范

教师提供民事案件资料，示范和引导学生归纳案件的案由。教师可以综合运用讲授法、讨论法、问答法、示范法等教学方法完成本阶段课堂教学任务。

【案例材料】

张大阔与刘东平系河北省邯郸市人，二人从小在一个院内长大，关系非常密切，高中毕业后都考上河北师范大学，张大阔学习法学，刘东平学习经济学，二人目前是大三的学生。2021年5月1日，国庆节放假，张大阔与刘东平一起回到了邯郸市，吃过中午饭，张大阔约刘东平去市体育公园打篮球，刘东平换了一身运动服，带着篮球，骑着电瓶车到了张大阔家，二人准备了几瓶饮料，便各自骑着一辆电瓶车驶向邯郸市体育公园。

一路上，张大阔与刘东平有说有笑，非常开心，从张大阔家去体育公园需要经过邯郸市民政局，张大阔和刘东平快到市民政局时远远地看到市民政局门口围了不少的人，二人骑车到了市民政局门口，发现市民政局正在为残疾人基金会出售兑奖券，很多人都在购买奖券。张大阔告诉刘东平自己最近运气挺好，想买几张奖券，刘东平也说自己也想试试运气，于是二人便停下来，把电瓶车停在路边。兑奖券5元一张，张大阔建议二人每人买10张奖券，看看谁能中奖，刘东平则认为奖券本身中奖率很低，买奖券就是碰碰运气，没有必要花那么多钱购买奖券，每人花20

元购买 4 张奖券即可。张大阔同意了刘东平的建议，二人各自拿出 20 元钱从人群中挤到出售奖券的桌子前面，张大阔递给民政局工作人员 20 元钱，并按规定在奖券箱内摸出了 4 张兑奖券，接着刘东平也花了 20 元钱在奖券箱内摸出 4 张兑奖券。此时，民政局工作人员认为张大阔给付的一张 20 元的人民币可能是假钞，需要把 20 元钱拿到旁边的机器上鉴定一下，同时告诉张大阔和刘东平待钞票鉴定后再离开，但是民政局的工作人员没有收回张大阔和刘东平的兑奖券。在鉴定 20 元钞票真伪期间，张大阔与刘东平两人迫不及待地撕开了各自的兑奖券，在场的其他民政局工作人员并没有阻止张大阔和刘东平拆开奖券的行为。结果张大阔挑选的兑奖券中有一张兑奖券中奖 4 万元，张大阔激动万分，而刘东平则非常遗憾，其挑选的四张兑奖券均未中奖。此时，鉴定结果出来了，民政局的工作人员说刘东平提供的 20 元钱没有问题，但张大阔提供的 20 元钱的确是假钞。

张大阔拿着 4 万元的中奖券要求民政局工作人员给予兑奖，但是民政局人员认为张大阔购买兑奖券的钱是假钞，张大阔购买的奖券无效，便拒绝给张大阔兑换 4 万元奖券。张大阔认为自己不知道这 20 元是假钞，也没有故意使用假钞购买兑奖券，大不了自己再给 20 元钱，自己购买奖券的行为不能因为误用了假钞而无效，民政局工作人员坚持拒绝给张大阔兑奖，双方发生争执。经协商无果，张大阔起诉到法院，要求市民政局按照中奖券的数额支付 4 万元奖金。

【教学步骤】

1. 让学生仔细阅读案件资料，了解案件当事人主张及案件的民事法律关系，明确民事法律关系的性质。

2. 引导和示范学生正确地归纳案件的案由。

3. 根据上述案件资料，在示范学生归纳案件的案由时，引导学生掌握归纳案件案由的技巧。

本案的案由是：奖券纠纷。

解析：正确确定本案案由需要先明确案件的法律关系。本案因为张大阔购买市民政局出售的兑奖券发生的争执，属于合同纠纷，应当在民事案由规定的一级案由"合同、准合同纠纷"项下的二级案由"合同纠纷"中查找相关案由。通过查找我们能够发现在"合同纠纷"项下的三级案由中"彩票、奖券纠纷"与本案关系密切，另外，根据上文确定民事案件案由时应注意的问题中涉及案由中出现顿号"、"的处理原则，本案是奖券纠纷，与彩票无关，所以，最终确定本案的案由是：

奖券纠纷。

四、实务训练素材

案例材料 1

罗海峰家住天津市蓟州区，学习成绩一般，初中毕业上了一所职业技术学校，2020 年元旦，罗海峰与朋友一起聚餐，在饭桌上认识了侯西云，通过聊天得知侯西云住在罗海峰家对面的海棠富贵小区，而且二人在同一所技术学校读书。罗海峰与侯西云聊得非常愉快，相见恨晚，相互加了微信，饭后一起说说笑笑地回家了。之后，罗海峰经常约侯西云出去玩耍，侯西云也很喜欢罗海峰，不久，二人确立了男女朋友关系，出入成双、形影不离。2020 年 4 月，罗海峰在技术学校附近承租了房子，与侯西云过上了同居生活，罗海峰与侯西云每天一起上学，相约去食堂吃饭，放学后一起回家，生活非常甜蜜。在罗海峰与侯西云共同租房生活期间，原告罗海峰父母从侯西云银行卡上取款 15000 元。

2021 年 6 月 2 日，罗海峰和侯西云下午都没有课，吃过午饭，二人回到租住的房子，罗海峰有点困倦，倒在床上便睡着了。趁着罗海峰午睡时，侯西云拿了罗海峰的手机，想上网购买一条丝巾，偶然发现罗海峰手机里有与其他女孩暧昧聊天的信息。侯西云虽然非常气愤，但是克制住了自己，侯西云把罗海峰的暧昧信息拍照后，骑车去找同学王小琴商量罗海峰的聊天信息问题。王小琴是侯西云关系最密切的朋友，二人无话不谈，王小琴听完侯西云陈述的罗海峰的事情后很激动，义愤填膺地说一定要帮助侯西云揭穿罗海峰的丑恶面目。王小琴看了罗海峰的聊天信息后，询问最近罗海峰有没有什么异常的行为，侯西云说最近罗海峰经常背着她与别人微信聊天，一看见侯西云，罗海峰就挂断了微信聊天，侯西云问他与谁聊天，他总是搪塞说一个朋友，王小琴分析说罗海峰一定是与那个女孩聊天，两人现在关系已经很亲密了。王小琴建议侯西云在王小琴家住两天，晚上到罗海峰租住的房子去查看一下，能否发现那个女孩。侯西云给罗海峰打电话说自己有急事回家了，晚上不去罗海峰那边了。吃过晚饭后，王小琴和侯西云骑车偷偷地去了罗海峰租住的房子，结果发现罗海峰与那个女孩睡在一起，侯西云与罗海峰大吵一架，提出与罗海峰分手，并要求罗海峰给予补偿。经过协商，罗海峰同意补偿侯西云 20000 元，双方于 2021 年 6 月 4 日签订借款合同一份，内容为："甲方（借款人）罗海峰乙方（出借人）侯西云，甲乙双方就借款事宜，达成如下协议：1. 借款金额 20000 元；

2. 借款期限 2 年，自 2022 年 1 月 15 日至 2024 年 1 月 15；3. 无借款利息；4. 还款方式：甲方可以借款到期一次性归还借款，甲方可以提前还款，无利息；甲方罗海峰（签名）、乙方侯西云（签名），2022 年 1 月 15 日"。订立合同时，原告罗海峰自己无生活来源。后侯西云离开了罗海峰。

现原告罗海峰本人及其父母对原告罗海峰所签的上述借款合同不予追认。

原告罗海峰诉称：原告罗海峰与被告侯西云于 2020 年同居生活，后两人发生矛盾，在侯西云的要求下，原、被告签订借款合同一份，约定 2022 年 1 月 15 日侯西云向原告罗海峰提供借款 20000 元，两年后归还，无利息。因侯西云未实际向原告罗海峰提供借款，要求确认借款合同未履行，并撤销该合同，侯西云承担本案诉讼费。

侯西云辩称：与原告罗海峰同居后，原告罗海峰父母从侯西云的银行卡上取款 15000 元，原告罗海峰承诺上述 15000 元款由他负责归还，同时愿意赔偿侯西云精神损失费 5000 元，所以，借款合同上写了 20000 元。2021 年 6 月 4 日，双方签订借款合同予以确认，因原告罗海峰当时不满 18 周岁，就把借款时间和签合同的时间写成 2022 年 1 月 15 日。请求驳回原告罗海峰的诉讼请求。

案例材料 2

许春霞和崔玉海于 2012 年 9 月 10 日登记结婚，2013 年 11 月 12 日育有一女崔明英，2018 年 11 月 15 日在河北省廊坊市民政局协议离婚，约定：崔明英由许春霞抚养，崔玉海给付许春霞及子女抚养费 100 万元，于 2018 年 11 月 20 日给付人民币 20 万元，2019 年 3 月 20 日给付 30 万元，2019 年 7 月 20 日给付 50 万元，崔玉海有探视孩子的权利；双方没有任何财产分割，没有债权、债务分担；双方无其他任何异议。崔玉海已经就上述抚养费履行完毕并称其中包括对共同财产的分割。

崔玉海称崔明英自 2020 年起和崔玉海生活，许春霞称崔明英自 2019 年在天津市上学，上学期间和崔玉海一同生活。

许春霞主张崔玉海在与许春霞婚姻关系存续期间和赵春花以夫妻名义共同生活 6 年之久，并生育子女。对此提供以下证据：

1. 2013 年 10 月 15 日，崔玉海向许春霞出具的保证书，内容为："我在天津期间由于受不住外界的诱惑，在天津与一位名叫赵春花的女子发生了婚外情……"

2. 照片三张，称照片中男子为崔玉海，女子为赵春花，男孩为双方之子。

　　3. 许春霞通过关系从河北省廊坊市公安局城北派出所调取崔晓明和崔晓云的身份情况。结果显示，崔晓明和崔晓云均为崔玉海和赵春花之子女，其中崔晓明出生日期为2019年3月12日。

　　通过多方调查，查明崔玉海名下的下列财产系其与许春霞婚姻关系存续期间取得：

　　1. 崔玉海于2014年投资成立天津四海惠科装饰有限公司，并在与许春霞夫妻关系存续期间获得该公司全部股权。该公司现由崔玉海经营。

　　2. 位于天津市金科花园2号楼2单元1204号房屋一套，双方确认房屋在双方婚姻关系存续期间装修，房屋登记时间为2018年1月18日，所有权人为崔玉海，现由崔玉海居住。双方离婚时该房屋没有未偿还的贷款，崔玉海于双方离婚后为其个人债务以该房屋抵押贷款，现该房屋仍被抵押。经评估，该房屋（包括装修）现市场价值为2244882元，许春霞预付评估费8112元。

　　3. 奔驰汽车一辆（车牌号：津FA3216），登记时间为2017年11月15日。路虎揽胜汽车一辆（车牌号：津PG1408），登记时间为2017年12月28日。上述两辆汽车现在均由崔玉海占有。经评估，市场价值分别为29.5万元和91.34万元。许春霞预付鉴定费5000元。

　　4. 奥迪牌汽车一辆（车牌号：津DN4432），购买于2017年8月26日，购买价格为29.88万元，由崔玉海占有。许春霞主张该车价值为24万元，崔玉海主张该车价值为20万元。崔玉海拒绝提供该车进行鉴定。

　　2021年5月12日，许春霞诉至法院称：我和崔玉海原是同学关系，2006年确立恋爱关系，2012年9月10日在河北省廊坊市民政局登记结婚，2013年11月12日生有女儿崔明英。因双方感情破裂，于2018年11月15日在河北省廊坊市民政局办理了离婚登记手续，约定女儿由我抚养，但没有处理财产。经我了解，得知崔玉海和赵春花早有来往，在2013年前后就在天津市滨海区稳定共同生活，2019年3月12日生育一子。我了解到崔玉海早在2014年10月24日在天津市滨海区注册成立了天津四海惠科装饰有限公司，后又成立了几家别的公司。崔玉海在与我夫妻关系存续期间与赵春花以夫妻名义共同生活6年之久，赵春花在明知崔玉海有妻子的情况下，与崔玉海以夫妻名义生活并生有孩子，二人无视法律规定。崔玉海故意隐瞒和转移夫妻共同财产，对我造成了严重伤害，其对双方离婚负有全部过错和责任。因此起诉请求：1. 分割房屋、公司股权、车辆等夫妻共同财产，许春霞享有70%比例，崔玉海应将该折价款一次性给付许春霞。2. 要求崔玉海赔偿精神损失费20000元。3. 诉讼费由崔玉海承担。

崔玉海辩称：许春霞和崔玉海协议离婚，双方离婚的理由是性格不合，感情破裂，与第三者没有关系，其精神没有受到伤害，不应当赔偿其精神损失费；许春霞所述的资产情况不属实，四海惠科公司成立于 2013 年，许春霞知晓该公司，四海惠科公司在 2016 年的注册资金为 50 万元，并非四海惠科公司有巨额财产，许春霞所述的其他公司与崔玉海没有关系；双方离婚协议已经对财产的情况作出了处理，崔玉海已经支付了孩子的抚养费与财产分割的 100 万元，公司的债务已经做了平衡，崔玉海并没有巨额的财产，许春霞所述的分割财产与事实不符；双方是协议离婚，现在许春霞起诉分割财产没有法律依据。

五、实务训练过程

1. 学生按照预先分配的小组坐在一起，各组组长抽取本组实务训练素材的案例。

2. 各组针对本组抽取的案例，进行小组讨论，在明确案件民事法律关系的基础上，查找案件的案由。

3. 各组通过讨论，确定案件案由，并在作业纸上完整写出小组确定的案件案由。

4. 各组推荐一位同学到讲台上展示本组确定的案件案由，并提交小组确定的案件案由的纸质版。

5. 每组展示成果后，由其他组的同学对该组确定的案件案由进行点评，教师进行总结，并给出比较客观合理的评分。

单元课后练习

要求：反复阅读案件，掌握案件的基本事实和案件的法律关系，查明案件相关法律规定，正确地分析案件相关法律规定，并能准确地确定案件的案由。

案例材料 1

被继承人蒋春玲与黄建明系夫妻关系，二人一生操劳，辛辛苦苦养育了四名子女：黄飞宏、黄飞霞、黄飞敏、黄飞英。黄建明于 2014 年 10 月 29 日死亡，蒋春玲于 2021 年 5 月 22 日死亡。黄飞宏 2006 年 3 月 14 日因车祸去世，黄继军系黄飞宏之子。黄飞英于 2020 年 7 月 22 日因病去世。

2016 年 10 月 25 日，蒋春玲起诉黄飞霞、黄飞敏、黄飞英、黄继军继承纠纷。经过法院多次调解，原告、被告达成了一致意见，法院制作了调解协议。根据（2016）南民初字第 3524 号调解书显示，经法院调解，双方当事人自愿达成协议：位于天津市南开区新华西街 28 号 1 单元 1202 号房屋归蒋春玲所有。蒋春玲于取得拆迁款之日起 10 日内给付黄飞霞、黄飞敏各房屋折价款 4 万元。蒋春玲于取得拆迁款十日内给付黄继军房屋折价款 6 万元。蒋春玲于取得拆迁款 10 日内给付黄飞英房屋折价款 10 万元。

蒋春玲于 2019 年 12 月 14 日留遗嘱一份，该遗嘱载明：立遗嘱人蒋春玲……在我名下有一套房子，位于天津市南开区新华西街 28 号 1 单元 1202 号房屋……在我去世后，上述房产归我孙子黄宗林个人所有，是其个人财产，上述遗嘱是我真实意思表示。立遗嘱人蒋春玲，2019 年 12 月 14 日。

王冬龄为证明自己对黄建明、蒋春玲尽到了主要赡养义务，向法院提供了加盖了天津市南开区四季青社区居民委员会公章的证人证言。该证明载明：我叫王立明……证明我小区居民王冬龄自 2006 年丈夫黄飞宏去世后和儿子黄继军居住在本小区，我们是邻居关系，王冬龄的公公黄建明和婆婆蒋春玲从 2006 年到去世前经常到此居住，与王冬龄一起生活，王冬龄尽到赡养两位老人的义务。王冬龄本人从 2002 年就下岗了，生活困难，我们可以证明。证明人王立明、证明人张丙盛。但是王冬龄自述其 2012 年退休后有下岗工资。

2021 年 7 月 26 日，黄宗林向法院起诉称：被继承人蒋春玲是我奶奶，蒋春玲生前书写遗嘱，将位于天津市南开区新华西街 28 号 1 单元 1202 号房屋遗留给我。现我诉至法院，要求继承上述房屋。

黄飞霞、黄飞敏、黄继军辩称：诉争房产中有部分是属于黄建明的遗产，蒋春玲无权处分。另外，（2016）南民初字第 3524 号调解书上写明，蒋春玲应当在涉案房屋拆迁时给付黄飞霞、黄飞敏、黄继军房屋补偿款，但给付时间没有进行明确约定，是属于不合法的约定。该调解是遗产继承，但却进行了房款的分配，该证据不合法。不同意黄宗林的全部诉讼请求。王冬龄作为丧偶儿媳也应当有继承的份额。

王冬龄辩称：我是黄飞宏的妻子，是黄建明、蒋春玲的儿媳。黄飞宏去世后，我也对黄建明、蒋春玲尽到了主要赡养义务。我下岗，生活困难，遗嘱应当给我保留必要的份额。我现在要求按照法定继承人的身份参加继承。

原告提供的证据有：遗嘱、调解书、死亡证明等。

案例材料 2

刘林月组织白小南等人从事房屋建筑，刘林月为减少工伤事故造成的损失，用工之前要求为每个工人投保保险，保险金 100 元，从工人工资中扣除。白小南表示自己已经投保保险，不再需要刘林月办理此事。2021 年 2 月，刘林月组织白小南等人在刘巍民家进行房屋建筑工程，白小南从事小工工作，依约定，刘巍民以每人每天 140 元的标准将工资支付给刘林月，因刘林月提供脚手架、槽子等工具，其从小工工资中每人每天扣除 40 元，因此其每天为白小南发放工资 100 元。2012 年 6 月 18 日，在该施工现场，白小南负责推运砖块等杂物，在白小南往独轮手推车上装砖时，手推车歪倒，将白小南砸伤。当日，刘巍民、刘林月将白小南送往天津市盛华医院进行治疗，刘林月支付交通费 800 元，刘巍民支付医药费 5000 元。次日，白小南在天津市南开区医院住院治疗，诊断为右踝关节骨折，住院 15 天，共支付医疗费 32000 元。白小南与刘巍民、刘林月就其经济损失的赔偿问题协商未果，故白小南诉至法院，请求刘巍民、刘林月赔偿其各项损失共计 52200 元。

事发后，白小南的医药费已由商业保险报销 10000 元，农村合作医疗报销 11000 元。

2021 年 6 月，白小南诉至原审法院称：2021 年 2 月份，刘林月承揽了刘巍民家的平房工程。2021 年 2 月 17 日，刘林月找我去刘巍民家干活，担任小工，日工资 100 元。2021 年 2 月 18 日，我在往小推车上装砖时，小推车歪倒，将我砸伤。2021 年 2 月 18 日，我在天津市南开区医院接受住院治疗，诊断为右踝关节骨折，住院 15 天，共花去住院费 32000 元。出院后我遵医嘱检查，并休息至 2021 年 2 月 18 日，共误工 60 天。天津市南开区医院证明，我还需要二次手术，费用约 8000 元。故我诉至法院，请求刘巍民、刘林月赔偿我医疗费 32000 元、误工费 6000 元、护理费 2000 元、交通费 200 元、住院伙食补助费 2000 元、营养费 2000 元、二次手术费 8000 元，共计 52200 元。

刘林月辩称：第一，白小南与我不是雇用关系，不应该由我承担责任。我和白小南及其他干活的人只是以临时不固定组合的方式为需要盖房的家庭提供劳务。我不是工头，没有主动找白小南参加在刘巍民家的劳动，我只是代表所有干活的人向雇主领取工钱，并没有比其他干活的人多拿钱。第二，白小南对于事故的发生存在重大过错，大家一起干活都互相提醒注意安全，白小南自己用小车拉东西，没人指示他拉多少、拉几次，白小南因自身的疏忽大意导致他在拉车过程中受伤，白小南应该自己承担责任。第三，因白小南自身原因造成了治疗问题，事故发生后，刘巍民于当天将白小南送往天津市南开区医院，但白小南强烈要求去天津市盛华医院，即到天津市盛华医院进行了保守治疗，刘巍民支付了相关医药费用，我支付交通费。回到南开区后，白小南又自行到南开区医院手术，且现在二次手术未作。所以请求法庭查明事实，驳回白小南的诉讼请求。

刘巍民辩称：我不认识白小南，是刘林月找白小南给我干活，白小南干没干活我不知道，他具体怎么受伤的我也不知道。白小南受伤我送他去医院的事属实，我支付了白小南在天津市盛华医院看病的相关费用5000元，且现在白小南二次手术未做。总之，本案和我无关，我不同意白小南的诉讼请求。

本单元案例材料参考答案要点：

学习任务一之实务训练素材（案例材料1）参考答案要点

本案涉及的相关法律规定如下：

1.《民法典》第八百八十八条："保管合同是保管人保管寄存人交付的保管物，并返还该物的合同。"

2.《民法典》第八百九十七条："保管期间，因保管人保管不善造成保管物毁损、灭失的，保管人应当承担损害赔偿责任，但保管是无偿的，保管人证明自己没有重大过失的，不承担损害赔偿责任。"

3.《民法典》第八百九十八条："寄存人寄存货币、有价证券或者其他贵重物品的，应当向保管人声明，由保管人验收或者封存。寄存人未声明的，该物品毁损、灭失后，保管人可以按照一般物品予以赔偿。"

4.《民法典》第八百九十九条："寄存人可以随时领取保管物。当事人对保管期间没有约定或者约定不明确的，保管人可以随时要求寄存人领取保管物；约定保管期间的，保管人无特别事由，不得要求寄存人提前领取保管物。"

学习任务一之实务训练素材（案例材料2）参考答案要点

本案涉及的相关法律规定如下：

1.《民法典》第一千一百六十五条："行为人因过错侵害他人民事权益，应当承担侵权责任。"

2.《民法典》第一千一百七十九条："侵害他人造成人身损害的，应当赔偿医疗费、护理费、交通费等为治疗和康复支出的合理费用，以及因误工减少的收入。造成残疾的，还应当赔偿残疾生活辅助具费和残疾赔偿金。"

3.《民法典》第一千一百八十三条："侵害他人人身权益，造成他人严重精神损害的，被侵权人可以请求精神损害赔偿。"

4.《民法典》第一千一百九十一条："用人单位的工作人员因执行工作任务造成他人损害的，由用人单位承担侵权责任。"

学习任务二之实务训练素材（案例材料1）参考答案要点

1.《民法典》第一千一百六十五条："行为人因过错侵害他人民事权益造成损害的，应当承担侵权责任。"

《民法典》第一千一百八十四条："侵害他人财产的，财产损失按照损失发生时的市场价格或者其他方式计算。"

本案中，四通家安房地产公司与孙建伟因租房发生纠纷，四通家安房地产公司人员擅自将承租人孙建伟的财物搬出房屋，未进行清点登记和管理，造成孙建伟财物损失，侵犯了孙建伟的财产权，四通家安房地产公司应当承担赔偿责任。

2.《民法典》第四百六十五条规定："依法成立的合同，受法律保护。依法成立的合同，仅对当事人具有法律约束力，但是法律另有规定的除外。"

《民法典》第五百零九条："当事人应当按照约定全面履行自己的义务。"

《民法典》第五百八十五条："当事人可以约定一方违约时应当根据违约情况向对方支付一定数额的违约金，也可以约定因违约产生的损失赔偿额的计算方法。"

本案中，四通家安房地产公司（出租方）与孙建伟（承租方）依法签订了房屋承租合同，双方应当按照合同的约定履行自己的义务，承租人孙建伟未按照合同约定支付租金，构成违约，应当按照合同约定承担违约责任。

3.《民法典》第五百六十二条："当事人协商一致，可以解除合同。当事人可以约定一方解除合同的条件。解除合同的条件成就时，解除权人可以解除合同。

《民法典》第五百六十六条："合同解除后，尚未履行的，终止履行；已经履行的，根据履行情况和合同性质，当事人可以要求恢复原状、采取其他补救措施，并有权要求赔偿损失。"《民法典》第五百六十七条："合同的权利义务终止，不影响合同中结算和清理条款的效力。"

本案孙建伟与四通家安房地产公司签订编号为SZ002245的《深圳市房屋承租合同》中明确约定：孙建伟拖欠租金超过5日，四通家安房地产公司有权解除合同收回房屋。孙建伟本应于 2021 年 3 月 20 日支付第二季度的租金，但实际支付日期是 2021 年 3 月 30 日，拖欠租金已经超过 5 日，所以，四通家安房地产公司可以按照合同约定解除与孙建伟之间的租赁合同关系。合同解除后，尚未履行的，终止履行，合同解除后应当依法进行清算，因此，四通家安房地产公司应当退还孙建伟租房押金 6000 元，并退还其 2021 年 6 月 20 日至 2021 年 7 月 19 日期间租金 6000 元和该月的维护费 200 元。

学习任务二之实务训练素材（案例材料 2）参考答案要点

1. 《民法典》第一千一百五十三条："夫妻在婚姻关系存续期间所得的共同所有的财产，除有约定的以外，如果分割遗产，应当先将共同所有的财产的一半分出为配偶所有，其余的为被继承人的遗产。"

本案中，涉案房屋是胡晓霞和钱富贵于 2002 年 4 月共同购买的，属于二人的共同财产，胡晓霞去世后，分割该房屋时，应当将该房屋的一半份额分给钱富贵，剩下的一半份额属于胡晓霞的遗产。

2. 《民法典》第一千一百二十三条："继承开始后，按照法定继承办理；有遗嘱的，按照遗嘱继承或者遗赠办理；有遗赠扶养协议的，按照协议办理。"《民法典》第一千一百三十三条："自然人可以依照本法规定立遗嘱处分个人财产，并可以指定遗嘱执行人。自然人可以立遗嘱将个人财产指定由法定继承人的一人或者数人继承。"《民法典》第一千一百三十五条："代书遗嘱应当有两个以上见证人在场见证，由其中一人代书，注明年、月、日，并由代书人、其他见证人和遗嘱人签名。"《民法典》第一千一百四十条："下列人员不能作为遗嘱见证人：（一）无行为能力人、限制行为能力人；（二）继承人、受遗赠人；（三）与继承人、受遗赠人有利害关系的人。"

根据民法典的相关规定，公民可以设立遗嘱，且遗嘱继承优先于法定继承。本案中，胡晓霞有权立遗嘱处分自己的财产，胡晓霞生病住院期间请大夫苏小丽帮助代书遗嘱一份，该遗嘱上签字的见证人有张思君、张思海和苏小丽三人，因为张思君、张思海是胡晓霞的法定继承人，按照法律规定他们不能作为胡晓霞的代书遗嘱的见证人，所以，该遗嘱的有效见证人只有苏小丽一人，法律规定代书遗嘱应当有两个以上见证人在场见证，胡晓霞设立的代书遗嘱并没有两个以上有效的见证人在场见证。因此，该代书遗嘱无效。

3. 《民法典》第一千一百二十七条："遗产按照下列顺序继承：第一顺序：配

偶、子女、父母。《民法典》第一千一百三十条："同一顺序继承人继承遗产的份额，一般应当均等。"

本案中，钱富贵是胡晓霞的配偶，张思盈、张思君和张思海是胡晓霞的子女，所以，钱富贵、张思盈、张思君和张思海均可以作为第一顺序的继承人均分胡晓霞的遗产。

4.《民法典》第一千一百六十一条："继承遗产应当清偿被继承人依法应当缴纳的税款和债务，缴纳税款和清偿债务以他的遗产实际价值为限。"

本案中，在分割被继承人胡晓霞的遗产之前，应当从遗产中扣除胡晓霞的医疗费、丧葬费等费用或者此费用由钱富贵、张思盈、张思君和张思海四位第一顺序的继承人平均分担。

学习任务三之实务训练素材（案例材料1）参考答案要点

本案的案由是：民间借贷纠纷。

解析：正确确定本案案由，需要先明确案件的法律关系，本案因为罗海峰与侯西云签订的借款合同发生的争议，属于合同纠纷，应当在民事案由规定的一级案由"合同、准合同纠纷"项下的二级案由"合同纠纷"中查找相关案由。通过查找我们能够发现在"合同纠纷"项下的三级案由中"借款合同纠纷"与本案关系密切，但是，此三级案由项下有六个四级案由，通过仔细辨别，我们可以确定四级案由"民间借贷纠纷"与本案的案件事实和法律关系基本相符，所以，最终确定本案的案由是：民间借贷纠纷。

学习任务三之实务训练素材（案例材料2）参考答案要点

本案的案由是：离婚后财产纠纷。

解析：确定本案案由之前，需要先明确案件的法律关系。本案因为许春霞和崔玉海因为离婚发生的财产争议，属于婚姻家庭纠纷，应当在民事案由规定的一级案由"婚姻家庭、继承纠纷"项下的二级案由"婚姻家庭纠纷"中查找相关案由，通过查找我们能够发现在"婚姻家庭纠纷"项下的三级案由中有"离婚纠纷""离婚后财产纠纷"和"离婚后损害责任纠纷"三个案由比较相近，不少学生区分不清楚，只有弄清楚了这三个案由的意思，才能正确地选择本案的案由。案由"离婚纠纷"是指夫妻双方依据法定条件和程序解除婚姻关系而产生的纠纷，在当事人要求离婚时，可能会涉及能否离婚、子女由谁抚养、财产如何分配等问题的纠纷。案由"离婚后财产纠纷"是指男女双方离婚之后的一定期间内，一方当事人发现离婚时有未分割的夫妻共同财产或者虽进行了分割而后反悔或者发生可以再次分割夫妻共同财产的情形而产生的纠纷。"离婚后损害责任纠纷"是指离婚纠纷中无过错方在离婚之后的特定期限内，有权依据民法典的相关规定向人民法院起诉要求另一方承担损害赔偿责任的纠纷。本案中，许春霞和崔玉海协议离婚之后，许春霞发现其与崔玉海夫妻关系存续期间有许多夫妻共同财产没有分割，所以，此案由为"离婚后财产纠纷"，又因许春霞离婚后发现崔玉海婚内与赵春花同居，并生育子女，导致崔玉海与许春霞离婚，因此，许春霞要求分割共同财产时应当多分，并请求崔玉海赔偿其精神损失费 20000 元，此问题案由属于"离婚后损害责任纠纷"。根据上文两个以上民事法律关系的案由确定原则。同一诉讼中，涉及两个以上的民事法律关系的，均为诉争民事法律关系的，属于主从关系的，应当以主法律关系来确定案由。从本案中许春霞的诉讼请求和案件法律关系来看，离婚后财产分割关系是主要的法律关系，所以，最终本案的案由确定为"离婚后财产纠纷"。

最高人民法院印发修改后的《民事案件案由规定》❶

法〔2020〕347 号

最高人民法院

关于印发修改后的《民事案件案由规定》的通知

各省、自治区、直辖市高级人民法院，解放军军事法院，新疆维吾尔自治区高级人民法院生产建设兵团分院：

为切实贯彻实施民法典，最高人民法院对 2011 年 2 月 18 日第一次修正的《民事案件案由规定》（以下简称 2011 年《案由规定》）进行了修改，自 2021 年 1 月 1 日起施行。现将修改后的《民事案件案由规定》（以下简称修改后的《案由规定》）印发给你们，请认真贯彻执行。

2011 年《案由规定》施行以来，在方便当事人进行民事诉讼，规范人民法院民事立案、审判和司法统计工作等方面，发挥了重要作用。近年来，随着民事诉讼法、邮政法、消费者权益保护法、环境保护法、反不正当竞争法、农村土地承包法、英雄烈士保护法等法律的制定或者修订，审判实践中出现了许多新类型民事案件，需要对 2011 年《案由规定》进行补充和完善。特别是民法典将于 2021 年 1 月 1 日起施行，迫切需要增补新的案由。经深入调查研究，广泛征求意见，最高人民

---

❶ "参见：中华人民共和国最高人民法院→权威发布→通知（司法文件）http://www.court.gov.cn/fabu-xiangqing-282031.html"

法院对 2011 年《案由规定》进行了修改。现就各级人民法院适用修改后的《案由规定》的有关问题通知如下：

一、高度重视民事案件案由在民事审判规范化建设中的重要作用，认真学习掌握修改后的《案由规定》

民事案件案由是民事案件名称的重要组成部分，反映案件所涉及的民事法律关系的性质，是对当事人诉争的法律关系性质进行的概括，是人民法院进行民事案件管理的重要手段。建立科学、完善的民事案件案由体系，有利于方便当事人进行民事诉讼，有利于统一民事案件的法律适用标准，有利于对受理案件进行分类管理，有利于确定各民事审判业务庭的管辖分工，有利于提高民事案件司法统计的准确性和科学性，从而更好地为创新和加强民事审判管理、为人民法院司法决策服务。

各级人民法院要认真学习修改后的《案由规定》，理解案由编排体系和具体案由制定的背景、法律依据、确定标准、具体含义、适用顺序以及变更方法等问题，准确选择适用具体案由，依法维护当事人诉讼权利，创新和加强民事审判管理，不断推进民事审判工作规范化建设。

二、关于《案由规定》修改所遵循的原则

一是严格依法原则。本次修改的具体案由均具有实体法和程序法依据，符合民事诉讼法关于民事案件受案范围的有关规定。

二是必要性原则。本次修改是以保持案由运行体系稳定为前提，对于必须增加、调整的案由作相应修改，尤其是对照民法典的新增制度和重大修改内容，增加、变更部分具体案由，并根据现行立法和司法实践需要完善部分具体案由，对案由编排体系不作大的调整。民法典施行后，最高人民法院将根据工作需要，结合司法实践，继续细化完善民法典新增制度案由，特别是第四级案由。对本次未作修改的部分原有案由，届时一并修改。

三是实用性原则。案由体系是在现行有效的法律规定基础上，充分考虑人民法院民事立案、审判实践以及司法统计的需要而编排的，本次修改更加注重案由的简洁明了、方便实用，既便于当事人进行民事诉讼，也便于人民法院进行民事立案、审判和司法统计工作。

三、关于案由的确定标准

民事案件案由应当依据当事人诉争的民事法律关系的性质来确定。鉴于具体案件中当事人的诉讼请求、争议的焦点可能有多个，争议的标的也可能是多个，为保证案由的高度概括和简洁明了，修改后的《案由规定》仍沿用 2011 年《案由规定》关于案由的确定标准，即对民事案件案由的表述方式原则上确定为"法律关系性质"加"纠纷"，一般不包含争议焦点、标的物、侵权方式等要素。但是，实践中当事人诉争的民事法律关系的性质具有复杂多变性，单纯按照法律关系标准去划分案由体系的做法难以更好地满足民事审判实践的需要，难以更好地满足司法统计的需要。为此，修改后的《案由规定》在坚持以法律关系性质作为确定案由的主要标准的同时，对少部分案由也依据请求权、形成权或者确认之诉、形成之诉等其他标准进行确定，对少部分案由的表述也包含了争议焦点、标的物、侵权方式等要素。另外，为了与行政案件案由进行明显区分，本次修改还对个别案由的表述进行了特殊处理。

对民事诉讼法规定的适用特别程序、督促程序、公示催告程序、公司清算、破产程序等非讼程序审理的案件案由，根据当事人的诉讼请求予以直接表述；对公益诉讼、第三人撤销之诉、执行程序中的异议之诉等特殊诉讼程序案件的案由，根据修改后民事诉讼法规定的诉讼制度予以直接表述。

四、关于案由体系的总体编排

1. 关于案由纵向和横向体系的编排设置。修改后的《案由规定》以民法学理论对民事法律关系的分类为基础，以法律关系的内容即民事权利类型来编排案由的纵向体系。在纵向体系上，结合民法典、民事诉讼法等民事立法及审判实践，将案由的编排体系划分为人格权纠纷，婚姻家庭、继承纠纷，物权纠纷，合同、准合同纠纷，劳动争议与人事争议，知识产权与竞争纠纷，海事海商纠纷，与公司、证券、保险、票据等有关的民事纠纷，侵权责任纠纷，非讼程序案件案由，特殊诉讼程序案件案由，共计十一大部分，作为第一级案由。

在横向体系上，通过总分式四级结构的设计，实现案由从高级（概括）到低级（具体）的演进。如物权纠纷（第一级案由）→所有权纠纷（第二级案由）→建筑物区分所有权纠纷（第三级案由）→业主专有权纠纷（第四级案由）。在第一级案由项下，细分为五十四类案由，作为第二级案由（以大写数字表示）；在第二级案由项下列出了 473 个案由，作为第三级案由（以阿拉伯数字表示）。第三级案由是司法实践中最常见和广泛使用的案由。基于审判工作指导、调研和司法统计的需要，在部分第三级案由项下又列出了 391 个第四级案由（以阿拉伯数字加（）表示）。基于民事法律关系的复杂性，不可能穷尽所有第四级案由，目前所列的第四级案由只是一些典型的、常见的或者为了司法统计需要而设立的案由。

修改后的《案由规定》采用纵向十一个部分、横向四级结构的编排设置，形成了网状结构体系，基本涵盖了民法典所涉及的民事纠纷案件类型以及人民法院当前受理的民事纠纷案件类型，有利于贯彻落实民法典等民事法律关于民事权益保护的相关规定。

2. 关于物权纠纷案由与合同纠纷案由的编排设置。修改后的《案由规定》仍然沿用 2011 年《案由规定》关于物权纠纷案由与合同纠纷案由的编排体系。按照物权变动原因与结果相区分的原则，对于涉及物权变动的原因，即债权性质的合同关系引发的纠纷案件的案由，修改后的《案由规定》将其放在合同纠纷项下；对于涉及物权变动的结果，即物权设立、权属、效力、使用、收益等物权关系产生的纠纷案件的案由，修改后的《案由规定》将其放在物权纠纷项下。前者如第三级案由"居住权合同纠纷"列在第二级案由"合同纠纷"项下；后者如第三级案由"居住权纠纷"列在第二级案由"物权纠纷"项下。

具体适用时，人民法院应根据当事人诉争的法律关系的性质，查明该法律关系涉及的是物权变动的原因关系还是物权变动的结果关系，以正确确定案由。当事人诉争的法律关系性质涉及物权变动原因的，即因债权性质的合同关系引发的纠纷案件，应当选择适用第二级案由"合同纠纷"项下的案由，如"居住权合同纠纷"案由；当事人诉争的法律关系性质涉及物权变动结果的，即因物权设立、权属、效力、使用、收益等物权关系引发的纠纷案件，应当选择第二级案由"物权纠纷"项下的案由，如"居住权纠纷"案由。

3. 关于第三部分"物权纠纷"项下"物权保护纠纷"案由与"所有权纠纷""用益物权纠纷""担保物权纠纷"案由的编排设置。修改后的《案由规定》仍然沿用 2011 年《案由规定》关于物权纠纷案由的编排设置。"所有权纠纷""用益物权纠纷""担保物权纠纷"案由既包括以上三种类型的物权确认纠纷案由，也包括以上三种类型的侵害物权纠纷案由。民法典物权编第三章"物权的保护"所规定的物权请求权或者债权请求权保护方法，即"物权保护纠纷"，在修改后的《案由规定》列举的每个物权类型（第三级案由）项下都可能部分或者全部适用，多数都可以作为第四级案由列举，但为避免使整个案由体系冗长繁杂，在各第三级案由下并未一一列出。实践中需要确定具体个案案由时，如果当事人的诉讼请求只涉及"物权保护纠纷"项下的一种物权请求权或者债权请求权，则可以选择适用"物权保护纠纷"项下的六种第三级案由；如果当事人的诉讼请求涉及"物权保护纠纷"项下的两种或者两种以上物权请求权或者债权请求权，则应按照所保护的权利种类，选择适用"所有权纠纷""用益物权纠纷""担保物权纠纷"项下的第三级案由（各种物权类型纠纷）。

4. 关于侵权责任纠纷案由的编排设置。修改后的《案由规定》仍然沿用2011年《案由规定》关于侵权责任纠纷案由与其他第一级案由的编排设置。根据民法典侵权责任编的相关规定，该编的保护对象为民事权益，具体范围是民法典总则编第五章所规定的人身、财产权益。这些民事权益，又分别在人格权编、物权编、婚姻家庭编、继承编等予以了细化规定，而这些民事权益纠纷往往既包括权属确认纠纷也包括侵权责任纠纷，这就为科学合理编排民事案件案由体系增加了难度。为了保持整个案由体系的完整性和稳定性，尽可能避免重复交叉，修改后的《案由规定》将这些侵害民事权益侵权责任纠纷案由仍旧分别保留在"人格权纠纷""婚姻家庭、继承纠纷""物权纠纷""知识产权与竞争纠纷"等第一级案由体系项下，对照侵权责任编新规定调整第一级案由"侵权责任纠纷"项下案由；同时，将一些实践中常见的、其他第一级案由不便列出的侵权责任纠纷案由也列在第一级案由"侵权责任纠纷"项下，如"非机动车交通事故责任纠纷"。从"兜底"考虑，修改后的《案由规定》将第一级案由"侵权责任纠纷"列在其他八个民事权益纠纷类型之后，作为第九部分。

具体适用时，涉及侵权责任纠纷的，为明确和统一法律适用问题，应当先适用第九部分"侵权责任纠纷"项下根据侵权责任编相关规定列出的具体案由；没有相应案由的，再适用"人格权纠纷""物权纠纷""知识产权与竞争纠纷"等其他部分项下的具体案由。如环境污染、高度危险行为均可能造成人身损害和财产损害，确定案由时，应当适用第九部分"侵权责任纠纷"项下"环境污染责任纠纷""高度危险责任纠纷"案由，而不应适用第一部分"人格权纠纷"项下的"生命权、身体权、健康权纠纷"案由，也不应适用第三部分"物权纠纷"项下的"财产损害赔偿纠纷"案由。

五、适用修改后的《案由规定》应当注意的问题

1. 在案由横向体系上应当按照由低到高的顺序选择适用个案案由。确定个案案由时，应当优先适用第四级案由，没有对应的第四级案由的，适用相应的第三级案由；第三级案由中没有规定的，适用相应的第二级案由；第二级案由没有规定的，适用相应的第一级案由。这样处理，有利于更准确地反映当事人诉争的法律关系的性质，有利于促进分类管理科学化和提高司法统计准确性。

2. 关于个案案由的变更。人民法院在民事立案审查阶段，可以根据原告诉讼请求涉及的法律关系性质，确定相应的个案案由；人民法院受理民事案件后，经审理发现当事人起诉的法律关系与实际诉争的法律关系不一致的，人民法院结案时应当根据法庭查明的当事人之间实际存在的法律关系的性质，相应变更个案案由。当事人在诉讼过程中增加或者变更诉讼请求导致当事人诉争的法律关系发生变更的，人民法院应当相应变更个案案由。

3. 存在多个法律关系时个案案由的确定。同一诉讼中涉及两个以上的法律关系的，应当根据当事人诉争的法律关系的性质确定个案案由；均为诉争的法律关系的，则按诉争的两个以上法律关系并列确定相应的案由。

4. 请求权竞合时个案案由的确定。在请求权竞合的情形下，人民法院应当按照当事人自主选择行使的请求权所涉及的诉争的法律关系的性质，确定相应的案由。

5. 正确认识民事案件案由的性质与功能。案由体系的编排制定是人民法院进行民事审判管理的手段。各级人民法院应当依法保障当事人依照法律规定享有的起诉权利，不得将修改后的《案由规定》等同于民事诉讼法第一百一十九条规定的起诉条件，不得以当事人的诉请在修改后的《案由规定》中没有相应案由可以适用为由，裁定不予受理或者驳回起诉，损害当事人的诉讼权利。

6. 案由体系中的选择性案由（即含有顿号的部分案由）的使用方法。对这些案由，应当根据具体案情，确定相应的个案案由，不应直接将该案由全部引用。如"生命权、身体权、健康权纠纷"案由，应当根据具体侵害对象来确定相应的案由。

本次民事案件案由修改工作主要基于人民法院当前司法实践经验，对照民法典等民事立法修改完善相关具体案由。2021年1月1日民法典施行后，修改后的《案由规定》可能需要对标民法典具体施行情况作进一步调整。地方各级人民法院要密切关注民法典施行后立案审判中遇到的新情况、新问题，重点梳理汇总民法典新增

制度项下可以细化规定为第四级案由的新类型案件，及时层报最高人民法院。

最高人民法院

2020 年 12 月 29 日

民事案件案由规定

（2007 年 10 月 29 日最高人民法院审判委员会第 1438 次会议通过，自 2008 年 4 月 1 日起施行。根据 2011 年 2 月 18 日最高人民法院《关于修改〈民事案件案由规定〉的决定》（法〔2011〕41 号）第一次修正，根据 2020 年 12 月 14 日最高人民法院审判委员会第 1821 次会议通过的《最高人民法院关于修改〈民事案件案由规定〉的决定》（法〔2020〕346 号）第二次修正。）

为了正确适用法律，统一确定案由，根据《中华人民共和国民法典》《中华人民共和国民事诉讼法》等法律规定，结合人民法院民事审判工作实际情况，对民事案件案由规定如下：

第一部　分人格权纠纷

一、人格权纠纷

1. 生命权、身体权、健康权纠纷

2. 姓名权纠纷

3. 名称权纠纷

4. 肖像权纠纷

5. 声音保护纠纷

6. 名誉权纠纷

7. 荣誉权纠纷

8. 隐私权、个人信息保护纠纷

（1）隐私权纠纷

（2）个人信息保护纠纷

9. 婚姻自主权纠纷

10. 人身自由权纠纷

11. 一般人格权纠纷

（1）平等就业权纠纷

第二部分 婚姻家庭、继承纠纷

二、婚姻家庭纠纷

12. 婚约财产纠纷

13. 婚内夫妻财产分割纠纷

14. 离婚纠纷

15. 离婚后财产纠纷

16. 离婚后损害责任纠纷

17. 婚姻无效纠纷

18. 撤销婚姻纠纷

19. 夫妻财产约定纠纷

20. 同居关系纠纷

（1）同居关系析产纠纷

（2）同居关系子女抚养纠纷

21. 亲子关系纠纷

（1）确认亲子关系纠纷

（2）否认亲子关系纠纷

22. 抚养纠纷

（1）抚养费纠纷

（2）变更抚养关系纠纷

23. 扶养纠纷

（1）扶养费纠纷

（2）变更扶养关系纠纷

24. 赡养纠纷

（1）赡养费纠纷

（2）变更赡养关系纠纷

25. 收养关系纠纷

（1）确认收养关系纠纷

（2）解除收养关系纠纷

26. 监护权纠纷

27. 探望权纠纷

28. 分家析产纠纷

三、继承纠纷

29. 法定继承纠纷

（1）转继承纠纷

（2）代位继承纠纷

30. 遗嘱继承纠纷

31. 被继承人债务清偿纠纷

32. 遗赠纠纷

33. 遗赠扶养协议纠纷

34. 遗产管理纠纷

第三部分　物权纠纷

四、不动产登记纠纷

35. 异议登记不当损害责任纠纷

36. 虚假登记损害责任纠纷

五、物权保护纠纷

37. 物权确认纠纷

（1）所有权确认纠纷

（2）用益物权确认纠纷

（3）担保物权确认纠纷

38. 返还原物纠纷

39. 排除妨害纠纷

40. 消除危险纠纷

41. 修理、重作、更换纠纷

42. 恢复原状纠纷

43. 财产损害赔偿纠纷

六、所有权纠纷

44. 侵害集体经济组织成员权益纠纷

45. 建筑物区分所有权纠纷

（1）业主专有权纠纷

（2）业主共有权纠纷

（3）车位纠纷

（4）车库纠纷

46. 业主撤销权纠纷

47. 业主知情权纠纷

48. 遗失物返还纠纷

49. 漂流物返还纠纷

50. 埋藏物返还纠纷

51. 隐藏物返还纠纷

52. 添附物归属纠纷

53. 相邻关系纠纷

（1）相邻用水、排水纠纷

（2）相邻通行纠纷

（3）相邻土地、建筑物利用关系纠纷

（4）相邻通风纠纷

（5）相邻采光、日照纠纷

（6）相邻污染侵害纠纷

（7）相邻损害防免关系纠纷

54. 共有纠纷

（1）共有权确认纠纷

（2）共有物分割纠纷

（3）共有人优先购买权纠纷

（4）债权人代位析产纠纷

七、用益物权纠纷

55. 海域使用权纠纷

56. 探矿权纠纷

57. 采矿权纠纷

58. 取水权纠纷

59. 养殖权纠纷

60. 捕捞权纠纷

61. 土地承包经营权纠纷

（1）土地承包经营权确认纠纷

（2）承包地征收补偿费用分配纠纷

（3）土地承包经营权继承纠纷

62. 土地经营权纠纷

63. 建设用地使用权纠纷

64. 宅基地使用权纠纷

65. 居住权纠纷

66. 地役权纠纷

八、担保物权纠纷

67. 抵押权纠纷

（1）建筑物和其他土地附着物抵押权纠纷

（2）在建建筑物抵押权纠纷

（3）建设用地使用权抵押权纠纷

（4）土地经营权抵押权纠纷

（5）探矿权抵押权纠纷

（6）采矿权抵押权纠纷

（7）海域使用权抵押权纠纷

（8）动产抵押权纠纷

（9）在建船舶、航空器抵押权纠纷

（10）动产浮动抵押权纠纷

（11）最高额抵押权纠纷

68. 质权纠纷

（1）动产质权纠纷

（2）转质权纠纷

（3）最高额质权纠纷

（4）票据质权纠纷

（5）债券质权纠纷

（6）存单质权纠纷

（7）仓单质权纠纷

（8）提单质权纠纷

（9）股权质权纠纷

（10）基金份额质权纠纷

（11）知识产权质权纠纷

（12）应收账款质权纠纷

69. 留置权纠纷

九、占有保护纠纷

70. 占有物返还纠纷

71. 占有排除妨害纠纷

72. 占有消除危险纠纷

73. 占有物损害赔偿纠纷

第四部分　合同、准合同纠纷

十、合同纠纷

74. 缔约过失责任纠纷

75. 预约合同纠纷

76. 确认合同效力纠纷

（1）确认合同有效纠纷

（2）确认合同无效纠纷

77. 债权人代位权纠纷

78. 债权人撤销权纠纷

79. 债权转让合同纠纷

80. 债务转移合同纠纷

81. 债权债务概括转移合同纠纷

82. 债务加入纠纷

83. 悬赏广告纠纷

84. 买卖合同纠纷

（1）分期付款买卖合同纠纷

（2）凭样品买卖合同纠纷

（3）试用买卖合同纠纷

（4）所有权保留买卖合同纠纷

（5）招标投标买卖合同纠纷

（6）互易纠纷

（7）国际货物买卖合同纠纷

（8）信息网络买卖合同纠纷

85. 拍卖合同纠纷

86. 建设用地使用权合同纠纷

（1）建设用地使用权出让合同纠纷

（2）建设用地使用权转让合同纠纷

87.临时用地合同纠纷

88.探矿权转让合同纠纷

89.采矿权转让合同纠纷

90.房地产开发经营合同纠纷

（1）委托代建合同纠纷

（2）合资、合作开发房地产合同纠纷

（3）项目转让合同纠纷

91.房屋买卖合同纠纷

（1）商品房预约合同纠纷

（2）商品房预售合同纠纷

（3）商品房销售合同纠纷

（4）商品房委托代理销售合同纠纷

（5）经济适用房转让合同纠纷

（6）农村房屋买卖合同纠纷

92.民事主体间房屋拆迁补偿合同纠纷

93.供用电合同纠纷

94.供用水合同纠纷

95.供用气合同纠纷

96.供用热力合同纠纷

97.排污权交易纠纷

98.用能权交易纠纷

99.用水权交易纠纷

100.碳排放权交易纠纷

101.碳汇交易纠纷

102.赠与合同纠纷

（1）公益事业捐赠合同纠纷

（2）附义务赠与合同纠纷

103.借款合同纠纷

（1）金融借款合同纠纷

（2）同业拆借纠纷

（3）民间借贷纠纷

（4）小额借款合同纠纷

（5）金融不良债权转让合同纠纷

（6）金融不良债权追偿纠纷

104. 保证合同纠纷

105. 抵押合同纠纷

106. 质押合同纠纷

107. 定金合同纠纷

108. 进出口押汇纠纷

109. 储蓄存款合同纠纷

110. 银行卡纠纷

（1）借记卡纠纷

（2）信用卡纠纷

111. 租赁合同纠纷

（1）土地租赁合同纠纷

（2）房屋租赁合同纠纷

（3）车辆租赁合同纠纷

（4）建筑设备租赁合同纠纷

112. 融资租赁合同纠纷

113. 保理合同纠纷

114. 承揽合同纠纷

（1）加工合同纠纷

（2）定作合同纠纷

（3）修理合同纠纷

（4）复制合同纠纷

（5）测试合同纠纷

（6）检验合同纠纷

（7）铁路机车、车辆建造合同纠纷

115. 建设工程合同纠纷

（1）建设工程勘察合同纠纷

（2）建设工程设计合同纠纷

（3）建设工程施工合同纠纷

（4）建设工程价款优先受偿权纠纷

（5）建设工程分包合同纠纷

（6）建设工程监理合同纠纷

（7）装饰装修合同纠纷

（8）铁路修建合同纠纷

（9）农村建房施工合同纠纷

116. 运输合同纠纷

（1）公路旅客运输合同纠纷

（2）公路货物运输合同纠纷

（3）水路旅客运输合同纠纷

（4）水路货物运输合同纠纷

（5）航空旅客运输合同纠纷

（6）航空货物运输合同纠纷

（7）出租汽车运输合同纠纷

（8）管道运输合同纠纷

（9）城市公交运输合同纠纷

（10）联合运输合同纠纷

（11）多式联运合同纠纷

（12）铁路货物运输合同纠纷

（13）铁路旅客运输合同纠纷

（14）铁路行李运输合同纠纷

（15）铁路包裹运输合同纠纷

（16）国际铁路联运合同纠纷

117. 保管合同纠纷

118. 仓储合同纠纷

119. 委托合同纠纷

（1）进出口代理合同纠纷

（2）货运代理合同纠纷

（3）民用航空运输销售代理合同纠纷

（4）诉讼、仲裁、人民调解代理合同纠纷

（5）销售代理合同纠纷

120. 委托理财合同纠纷

（1）金融委托理财合同纠纷

（2）民间委托理财合同纠纷

121. 物业服务合同纠纷

122. 行纪合同纠纷

123. 中介合同纠纷

124. 补偿贸易纠纷

125. 借用合同纠纷

126. 典当纠纷

127. 合伙合同纠纷

128. 种植、养殖回收合同纠纷

129. 彩票、奖券纠纷

130. 中外合作勘探开发自然资源合同纠纷

131. 农业承包合同纠纷

132. 林业承包合同纠纷

133. 渔业承包合同纠纷

134. 牧业承包合同纠纷

135. 土地承包经营权合同纠纷

（1）土地承包经营权转让合同纠纷

（2）土地承包经营权互换合同纠纷

（3）土地经营权入股合同纠纷

（4）土地经营权抵押合同纠纷

（5）土地经营权出租合同纠纷

136. 居住权合同纠纷

137. 服务合同纠纷

（1）电信服务合同纠纷

（2）邮政服务合同纠纷

（3）快递服务合同纠纷

（4）医疗服务合同纠纷

（5）法律服务合同纠纷

（6）旅游合同纠纷

（7）房地产咨询合同纠纷

（8）房地产价格评估合同纠纷

（9）旅店服务合同纠纷

（10）财会服务合同纠纷

（11）餐饮服务合同纠纷

（12）娱乐服务合同纠纷

（13）有线电视服务合同纠纷

（14）网络服务合同纠纷

（15）教育培训合同纠纷

（16）家政服务合同纠纷

（17）庆典服务合同纠纷

（18）殡葬服务合同纠纷

（19）农业技术服务合同纠纷

（20）农机作业服务合同纠纷

（21）保安服务合同纠纷

（22）银行结算合同纠纷

138. 演出合同纠纷

139. 劳务合同纠纷

140. 离退休人员返聘合同纠纷

141. 广告合同纠纷

142. 展览合同纠纷

143. 追偿权纠纷

十一、不当得利纠纷

144. 不当得利纠纷

十二、无因管理纠纷

145. 无因管理纠纷

第五部分　知识产权与竞争纠纷

十三、知识产权合同纠纷

146. 著作权合同纠纷

（1）委托创作合同纠纷

（2）合作创作合同纠纷

（3）著作权转让合同纠纷

（4）著作权许可使用合同纠纷

（5）出版合同纠纷

（6）表演合同纠纷

（7）音像制品制作合同纠纷

（8）广播电视播放合同纠纷

（9）邻接权转让合同纠纷

（10）邻接权许可使用合同纠纷

（11）计算机软件开发合同纠纷

（12）计算机软件著作权转让合同纠纷

（13）计算机软件著作权许可使用合同纠纷

147. 商标合同纠纷

（1）商标权转让合同纠纷

（2）商标使用许可合同纠纷

（3）商标代理合同纠纷

148. 专利合同纠纷

（1）专利申请权转让合同纠纷

（2）专利权转让合同纠纷

（3）发明专利实施许可合同纠纷

（4）实用新型专利实施许可合同纠纷

（5）外观设计专利实施许可合同纠纷

（6）专利代理合同纠纷

149. 植物新品种合同纠纷

（1）植物新品种育种合同纠纷

（2）植物新品种申请权转让合同纠纷

（3）植物新品种权转让合同纠纷

（4）植物新品种实施许可合同纠纷

150. 集成电路布图设计合同纠纷

（1）集成电路布图设计创作合同纠纷

（2）集成电路布图设计专有权转让合同纠纷

（3）集成电路布图设计许可使用合同纠纷

151．商业秘密合同纠纷

（1）技术秘密让与合同纠纷

（2）技术秘密许可使用合同纠纷

（3）经营秘密让与合同纠纷

（4）经营秘密许可使用合同纠纷

152．技术合同纠纷

（1）技术委托开发合同纠纷

（2）技术合作开发合同纠纷

（3）技术转化合同纠纷

（4）技术转让合同纠纷

（5）技术许可合同纠纷

（6）技术咨询合同纠纷

（7）技术服务合同纠纷

（8）技术培训合同纠纷

（9）技术中介合同纠纷

（10）技术进口合同纠纷

（11）技术出口合同纠纷

（12）职务技术成果完成人奖励、报酬纠纷

（13）技术成果完成人署名权、荣誉权、奖励权纠纷

153．特许经营合同纠纷

154．企业名称（商号）合同纠纷

（1）企业名称（商号）转让合同纠纷

（2）企业名称（商号）使用合同纠纷

155．特殊标志合同纠纷

156．网络域名合同纠纷

（1）网络域名注册合同纠纷

（2）网络域名转让合同纠纷

（3）网络域名许可使用合同纠纷

157．知识产权质押合同纠纷

十四、知识产权权属、侵权纠纷

158. 著作权权属、侵权纠纷

（1）著作权权属纠纷

（2）侵害作品发表权纠纷

（3）侵害作品署名权纠纷

（4）侵害作品修改权纠纷

（5）侵害保护作品完整权纠纷

（6）侵害作品复制权纠纷

（7）侵害作品发行权纠纷

（8）侵害作品出租权纠纷

（9）侵害作品展览权纠纷

（10）侵害作品表演权纠纷

（11）侵害作品放映权纠纷

（12）侵害作品广播权纠纷

（13）侵害作品信息网络传播权纠纷

（14）侵害作品摄制权纠纷

（15）侵害作品改编权纠纷

（16）侵害作品翻译权纠纷

（17）侵害作品汇编权纠纷

（18）侵害其他著作财产权纠纷

（19）出版者权权属纠纷

（20）表演者权权属纠纷

（21）录音录像制作者权权属纠纷

（22）广播组织权权属纠纷

（23）侵害出版者权纠纷

（24）侵害表演者权纠纷

（25）侵害录音录像制作者权纠纷

（26）侵害广播组织权纠纷

（27）计算机软件著作权权属纠纷

（28）侵害计算机软件著作权纠纷

159. 商标权权属、侵权纠纷

（1）商标权权属纠纷

（2）侵害商标权纠纷

160. 专利权权属、侵权纠纷

（1）专利申请权权属纠纷

（2）专利权权属纠纷

（3）侵害发明专利权纠纷

（4）侵害实用新型专利权纠纷

（5）侵害外观设计专利权纠纷

（6）假冒他人专利纠纷

（7）发明专利临时保护期使用费纠纷

（8）职务发明创造发明人、设计人奖励、报酬纠纷

（9）发明创造发明人、设计人署名权纠纷

（10）标准必要专利使用费纠纷

161. 植物新品种权权属、侵权纠纷

（1）植物新品种申请权权属纠纷

（2）植物新品种权权属纠纷

（3）侵害植物新品种权纠纷

（4）植物新品种临时保护期使用费纠纷

162. 集成电路布图设计专有权权属、侵权纠纷

（1）集成电路布图设计专有权权属纠纷

（2）侵害集成电路布图设计专有权纠纷

163. 侵害企业名称（商号）权纠纷

164. 侵害特殊标志专有权纠纷

165. 网络域名权属、侵权纠纷

（1）网络域名权属纠纷

（2）侵害网络域名纠纷

166. 发现权纠纷

167. 发明权纠纷

168. 其他科技成果权纠纷

169. 确认不侵害知识产权纠纷

（1）确认不侵害专利权纠纷

（2）确认不侵害商标权纠纷

（3）确认不侵害著作权纠纷

（4）确认不侵害植物新品种权纠纷

（5）确认不侵害集成电路布图设计专用权纠纷

（6）确认不侵害计算机软件著作权纠纷

170. 因申请知识产权临时措施损害责任纠纷

（1）因申请诉前停止侵害专利权损害责任纠纷

（2）因申请诉前停止侵害注册商标专用权损害责任纠纷

（3）因申请诉前停止侵害著作权损害责任纠纷

（4）因申请诉前停止侵害植物新品种权损害责任纠纷

（5）因申请海关知识产权保护措施损害责任纠纷

（6）因申请诉前停止侵害计算机软件著作权损害责任纠纷

（7）因申请诉前停止侵害集成电路布图设计专用权损害责任纠纷

171. 因恶意提起知识产权诉讼损害责任纠纷

172. 专利权宣告无效后返还费用纠纷

十五、不正当竞争纠纷

173. 仿冒纠纷

（1）擅自使用与他人有一定影响的商品名称、包装、装潢等相同或者近似的标识纠纷

（2）擅自使用他人有一定影响的企业名称、社会组织名称、姓名纠纷

（3）擅自使用他人有一定影响的域名主体部分、网站名称、网页纠纷

174. 商业贿赂不正当竞争纠纷

175. 虚假宣传纠纷

176. 侵害商业秘密纠纷

（1）侵害技术秘密纠纷

（2）侵害经营秘密纠纷

177. 低价倾销不正当竞争纠纷

178. 捆绑销售不正当竞争纠纷

179. 有奖销售纠纷

180. 商业诋毁纠纷

181. 串通投标不正当竞争纠纷

182. 网络不正当竞争纠纷

十六、垄断纠纷

183. 垄断协议纠纷

（1）横向垄断协议纠纷

（2）纵向垄断协议纠纷

184. 滥用市场支配地位纠纷

（1）垄断定价纠纷

（2）掠夺定价纠纷

（3）拒绝交易纠纷

（4）限定交易纠纷

（5）捆绑交易纠纷

（6）差别待遇纠纷

185. 经营者集中纠纷

第六部分　劳动争议、人事争议

十七、劳动争议

186. 劳动合同纠纷

（1）确认劳动关系纠纷

（2）集体合同纠纷

（3）劳务派遣合同纠纷

（4）非全日制用工纠纷

（5）追索劳动报酬纠纷

（6）经济补偿金纠纷

（7）竞业限制纠纷

187. 社会保险纠纷

（1）养老保险待遇纠纷

（2）工伤保险待遇纠纷

（3）医疗保险待遇纠纷

（4）生育保险待遇纠纷

（5）失业保险待遇纠纷

188. 福利待遇纠纷

十八、人事争议

189. 聘用合同纠纷

190. 聘任合同纠纷

191. 辞职纠纷

192. 辞退纠纷

第七部分　海事海商纠纷

十九、海事海商纠纷

193. 船舶碰撞损害责任纠纷

194. 船舶触碰损害责任纠纷

195. 船舶损坏空中设施、水下设施损害责任纠纷

196. 船舶污染损害责任纠纷

197. 海上、通海水域污染损害责任纠纷

198. 海上、通海水域养殖损害责任纠纷

199. 海上、通海水域财产损害责任纠纷

200. 海上、通海水域人身损害责任纠纷

201. 非法留置船舶、船载货物、船用燃油、船用物料损害责任纠纷

202. 海上、通海水域货物运输合同纠纷

203. 海上、通海水域旅客运输合同纠纷

204. 海上、通海水域行李运输合同纠纷

205. 船舶经营管理合同纠纷

206. 船舶买卖合同纠纷

207. 船舶建造合同纠纷

208. 船舶修理合同纠纷

209. 船舶改建合同纠纷

210. 船舶拆解合同纠纷

211. 船舶抵押合同纠纷

212. 航次租船合同纠纷

213. 船舶租用合同纠纷

（1）定期租船合同纠纷

（2）光船租赁合同纠纷

214. 船舶融资租赁合同纠纷

215. 海上、通海水域运输船舶承包合同纠纷

216. 渔船承包合同纠纷

217. 船舶属具租赁合同纠纷

218. 船舶属具保管合同纠纷

219. 海运集装箱租赁合同纠纷

220. 海运集装箱保管合同纠纷

221. 港口货物保管合同纠纷

222. 船舶代理合同纠纷

223. 海上、通海水域货运代理合同纠纷

224. 理货合同纠纷

225. 船舶物料和备品供应合同纠纷

226. 船员劳务合同纠纷

227. 海难救助合同纠纷

228. 海上、通海水域打捞合同纠纷

229. 海上、通海水域拖航合同纠纷

230. 海上、通海水域保险合同纠纷

231. 海上、通海水域保赔合同纠纷

232. 海上、通海水域运输联营合同纠纷

233. 船舶营运借款合同纠纷

234. 海事担保合同纠纷

235. 航道、港口疏浚合同纠纷

236. 船坞、码头建造合同纠纷

237. 船舶检验合同纠纷

238. 海事请求担保纠纷

239. 海上、通海水域运输重大责任事故责任纠纷

240. 港口作业重大责任事故责任纠纷

241. 港口作业纠纷

242. 共同海损纠纷

243. 海洋开发利用纠纷

244. 船舶共有纠纷

245. 船舶权属纠纷

270. 公司决议纠纷

（1）公司决议效力确认纠纷

（2）公司决议撤销纠纷

271. 公司设立纠纷

272. 公司证照返还纠纷

273. 发起人责任纠纷

274. 公司盈余分配纠纷

275. 损害股东利益责任纠纷

276. 损害公司利益责任纠纷

277. 损害公司债权人利益责任纠纷

（1）股东损害公司债权人利益责任纠纷

（2）实际控制人损害公司债权人利益责任纠纷

278. 公司关联交易损害责任纠纷

279. 公司合并纠纷

280. 公司分立纠纷

281. 公司减资纠纷

282. 公司增资纠纷

283. 公司解散纠纷

284. 清算责任纠纷

285. 上市公司收购纠纷

二十二、合伙企业纠纷

286. 入伙纠纷

287. 退伙纠纷

288. 合伙企业财产份额转让纠纷

二十三、与破产有关的纠纷

289. 请求撤销个别清偿行为纠纷

290. 请求确认债务人行为无效纠纷

291. 对外追收债权纠纷

292. 追收未缴出资纠纷

293. 追收抽逃出资纠纷

294. 追收非正常收入纠纷

295. 破产债权确认纠纷

（1）职工破产债权确认纠纷

（2）普通破产债权确认纠纷

296. 取回权纠纷

（1）一般取回权纠纷

（2）出卖人取回权纠纷

297. 破产抵销权纠纷

298. 别除权纠纷

299. 破产撤销权纠纷

300. 损害债务人利益赔偿纠纷

301. 管理人责任纠纷

二十四、证券纠纷

302. 证券权利确认纠纷

（1）股票权利确认纠纷

（2）公司债券权利确认纠纷

（3）国债权利确认纠纷

（4）证券投资基金权利确认纠纷

303. 证券交易合同纠纷

（1）股票交易纠纷

（2）公司债券交易纠纷

（3）国债交易纠纷

（4）证券投资基金交易纠纷

304. 金融衍生品种交易纠纷

305. 证券承销合同纠纷

（1）证券代销合同纠纷

（2）证券包销合同纠纷

306. 证券投资咨询纠纷

307. 证券资信评级服务合同纠纷

308. 证券回购合同纠纷

（1）股票回购合同纠纷

（2）国债回购合同纠纷

（3）公司债券回购合同纠纷

（4）证券投资基金回购合同纠纷

（5）质押式证券回购纠纷

309. 证券上市合同纠纷

310. 证券交易代理合同纠纷

311. 证券上市保荐合同纠纷

312. 证券发行纠纷

（1）证券认购纠纷

（2）证券发行失败纠纷

313. 证券返还纠纷

314. 证券欺诈责任纠纷

（1）证券内幕交易责任纠纷

（2）操纵证券交易市场责任纠纷

（3）证券虚假陈述责任纠纷

（4）欺诈客户责任纠纷

315. 证券托管纠纷

316. 证券登记、存管、结算纠纷

317. 融资融券交易纠纷

318. 客户交易结算资金纠纷

二十五、期货交易纠纷

319. 期货经纪合同纠纷

320. 期货透支交易纠纷

321. 期货强行平仓纠纷

322. 期货实物交割纠纷

323. 期货保证合约纠纷

324. 期货交易代理合同纠纷

325. 侵占期货交易保证金纠纷

326. 期货欺诈责任纠纷

327. 操纵期货交易市场责任纠纷

328. 期货内幕交易责任纠纷

329. 期货虚假信息责任纠纷

二十六、 信托纠纷

330. 民事信托纠纷

331. 营业信托纠纷

332. 公益信托纠纷

二十七、保险纠纷

333. 财产保险合同纠纷

（1）财产损失保险合同纠纷

（2）责任保险合同纠纷

（3）信用保险合同纠纷

（4）保证保险合同纠纷

（5）保险人代位求偿权纠纷

334. 人身保险合同纠纷

（1）人寿保险合同纠纷

（2）意外伤害保险合同纠纷

（3）健康保险合同纠纷

335. 再保险合同纠纷

336. 保险经纪合同纠纷

337. 保险代理合同纠纷

338. 进出口信用保险合同纠纷

339. 保险费纠纷

二十八、票据纠纷

340. 票据付款请求权纠纷

341. 票据追索权纠纷

342. 票据交付请求权纠纷

343. 票据返还请求权纠纷

344. 票据损害责任纠纷

345. 票据利益返还请求权纠纷

346. 汇票回单签发请求权纠纷

347. 票据保证纠纷

348. 确认票据无效纠纷

349. 票据代理纠纷

（1）产品生产者责任纠纷

（2）产品销售者责任纠纷

（3）产品运输者责任纠纷

（4）产品仓储者责任纠纷

374. 机动车交通事故责任纠纷

375. 非机动车交通事故责任纠纷

376. 医疗损害责任纠纷

（1）侵害患者知情同意权责任纠纷

（2）医疗产品责任纠纷

377. 环境污染责任纠纷

（1）大气污染责任纠纷

（2）水污染责任纠纷

（3）土壤污染责任纠纷

（4）电子废物污染责任纠纷

（5）固体废物污染责任纠纷

（6）噪声污染责任纠纷

（7）光污染责任纠纷

（8）放射性污染责任纠纷

378. 生态破坏责任纠纷

379. 高度危险责任纠纷

（1）民用核设施、核材料损害责任纠纷

（2）民用航空器损害责任纠纷

（3）占有、使用高度危险物损害责任纠纷

（4）高度危险活动损害责任纠纷

（5）遗失、抛弃高度危险物损害责任纠纷

（6）非法占有高度危险物损害责任纠纷

380. 饲养动物损害责任纠纷

381. 建筑物和物件损害责任纠纷

（1）物件脱落、坠落损害责任纠纷

（2）建筑物、构筑物倒塌、塌陷损害责任纠纷

（3）高空抛物、坠物损害责任纠纷

（4）堆放物倒塌、滚落、滑落损害责任纠纷

（5）公共道路妨碍通行损害责任纠纷

（6）林木折断、倾倒、果实坠落损害责任纠纷

（7）地面施工、地下设施损害责任纠纷

382. 触电人身损害责任纠纷

383. 义务帮工人受害责任纠纷

384. 见义勇为人受害责任纠纷

385. 公证损害责任纠纷

386. 防卫过当损害责任纠纷

387. 紧急避险损害责任纠纷

388. 驻香港、澳门特别行政区军人执行职务侵权责任纠纷

389. 铁路运输损害责任纠纷

（1）铁路运输人身损害责任纠纷

（2）铁路运输财产损害责任纠纷

390. 水上运输损害责任纠纷

（1）水上运输人身损害责任纠纷

（2）水上运输财产损害责任纠纷

391. 航空运输损害责任纠纷

（1）航空运输人身损害责任纠纷

（2）航空运输财产损害责任纠纷

392. 因申请财产保全损害责任纠纷

393. 因申请行为保全损害责任纠纷

394. 因申请证据保全损害责任纠纷

395. 因申请先予执行损害责任纠纷

第十部分　非讼程序案件案由

三十二、选民资格案件

396. 申请确定选民资格

三十三、宣告失踪、宣告死亡案件

397. 申请宣告自然人失踪

398. 申请撤销宣告失踪判决

399. 申请为失踪人财产指定、变更代管人

四十三、破产程序案件

421. 申请破产清算

422. 申请破产重整

423. 申请破产和解

424. 申请对破产财产追加分配

四十四、申请诉前停止侵害知识产权案件

425. 申请诉前停止侵害专利权

426. 申请诉前停止侵害注册商标专用权

427. 申请诉前停止侵害著作权

428. 申请诉前停止侵害植物新品种权

429. 申请诉前停止侵害计算机软件著作权

430. 申请诉前停止侵害集成电路布图设计专用权

四十五、申请保全案件

431. 申请诉前财产保全

432. 申请诉前行为保全

433. 申请诉前证据保全

434. 申请仲裁前财产保全

435. 申请仲裁前行为保全

436. 申请仲裁前证据保全

437. 仲裁程序中的财产保全

438. 仲裁程序中的证据保全

439. 申请执行前财产保全

440. 申请中止支付信用证项下款项

441. 申请中止支付保函项下款项

四十六、申请人身安全保护令案件

442. 申请人身安全保护令

四十七、申请人格权侵害禁令案件

443. 申请人格权侵害禁令

四十八、仲裁程序案件

444. 申请确认仲裁协议效力

445. 申请撤销仲裁裁决

五十二、公益诉讼

466. 生态环境保护民事公益诉讼

（1）环境污染民事公益诉讼

（2）生态破坏民事公益诉讼

（3）生态环境损害赔偿诉讼

467. 英雄烈士保护民事公益诉讼

468. 未成年人保护民事公益诉讼

469. 消费者权益保护民事公益诉讼

五十三、第三人撤销之诉

470. 第三人撤销之诉

五十四、执行程序中的异议之诉

471. 执行异议之诉

（1）案外人执行异议之诉

（2）申请执行人执行异议之诉

472. 追加、变更被执行人异议之诉

473. 执行分配方案异议之诉

学习单元五　案件争议焦点概括与分析

本单元包含明确当事人权利和义务、概括案件争议焦点和分析案件主要焦点三个学习任务，通过本单元的学习和训练，要求学生能够明确当事人权利和义务，能够根据案件事实和当事人主张，准确概括案件争议焦点，并恰当分析案件争议焦点。

学习任务一：明确当事人权利和义务

一、教学目标和要求

掌握案件的基本情况，学生能够根据案件资料，独立完成案件当事人权利和义务的归纳，并总结归纳案件当事人权利和义务的基本方法。

二、基本理论

我们知道权利与义务是相统一的，履行义务是行使权利的前提。作为案件当事人，我国民事诉讼法赋予了其广泛的诉讼权利，同时规定了他们应当承担的诉讼义务。作为诉讼当事人，民事诉讼法赋予其诉讼权利，当事人可以通过行使诉讼权利，来维护自己的合法权益。当然，当事人不履行诉讼义务时，也会产生相应的法律后果。当事人的诉讼权利和诉讼义务主要包括以下内容。

（一）一方当事人单独享有的诉讼权利

1. 原告提起诉讼的权利。自然人、法人和非法人组织认为其合法权益受到侵犯的，只要符合民事诉讼法规定的起诉条件，都有权提起诉讼，请求司法保护。

2. 原告提出变更、放弃诉讼请求和撤回诉讼请求的权利。变更诉讼请求，是指原告向人民法院起诉后，依法增加或者减少已经提出的实体权利请求。比如，原诉请求解除与被告之间的承揽关系，后来原告又请求被告赔偿其损失。又比如，原诉请求返还定金并赔偿损失，后来原告仅请求返还定金，不再请求赔偿损失了。原告变更诉讼请求的，人民法院应当对变更后的请求作出裁判。因此，原告变更诉讼请求，一般应在判决作出前提出，只有减少诉讼请求，才可以在判决作出后提出。放弃诉讼请求，是指在诉讼过程中，原告有权根据自己的实际情况全部或者部分放弃自己对于被告的实体权利要求。比如，原来诉请被告返还原告的自行车，后来不要求返还了。撤回诉讼请求，是指原告向人民法院起诉后，在判决宣告前，全部放弃自己诉讼请求的行为。但是原告撤诉不能违反法律规定，损害社会公共利益。比如，甲起诉乙返还借款 5 万元，诉讼中乙返还了甲 5 万元的借款，于是，甲就撤回了诉讼请求。

3. 原告有申请先予执行的权利。原告申请先予执行，是指人民法院在受理案件后、终审判决作出之前，根据原告方的申请，裁定被告方向原告方给付一定数额的金钱或其他财物，或者实施或停止某种行为，并立即付诸执行的一种程序。民事诉讼法规定的先予执行适用的案件范围是：第一，追索赡养费、扶养费、抚育费、抚恤金、医疗费用的案件；第二，追索劳动报酬的案件；第三，因情况紧急需要先予执行的案件。根据最高人民法院的有关司法解释，所谓的情况紧急，主要是指下列情况：需要立即停止侵害，排除妨碍的；需要立即制止某项行为的；需要立即返还用于购置生产原料、生产工具款的；追索恢复生产、经营急需的保险理赔费的。

4. 原告有申请缓交、减交或者免交案件受理费的权利。根据国务院颁布的《诉讼费用交纳办法》的相关规定，原告交纳诉讼费用确有困难的，可以依照本办法向人民法院申请缓交、减交或者免交诉讼费用的司法救助。诉讼费用的免交只适用于自然人。原告申请免交诉讼费用的司法救助，应当符合下列情形之一：（一）残疾人无固定生活来源的；（二）追索赡养费、扶养费、抚育费、抚恤金的；（三）最低生活保障对象、农村特困定期救济对象、农村五保供养对象或者领取失业保险金人员，无其他收入的；（四）因见义勇为或者为保护社会公共利益致使自身合法权益受到损害，本人或者其近亲属请求赔偿或者补偿的；（五）确实需要免交的其他情形。原告申请减交诉讼费用的司法救助，应当符合下列情形之一：（一）因自然灾害等不可抗力造成生活困难，正在接受社会救济，或者家庭生产经营难以为继的；（二）属于国家规定的优抚、安置对象的；（三）社会福利机构和救助管理站；（四）确实需要减交的其他情形。人民法院准予减交诉讼费用的，减交比例不得低于 30%。原告申请缓交诉讼费用的司法救助，应当符合下列情形之一：（一）追索社会保险金、经济补偿金的；（二）海上事故、交通事故、医疗事故、工伤事故、产品质量事故或者其他人身伤害事故的受害人请求赔偿的；（三）正在接受有关部门法律援助的；（四）确实需要缓交的其他情形。原告申请司法救助，应当在起诉或者上诉时提交书面申请、足以证明其确有经济困难的证明材料以及其他相关证明材料。因生活困难或者追索基本生活费用申请免交、减交诉讼费用的，还应当提供本人及其家庭经济状况符合当地民政、劳动保障等部门规定的公民经济困难标准的证明。

5. 被告有对案件提出管辖异议的权利。管辖权异议是指当事人（主要是被告）提出的，认为受理案件的第一审法院对该案没有管辖权的意见或主张。被告对管辖权有异议的，应当在提交答辩状期间提出。人民法院对当事人提出的管辖权异议，应当审查。异议成立的，裁定将案件移送有管辖权的人民法院；异议不成立的，裁定驳回。对该驳回管辖权异议的裁定不服的，被告可以依法上诉。

6. 被告有承认或者反驳原告的诉讼请求和提起反诉的权利。承认诉讼请求，是指被告对于原告提出的实体权利的请求表示认可。被告人承认诉讼请求，是被告的诉讼权利，人民法院对此应当认真进行调查研究，仔细分析，判断有无原、被告相互串通、规避法律、损害国家、集体和他人合法权益的情形，然后决定可否将该种承认作为定案的根据。反驳诉讼请求，是指被告提出证据或者理由反对原告的诉讼请求，主张原告的诉讼请求不能成立。这是被告人为维护自己的权利，实现审判上的保护所采取的一种诉讼手段。被告反驳原告诉讼请求所依据的事实有责任提供证据加以证明，没有证据或者证据不足以证明被告的事实主张的，被告应当承担不利后果。反诉是民事诉讼法赋予被告的一项诉讼权利。反诉是指在一个已经开始的民事诉讼（诉讼法上称为本诉）程序中，本诉的被告以本诉原告为被告，向受诉法院提出的与本诉有牵连的独立的反请求。该权利亦是当事人法律地位平等原则的重要体现，是本诉被告所享有的重要权利，是保障本诉被告人民事权益的一项重要制度。

7. 胜诉一方有申请执行的权利。人民法院的判决、裁定、调解书发生法律效力后，败诉的一方当事人不自动履行的，胜诉的一方当事人有向法院申请强制执行的权利。胜诉后，胜诉的一方当事人向法院申请强制执行的时效期间为二年。

（二）双方当事人共同享有的诉讼权利

1. 使用本民族语言文字进行诉讼的权利。我国宪法明确规定，各民族公民都有用本民族语言文字进行诉讼的权利。人民法院和人民检察院对于不通晓当地通用的语言文字的诉讼参与人，应当为他们翻译。在少数民族聚居或者多民族共同居住的地区，应当用当地通用的语言进行审理；起诉书、判决书、布告和其他文书应当根据实际需要使用当地通用的一种或者几种文字。

2. 委托诉讼代理人的权利。当事人不便亲自进行诉讼，或者虽能亲自诉讼，但需要提供法律帮助时，有权依照法律规定委托他人代为诉讼。我国民事诉讼法规定，当事人、法定代理人可以委托一至二人作为诉讼代理人。下列人员可以被委托为诉讼代理人：（1）律师、基层法律服务工作者；（2）当事人的近亲属或者工作人员；（3）当事人所在社区、单位以及有关社会团体推荐的公民。

3. 申请回避的权利。申请回避权是诉讼当事人享有的一项权利。在诉讼中，当事人认为审判人员、书记员、翻译人员、鉴定人员或勘验人与本案有利害关系或者有其他关系可能影响公正审判的，有权申请他们回避。人民法院有义务在开庭时按照法定程序告知当事人及其诉讼代理人该案的审判组织情况和他们享有申请回避的权利，并询问他们是否申请回避。当事人申请回避，应当说明理由，在案件开始审理时提出；回避事由在案件开始审理后知道的，应当在法庭辩论终结前提出。

4. 申请保全证据的权利。证据保全，是指在证据有可能毁损、灭失，或以后难以取得的情况下，人民法院采取措施对证据进行保护，以保证其证明力的一项措施。诉讼参加人在证据可能灭失或者以后难以取得的情况下，诉讼参加人可以向人民法院申请保全证据，人民法院也可以主动采取保全措施。向人民法院申请保全证据，不得迟于举证期限届满前七日。当事人申请保全证据的，人民法院可以要求其提供相应的担保。法律、司法解释规定诉前保全证据的，依照其规定办理。

5. 申请财产保全的权利。诉讼保全，是指人民法院对于可能因当事人一方行为或者其他原因，使判决不能执行或难以执行的案件，在对该案判决前，依法对诉讼标的物或与本案有关的财物采取的强制性措施。人民法院在决定采取诉讼保全措施前，可令申请人提供担保，拒绝提供担保的，驳回诉讼保全申请。对情况紧急的，人民法院可在 48 小时内作出裁定，并立即采取诉讼保全措施。当事人不服诉讼保全裁定的，可以申请复议。复议期间，不停止裁定的执行。申请财产保全应当具备以下条件：（1）必须是情况紧急，不采取财产保全将会使申请人的合法财产权益受到难以弥补的损害；（2）必须由利害关系人向财产所在地的人民法院提出申请，法院不依职权主动采取财产保全措施；（3）申请人必须提供担保，否则法院将驳回申请；（4）案件必须有给付内容，属给付之诉；（5）必须是由当事人一方的行为可能使判决难以执行的；（6）必须在诉讼过程中提出申请。法院在必要时也可以依职权裁定采取诉讼财产保全措施；（7）申请人提供担保。法院未责令提供担保的不在此限。

6. 申请复议的权利。申请复议是诉讼当事人的诉讼权利之一。对司法机关作出的决定，当事人或其他公民有权申请重新复查处理。当事人对人民法院作出的以下四种决定可以提出复议申请：（1）回避；（2）申请调查取证；（3）罚款；（4）拘留。当事人对人民法院作出的以下四种裁定可以提出复议申请：（1）财产保全；（2）先予执行；（3）执行管辖权异议；（4）执行行为异议。

7. 收集、提供证据的权利。当事人为维护自己的民事权利，有权向有关单位和个人收集证据，并将收集到的证据提供给法院，以证明自己的诉讼请求合理合法，反驳对方的诉讼请求。当事人既可以自己收集证据，也可以委托代理人收集证据，在特殊情况下还可以申请人民法院调查收集证据。当事人及其诉讼代理人因客观原因不能自行收集的以下证据，可以在举证期限届满前书面申请人民法院调查收集：（1）证据由国家有关部门保存，当事人及其诉讼代理人无权查阅调取的；（2）涉及国家秘密、商业秘密或者个人隐私的；（3）当事人及其诉讼代理人因客观原因不能自行收集的其他证据。

8. 申请不公开审理的权利。不公开审理是指人民法院在进行诉讼活动时，根据法律规定或者其他正当事由，对案件不进行公开审理的司法审判制度。所谓不公开即不允许群众旁听，不允许记者采访报道，但对当事人仍要公开进行。在我国，审判公开是司法工作的一项重要原则，但是以下几类民事案件不得公开审理：（1）涉及国家秘密的案件；（2）涉及个人隐私的案件；（3）经当事人申请，人民法院决定不公开审理的离婚案件；（4）法律另由规定的其他不公开审理的案件。不公开审理的案件在宣告判决时仍要公开进行。

9. 申请顺延期限的权利。根据我国民事诉讼法规定，当事人因不可抗拒的事由或者其他正当理由耽误期限的，在障碍消除后的 10 日内，可以向人民法院申请顺延期限。顺延期限，不是重新计算期限，是扣除中间因正当理由耽误的时间，继续之前剩余时间顺延。顺延并不是必然的，法院可以根据具体情形进行审查，符合条件的，可以决定顺延，也可以不予准许。申请顺延期限是否准许，最终由人民法院决定。

10. 进行辩论的权利。辩论权是当事人的一项重要的诉讼权利。我国民事诉讼法明确规定，民事诉讼当事人有权对争议的问题进行辩论。在人民法院主持下，当事人有权就案件实体、审判程序、适用法律等有争议的问题陈述各自的主张和根据，互相进行反驳和答辩。

11. 要求重新调查、鉴定和勘验的权利。在开庭审理过程中，当事人认为对方陈述的事实及其证据材料不真实，鉴定结论或者勘验笔录不科学、不客观，有权要求重新调查、鉴定或者勘验。当事人要求重新进行调查、鉴定或者勘验的，是否准许，由人民法院决定。

12. 请求调解的权利。在民事诉讼中，当事人有权主动请求人民法院以调解方式解决双方的纠纷。这一权利可以在诉讼开始时行使。也可以在诉讼过程中，人民法院没有作出判决之前行使；人民法院通过调解使双方当事人在平等自愿的基础上，达成一致性的协议，双方当事人一经在调解书上签字，此案即告终结。调解结案，是人民法院对所审理的案件的结案方式之一。

13. 自行和解的权利。自行和解是当事人一项重要的诉讼权利，是指诉讼当事人之间为处理和结束诉讼而达成的解决争议问题的妥协或协议；也指当事人在自愿互谅的基础上，就已经发生的争议进行协商并达成协议，自行解决争议的一种方式。一般来说，和解的结果是撤回起诉或中止诉讼而无须判决。在民事诉讼的过程中，只要是人民法院作出判决前，当事人都可提出和解请求，当事人可以请求人民法院审查和解协议的内容，在人民法院主持下，经当事人签名盖章，通过和解的方式结案。

14. 对法庭笔录有遗漏或差错，有申请补正的权利。当事人和其他诉讼参与人认为自己的陈述记录有遗漏或者有差错的，有权申请补充。申请补正的权利是当事人依法享有的一项重要的诉讼权利。申请补正应当进行限制性理解，即只有笔录与当事人和其他诉讼参与人的陈述不一致时才可以申请补正。对当事人以意思表示不恰当、法庭理解错误为由提出的补正申请不予允许。

15. 提起上诉的权利。上诉权是当事人的诉讼权利之一，即对第一审法院的判决、裁定不服时，当事人有权在法定的上诉期内提起上诉，请求上级人民法院撤销或者变更下级人民法院的裁判。根据《民事诉讼法》的规定，提起上诉的主体即是享有上诉权或可依法行使上诉权的人。一般而言，上诉的主体主要是第一审案件中的当事人，包括原告、被告、共同诉讼人、有独立请求权的第三人，均有权提起上诉；无独立请求权的第三人，人民法院判决其承担民事责任的，也享有上诉权。上诉权可以由当事人自己行使，也可以委托他人代为行使。提起上诉的对象必须是允许上诉的判决或裁定。最高法院的判决或裁定、依特别程序审理的案件作出的判决、裁定和法律规定不得上诉的其他裁定，都不准上诉。调解协议也不能上诉。当事人必须在法律规定的上诉期限内提出上诉，不服判决的上诉期限为 15 日，不服裁定的上诉期限为 10 日，除有正当理由外，不得超过期限上诉。

16. 申请再审的权利。申请再审的权利,是指民事案件的当事人对地方各级人民法院作出的生效民事判决、裁定或者调解不服,有权按照法定的程序和期限,向上一级人民法院或者向原审法院提起再审申请。申请再审需要具备的条件:一是有新的证据,足以推翻原判决、裁定的;二是原判决、裁定认定事实的主要证据不足的;三是原判决、裁定适用的法律确实有错误的;四是人民法院违反法定程序,可能影响案件正确判决、裁定的;五是审判人员在审理案件时有贪污贿赂、徇私舞弊、枉法裁判行为的的。这个五个条件不需要同时具备,只要有其中一种情况,当事人即可以申请再审。

17. 查阅并复制本案有关材料和法律文书的权利。当事人为行使诉讼权利,有权查阅并复制法庭笔录、法庭上出示的有关证据等与本案有关的材料,以及起诉状、答辩状等法律文书。但查阅和复制有关材料不能超出最高人民法院规定的范围。《最高人民法院关于诉讼代理人查阅民事案件材料的规定》中载明:代理民事诉讼的律师和其他诉讼代理人有权查阅所代理案件的有关材料。但是,诉讼代理人查阅案件材料不得影响案件的审理。诉讼代理人为了申请再审的需要,可以查阅已经审理终结的所代理案件有关材料。

(三)当事人的诉讼义务

1. 依法行使诉讼权利的义务。当事人必须依照民事诉讼法的有关规定进行诉讼,比如,原告起诉必须符合受案范围和法定起诉条件;上诉要在法定期间提出;对案件提出管辖异议的,应当在法定答辩期内提出;提出申请回避,应说明理由等。不依法行使诉讼权利,当事人的民事权利也不能得到有效的保护。

2. 按规定交纳诉讼费用的义务。当事人进行民事诉讼,应当依法交纳诉讼费和其他应当支付的费用。

3. 向法院提供准确的送达地址和联系方式的义务。当事人起诉或者答辩时应当向人民法院提供或者确认自己准确的送达地址,并填写送达地址、送达方式确认书。当事人拒绝提供的,人民法院应该告知其拒不提供送达地址的不利后果,并记入笔录。因受送达人自己提供或者确认的送达地址不准确、拒不提供送达地址、送达地址变更未及时告知人民法院、受送达人本人或者受送达人指定的代收人拒绝签收,导致诉讼文书未能被受送达人实际接收的,文书退回之日视为送达之日。

4. 按规定向法院提供证据的义务。诉讼当事人对自己提出的主张,有责任提供证据。当事人举证,应当在人民法院规定的举证期限内进行。对涉及国家秘密、商业秘密和个人隐私的证据,当事人有义务保密。

5. 按时到庭参加诉讼的义务。原告经传票传唤，无正当理由拒不到庭的，或者未经法庭允许中途退庭的，可以按撤诉处理。被告应当应诉，经法院传票传唤必须到庭，并要按照人民法院指定的期间出庭应诉。被告经人民法院传票传唤，无正当理由拒不到庭的，可以缺席判决。

6. 遵守诉讼秩序的义务。良好的诉讼秩序是保证人民法院审判活动顺利进行的前提，当事人必须依法遵守。例如，不得哄闹法庭，未经审判人员许可不得中途退庭等。如果违反法庭规定，扰乱法庭秩序和阻碍审判人员执行职务，以及妨害法院审理案件，法院根据其情节轻重，予以训诫、罚款、拘留；构成犯罪的，依法追究刑事责任。

7. 履行已经发生法律效力的判决书、裁定书和调解书的义务。人民法院的判决书、裁定书和调解书是人民法院审判权的体现，当事人有义务履行，拒不履行发生法律效力的法律文书，法院可以采取强制措施执行，并根据其情节轻重，予以罚款、拘留；构成犯罪的，依法追究刑事责任。

（四）民事诉讼中第三人的权利和义务

1. 提起诉讼的权利。对当事人双方的诉讼标的，第三人认为有独立请求权的，有权提起诉讼。

2. 申请参加诉讼的权利。对当事人双方的诉讼标的，第三人虽然没有独立请求权，但案件处理结果同第三人有法律上的利害关系的，第三人可以申请参加诉讼。

3. 提出撤销之诉的权利。人民法院判决承担民事责任的第三人，有当事人的诉讼权利义务。前两款规定的第三人，因不能归责于本人的事由未参加诉讼，但有证据证明已发生法律效力的判决、裁定、调解书的部分或者全部内容错误，损害其民事权益的，可以自知道或者应当知道其民事权益受到损害之日起六个月内，向作出该判决、裁定、调解书的人民法院提起诉讼。人民法院经审理，诉讼请求成立的，应当改变或者撤销原判决、裁定、调解书；诉讼请求不成立的，驳回诉讼请求。

虽然法律规定了许多民事诉讼中当事人的权利和义务，但是不同的案件需要确定的当事人的权利和义务应当有所不同。在具体的案件中，应当根据案件事实和案件内容，明确与案件有关的当事人的权利和义务，尤其是诉讼中对当事人的权益有影响的权利和义务，要重点强调和阐明。

三、教学示范

教师提供民事案件资料，示范和引导学生明确当事人的权利和义务。教师可以综合运用讲授法、讨论法、问答法、示范法等教学方法完成本阶段课堂教学任务。

【案例材料】

原告赵志海与胡晓霞于 1997 年 4 月 12 日登记结婚，婚后于 2000 年 5 月 15 日生育一男孩，取名赵思虎，即本案的第三人，赵志海与胡晓霞于 2000 年 12 月 15 日经法院判决离婚。由于离婚时第三人赵思虎才七个月，法院判决由胡晓霞带养小孩至两周岁后再交由原告赵志海负责抚养，并由原告赵志海支付胡晓霞两年带养小孩的抚养费。原告赵志海离婚后未再婚，亦未再生育子女。第三人赵思虎随原告赵志海生活至 2016 年 12 月，随着第三人赵思虎逐渐长大，原告赵志海发现第三人赵思虎与其长得不像，外面也有很多邻居、熟人的风言风语。胡晓霞为了消除原告赵志海对第三人赵思虎身份的疑虑，向原告赵志海及第三人赵思虎陈述了 1999 年 7 月 8 日中午，被告马云山趁原告赵志海不在家时对其实施了强奸，当初因为怕影响自己的家庭和声誉，将该事实隐瞒至今。因此，胡晓霞为了证实第三人赵思虎与被告马云山系亲生父子关系，于 2017 年 2 月 11 日委托四海缘亲子鉴定中心对自己和原告、第三人赵思虎是否有亲子关系进行鉴定，同年 2 月 12 日得出鉴定意见，"疑似赵志海不是赵思虎的生物学父亲、支持胡晓霞是赵思虎的生物学母亲"；又于 2017 年 2 月 22 日委托四海缘亲子鉴定中心对胡晓霞和被告马云山、第三人赵思虎是否有亲子关系进行鉴定，同年 2 月 23 日得出鉴定意见，"疑似马云山是赵思虎的生物学父亲，支持胡晓霞是赵思虎的生物学母亲"。原告赵志海对此结论备受打击，痛苦万分，曾多次要求被告马云山承担自己抚养赵思虎而支出的费用，均遭到马云山的拒绝，于是，2019 年 6 月 12 日原告一纸诉状把被告马云山诉至法院。

原告在第三人赵思虎出生时支付了生育医疗费 2254 元。第三人赵思虎随原告生活期间，原告支付了下列费用：青岛市崂山区腾达云龙中学三年学费 51200 元、青岛市云之轩艺术教育培训中心学习钢琴费 15600 元、青岛新兴职业技师学校三年学费 35000 元。第三人赵思虎从 2017 年 12 月开始独自生活。

原告诉至法院，请求判决：1. 确认被告马云山和第三人赵思虎系亲生父子关系；2. 被告马云山赔偿原告抚养第三人赵思虎 18 年的抚养费（包括生活费、教育费、医疗费）共计 354560 元；3. 被告马云山向原告赔偿 100000 元的精神损害抚慰金；4. 被告承担本案全部诉讼费用。

第三人赵思虎述称，第三人赵思虎对亲子鉴定的结果没有异议；第三人赵思虎在独立生活之前一直跟原告生活，母亲胡晓霞在与原告离婚后就没有与第三人赵思虎一起生活了，所有的生活费用都由原告赵志海负担，胡晓霞只是偶尔来看望一下，给一些零花钱和购买些衣物，没有支付抚养费。从 2017 年 12 月开始，第三人赵思虎就一个人生活了。

【教学步骤】

1. 让学生仔细阅读案件资料，了解案件基本事实及当事人主张，掌握当事人之间的民事法律关系。

2. 引导和示范学生明确案件当事人的权利和义务。

3. 根据上述案件资料，在示范学生明确当事人权利和义务时，引导学生掌握明确当事人权利和义务的技巧。

本案当事人的主要权利和义务有：（1）原告赵志海有提起诉讼的权利。（2）被告马云山有承认或者反驳原告的诉讼请求的权利。（3）原告赵志海和被告马云山都有委托诉讼代理人的权利、收集和提供证据的权利、请求调解的权利、提起上诉和申请撤回上诉的权利。（4）第三人赵思虎有申请参加诉讼的权利。（5）原告赵志海、被告马云山和第三人赵思虎有遵守诉讼秩序的义务。（6）原告赵志海和被告马云山有必须履行人民法院已经发生法律效力的判决、裁定和调解书的义务。

四、实务训练素材

案例材料 1

陈翠芳与杨振乾经熟人介绍相识，并于 2003 年结婚，第二年生育一女儿，取名杨小夏，陈翠芳与杨振乾婚后感情一直不好，经常为生活琐事吵架，甚至大打出手，后来杨振乾经常不回家，夫妻关系名存实亡。2018 年 5 月 1 日，陈翠芳听朋友说杨振乾经常与一个名叫张洁云的女人在一起，于是，陈翠芳便与妹妹、嫂子等人一起在杨振乾的承租房里把杨振乾与张洁云捉奸在床，陈翠芳狠狠地打了张洁云几个耳光，并与杨振乾大闹一场。恼怒之下，陈翠芳提出与杨振乾离婚。2018 年 8 月 25 日，杨振乾与陈翠芳到县民政局办理了协议离婚，女儿杨小夏跟着母亲陈翠芳生活，杨振乾每月支付抚养费 3000 元，房屋及其他夫妻共同财产都归陈翠芳所有，杨振乾净身出户。

2018 年 10 月 1 日，杨振乾与原告张洁云登记结婚。2019 年 3 月 15 日 13 时左右，张洁云发现很多陌生人突然通过微信要求加其好友，其试着加了其中几个陌生人为好友，并分别通过这几个人了解到有人在一些微信群和在石家庄市一些地方发布张贴一些含打印文字和图片的纸张，其中文字中出现"杨振乾""学人家有钱人保（包）养小三 2 年多""为了这个坐台小姐张洁云……""这个坐台小姐张洁云就是一辆公交车只要给钱就能……""不惜抛弃结婚十年的妻子"字样，并将张洁云使用的两个手机号码进行了公开，同时附有一张张洁云的微信二维码图片和几张张洁云与杨振乾二人亲密私密的照片及相关聊天记录。

2019 年 3 月 15 日 16 时左右，张洁云向公安机关报警并陈述：今天午后突然有许多陌生人通过微信要求加其为好友，短短的两个多小时就有数百人要求加其微信好友，还持续有人要求添加，有些人还在微信中发一些不堪入耳的信息；有人还通过微信发过来手机拍摄的含有文字和图片的大字报，该大字报上涉及其与杨振乾的照片都是保存在杨振乾手机里的。据杨振乾讲陈翠芳应该是在 2018 年上半年偷看过他手机里的东西，照片可能就是那次被陈翠芳转走的。杨振乾与张洁云结婚之后，陈翠芳曾经到张洁云的住处大吵大闹，辱骂张洁云是狐狸精，勾引其丈夫杨振乾，其对张洁云怀恨在心。经过仔细辨认，基本上可以确定大字报张贴在石家庄市鼎鑫电子科技市场。因此，希望公安人员能够去石家庄市鼎鑫电子科技市场了解调查一下情况。

石家庄市鼎鑫电子科技市场保安李鑫化向公安人员陈述：2018 年 3 月 15 日下午 5 时左右，我通过监控发现有人在石家庄鼎鑫电子科技市场二期一楼、二楼及外围张贴了一些涉案大字报，后我立即带领电子市场的几名保安将大字报揭了下来并进行了销毁，在监控里发现张贴人为 30 多岁的女子，戴一副眼镜，穿着一个白色毛衣，里面衬衫是蓝色的。后公安人员向原告和杨振乾播放出示张贴涉案纸张视频，经原告和杨振乾辨认，一致确认张贴大字报的人为陈翠芳。

原告张洁云向法院提出诉讼请求：1. 请求判令被告陈翠芳向原告公开赔礼道歉、消除影响、恢复原告名誉；2. 判令被告陈翠芳赔偿原告精神损害抚慰金 5 万元；3. 判令被告陈翠芳承担本案诉讼费用。

原告张洁云提供的证据有：微信截图、聊天记录、公安询问笔录、视频资料等证据。

案例材料 2

李武明系天津市河海广元门窗有限责任公司的经理，该公司住所地为天津市津南区大孙庄村 12 号。2017 年 3 月 16 日，李武明与天津市红桥区通达海天建筑工程公司（住所地为天津市红桥区邵公庄街道 21 号楼）下属第二工程处经过口头协商后，由该第二工程处提供图纸及门窗尺寸，河海广元门窗有限责任公司为其承建的天津市财政局工地加工塑钢推拉双玻璃窗、平开窗、平开门以及实木门等门窗及附件。经过友好协商，2017 年 4 月 26 日天津市河海广元门窗有限责任公司与天津市红桥区通达海天建筑工程公司第二工程处补签了合同，详细规定了门窗种类、数量及单价，合同总金额为 296350 元，结算方式为订合同时天津市红桥区通达海天建筑工程公司第二工程处支付 40% 的预付款，随着进度完成一半工作任务时再付余款的 50%，货物全部完成，并交付验收合格后 10 日内付清全部余款。天津市红桥区通达海天建筑工程公司第二工程处在合同上盖章后，因为对其中规定的单价有异议，又在公章上画了叉，并在公章上注明"废"字样，但双方后来一直没有对单价达成新的协议。

2017 年 6 月 18 日，天津市河海广元门窗有限责任公司将塑钢门窗安装完毕，通知天津市红桥区通达海天建筑工程公司第二工程处验收，该第二工程处组织人员对安装的门窗进行详细检验，没有发现什么问题，便出具了验收证明，该证明上写明"符合设计要求，质量基本合格"。2017 年 4 月至 7 月，天津市红桥区通达海天建筑工程公司第二工程处陆续向天津市河海广元门窗有限责任公司付款 20 万元。

2018 年 2 月 15 日，天津市河海广元门窗有限责任公司与天津市红桥区通达海天建筑工程公司第二工程处经过协商，达成保修协议，双方约定天津市河海广元门窗有限责任公司所安装的门窗保修期为两年，在保修期内如有质量问题，该门窗有限责任公司负责维修更换，如不能维修，由该第二工程处代修，从保修款中扣除，暂留保修金 5000 元，保修期从 2017 年 6 月 18 日至 2019 年 6 月 17 日。同时，该第二工程处给付该门窗有限责任公司招商银行天津市某支行的转账支票一张，金额为 50000 元，后因支票书写不规范被招商银行退票。

之后，天津市河海广元门窗有限责任公司曾多次向天津市红桥区通达海天建筑工程公司第二工程处要求清偿拖欠债款 96350 元，均遭到拒绝。

2018 年 8 月 26 日，天津市河海广元门窗有限责任公司以天津市红桥区通达海天建筑工程公司为被告起诉至人民法院，要求其清偿其下属单位第二工程处拖欠的债款 96350 元。天津市河海广元门窗有限责任公司向人民法院提交了双方所签合同、保修协议、订货加工单、门窗规格尺寸证明及数量统计、支票退票理由书等证据材料。

天津市红桥区通达海天建筑工程公司认为，双方加工定作关系属实，天津市河海广元门窗有限责任公司加工并安装的门窗也已经完成，但双方签订的合同是作废的，没有对单价取得一致意见。后经双方协商，加工费总计为 20 万元，双方已经结清。2018 年 2 月 15 日，双方订立保修协议，证明该合同已经履行完毕，故不同意天津市河海广元门窗有限责任公司的诉讼请求。

五、实务训练过程

1. 学生按照预先分配的小组坐在一起，各组组长抽取本组实务训练素材的案例。

2. 各组针对本组抽取的案例，进行小组讨论，了解案件当事人在本案中的权利和义务。

3. 各组通过讨论，明确本案案件当事人的权利和义务，并在作业纸上完整写出小组确定的案件当事人的权利和义务。

4. 各组推荐一位同学到讲台上展示本组确定的案件当事人的权利和义务，并提交小组确定的案件当事人的权利和义务的纸质版。

5. 每组展示成果后，由其他组的同学对该组确定的案件当事人的权利和义务进行点评，教师进行总结，并给出比较客观合理的评分。

学习任务二：概括案件争议焦点

一、教学目标和要求

掌握案件的基本情况，学生能够根据案件资料和当事人主张，独立完成案件争议焦点的概括，并总结概括案件争议焦点的基本方法。

二、基本理论

民事诉讼中的争议焦点，贯穿民事审判的整个过程。准确概括案件争议焦点，能够便于法庭调查，为当事人指明工作方向、明晰审判思路，顺利指导当事人完成举证责任，从而快速查明案件事实，提高庭审质量和效率。因此，准确概括争议焦点对民事案件的正确审判起着至关重要的意义。

（一）案件争议焦点的概念和特征

1. 争议焦点的概念

争议焦点即争议和焦点，所谓争议是指争论或者因观点不一致而无结论；所谓焦点是指问题的关键所在或争论的集中点。民事案件的争议焦点是指在民事诉讼中双方当事人发生争执、意见不统一且对于案件处理结果有重大影响的事实问题和法律适用问题。

2. 争议焦点的特征

（1）属于有争议的问题。当事人对某一问题存在争议，相互持不同意见，争执不下，才属于争议焦点，当事人没有争议的问题，就不可能存在争议焦点。比如甲起诉乙要求乙返还借用的一块手表，乙承认借用了甲的手表，只是前几天找不到该手表了，所以无法返还，现在已经把该手表找到，并带过来了，愿意当场把该手表返还给甲，甲接受了该手表，此案没有争议问题，也就不存在争议焦点了。

（2）属于事实问题或者法律适用问题。民事案件的争议焦点要么是案件事实问题，当事人对案件事实存在争议；要么是法律适用问题，当事人对法律适用的观点不一致。除此之外不存在案件争议焦点。也就是说，案件争议焦点的范围仅限于案件事实问题和法律适用问题。比如庭审中被告乙情绪激动，声音非常大，原告甲质疑乙的声音太大，乙说自己天生大嗓门，无法改变，此时虽然双方有争议，但既不是案件事实问题也不是法律适用问题，因此不属于案件争议焦点。

（3）影响案件处理结果的问题。民事案件的争议焦点必须是对案件的处理结果有法律上的意义的争执。当事人虽然对某一问题有争议，但是该争议与案件处理结果无关，对裁判结果中当事人的权利义务没有影响，即不构成案件的争议焦点。比如张三起诉李四侵权的案件中，张三认为李四用石头把张三砸伤了，李四承认砸伤了张三，但是强调自己用砖头而不是石头砸伤的张三，虽然李四到底是用砖头还是用石头砸伤张三双方意见不一致，但是该争议对案件的处理结果没有影响，所以此问题不属于本案争议的焦点。

（二）案件争议焦点的类型

1. 案件起诉条件争议焦点

案件起诉条件争议焦点是当事人对于案件是否符合起诉条件的争议焦点。《民事诉讼法》第一百一十九条规定起诉必须符合下列条件：（一）原告是与本案有直接利害关系的公民、法人和其他组织；（二）有明确的被告；（三）有具体的诉讼请求和事实、理由；（四）属于人民法院受理民事诉讼的范围和受诉人民法院管辖。

许多民事案件的当事人往往会对案件是否符合起诉条件进行争辩，因为是否符合起诉条件直接关系到当事人能否启动司法救济程序，是结束案件审理最直接、最经济的方式。审判实践中案件起诉条件争议焦点主要集中在当事人主体是否适格、应否追加或者变更当事人、案件是否属于人民法院主管和管辖等。应当注意的是，财产保全、先予执行、适用简易程序或普通程序的争议，不属于案件争议焦点，因这些争议对案件的法律处理结果不会产生影响。

2. 案件证据争议焦点

案件证据争议焦点是当事人对案件证据有争议的焦点。案件证据争议焦点主要包括当事人对案件证据本身持不同意见和当事人对举证责任有不同的看法。在具体的案件中当事人可能会对案件证据的真实性、合法性、关联性以及证明力的有无和证明力的大小产生争议，也可能对举证责任的分配或者举证责任的转换有争议。只有依法认定了证据才能还原案件事实，因此，解决证据争议之后才能解决事实争议，案件事实的争议源于案件证据的争议。

3. 案件事实争议焦点

案件事实争议焦点是当事人对案件事实有所争议的焦点。因为民事法律事实是指能够引起具体的民事法律关系的产生、变更和消灭的客观现象，所以我们把案件事实争议焦点分为以下三点。（1）法律关系的发生产生的争议焦点。比如，甲是否与乙签订了房屋租赁合同，张三是否对李四实施了人身侵权行为等，如果甲和张三不能证明双方存在上述民事法律关系，则会导致驳回起诉或驳回诉讼请求的法律后果。（2）法律关系的变动产生的争议焦点。比如，张三把李四欠其 5 万元的债权转让给了王五，李四认为张三没有把该 5 万元债权转让给王五而拒绝向王五履行 5 万元债务产生的争议，即属于法律关系变动的事实产生的争议焦点。（3）法律关系的消灭产生的争议焦点。比如，甲和乙协商相互抵消债权债务关系的事实而产生的争议，即是当事人因法律关系的消灭产生的争议焦点。当然，这些案件事实必须能够对案件处理结果产生法律上的影响，不能产生法律上的影响的争执不是案件的争议焦点。

4. 法律适用争议焦点

法律适用争议焦点是当事人对案件法律适用上的争议焦点。只要当事人双方在法律适用问题上存在争议，就应当把法律适用问题作为争议焦点。法律适用争议焦点既包括对法律规范不同理解产生的争议，也包括对法律空白补充产生的争议。对法律规范的理解的争议既包括对较为明确的法律条文在适用上理解也包括对规定模糊的法律条文的理解的争议。对法律空白补充的争议主要表现在疑难的新型案件中如何补充法律空白而产生的争议。常见的法律适用争议焦点主要有：（1）当事人之间是否存在某种法律关系。比如当事人之间的合同是否成立、是否构成侵权等。（2）民事法律行为的效力问题。比如当事人之间的民事法律行为是有效还是无效、是可撤销还是效力待定等。（3）是否符合法定条件问题。既包括积极条件（如结婚是否达到法定年龄、代书遗嘱是否符有两个以上无利害关系人在场见证等），也包括消极条件（如结婚的当事人是否患有医学上认为不应当结婚的疾病、留置债务人财产是否违反了公共秩序或善良风俗等）。（4）如何承担责任问题。比如违约金、定金、损害赔偿金并存时责任如何承担，违约责任与侵权责任竞合时如何选择等。（5）侵权责任的赔偿问题。比如赔偿标准如何确定、赔偿金额如何计算等。

（三）案件争议焦点的表述方式

争议焦点是当事人之间产生纠纷的关键点，是案件需要解决的主要问题。主要包括引起争议的案件事实、案件证据、案件起诉条件、案件法律适用、当事人责任等方面的主要问题。既然是问题，一般应当用疑问的句式进行表述，即可以用"是否""应否""如何"等语言进行表述，例如"……是否产生解除双方合同关系的效力""……的诉讼请求应否得到支持""本案所涉《……合同》的效力如何认定""本案被继承人……的遗产应如何分配"等，这也是司法实践中概括案件争议焦点常见的表达方式。

（四）关于归纳案件争议焦点的操作性问题❶

《最高人民法院关于适用〈中华人民共和国民事诉讼法〉的解释》第二百二十六条规定："人民法院应当根据当事人的诉讼请求、答辩意见以及证据交换的情况，归纳争议焦点，并就归纳的争议焦点征求当事人的意见。"

《民事诉讼法》第一百三十三条规定："人民法院对受理的案件，分别情形，予以处理：（一）当事人没有争议，符合督促程序规定条件的，可以转入督促程序；（二）开庭前可以调解的，采取调解方式及时解决纠纷；（三）根据案件情况，确定适用简易程序或者普通程序；（四）需要开庭审理的，通过要求当事人交换证据等方式，明确争议焦点。"但争议焦点如何明确，是否需要征求当事人的意见，民事诉讼法均未作出规定，本司法解释要求人民法院应当根据当事人的诉讼请求、答辩意见以及证据交换的情况，归纳争议焦点，并明确指出，就归纳的争议焦点应当征

---

❶　沈德咏.最高人民法院关于民事诉讼法司法解释理解与适用[M].北京：人民法院出版社，2015：591-593.

求当事人的意见。

归纳案件的争议焦点是很重要的一项内容。因为所有的庭审活动，都是围绕当事人之间的争议焦点展开的。如果争议焦点不明确，会导致庭审辩论的空洞化和形式化，使案件呈现分割式的审理方式，当事人之间缺乏真正的对抗，严重影响诉讼的效率和效益，并在一定程度上损害诉讼的公正性。同时，争议焦点的确定也是区分简易程序和普通程序的一个标准。根据民事诉讼法的相关规定，目前法院将案件主要划分为简易案件和普通案件，但对于如何区分案件简繁，立法上还没有明确规定。案件的繁与简并不能直观地看出，在实际的审理过程中很多案件由简易程序转入普通程序即是明证。区分案件的繁与简，通常从诉讼标的额大小、是否存在争议焦点、争议焦点的分歧大小以及案件的复杂程度及其影响范围等方面加以明确。因此，考验法官业务能力一个很重要的方面，就是能否准确地归纳案件的争议焦点。通常来讲，争议焦点的归纳在开庭审理前就应当确立下来，一般是通过审前程序来确定案件的争议焦点。人民法院适用普通程序审理案件，以开庭审理的方式进行。庭前准备工作是否充分，决定了开庭的质量。在审前准备阶段，重点工作就是做好证据交换，明确双方当事人的争议焦点。如果原告和被告双方缺乏充分的交涉，将会导致双方当事人在起诉和答辩中难以全部表达对案件和对方观点的理解。为了解决这一问题，在诉讼之初设置了诉答程序。但诉答程序的主要功能是启动诉讼，其次才是整理争议焦点，所以过多的寄希望于诉答程序是不现实的。要达成整理争议焦点的目的，还需要通过建立证据交换和召开；审前会议等制度来实现。

审前程序设置的目的在于简化程序，使案件得到及时、有效的解决，基于诉讼经济原则，其自身可分为复杂程序和简化程序。在司法实践中，对于简单的案件，法院认为双方当事人的争议焦点明确，案件事实比较简单、清楚，便可确定开庭审理的日期，无须法官对双方的争议焦点进行整理；对于争议焦点不明确、事实关系比较复杂的案件，则可以进入争议焦点整理程序。

审前程序使得双方当事人可以充分收集、交换证据，依此确定争议焦点、促进和解。同时，通过简化诉讼方式，保障当事人的起诉权。法官审判的目的就是最终解决纠纷，但纠纷解决的方法除了诉讼还有和解、调解、仲裁等。各国民事诉讼近年来都呈现出这样一种发展趋势：庭审前程序除发挥着为庭审活动做准备的功能外，还成为很多案件纠纷终结的手段。这是因为，早先的诉讼中应当审理程序中完成的一些事项提前在庭审前程序中来完成了，从而使庭审前程序的功能日益完善。经过庭审前程序中的起诉与答辩阶段，为整理争议焦点而进行的证据收集与交换，使当事人对纠纷事实有了清楚的了解，进而可能使当事人预测到纠纷的解决结果，衡量利益得失。

人民法院受理案件后，如果认为案件需要开庭审理，可以通过要求当事人证据交换等方式来，明确争议焦点。民事诉讼中的庭前证据交换，是指人民法院在案件开庭审理前，组织当事人及其代理人在指定时间和地点相互交换已经持有的、证明各自诉讼主张的各种诉讼证据的活动。证据交换制度防止了证据突袭、维护了程序的正义。《民事诉讼证据规定》实施后，有不少法院对庭前程序特别是庭前证据交换程序进行了大胆的改革和探索。通过庭前交换证据，明确争议焦点，提高质证的效果，有利于法官正确判断和认定事实，提高案件的质量，减少二审和再审的可能。争议焦点的明确，应当在法院的引导下进行。具体而言，是否需要在开庭审理前明确争议焦点，是通过要求当事人以证据交换的形式还是以其他形式明确争议焦点，都是法院根据案件的具体情况作出判断，并在其主导下组织当事人及其他诉讼参加人完成的，方式方法可以灵活掌握。

（五）概括案件争议焦点存在的问题

民事审判的过程，其实就是发现案件争议焦点、固定案件争议焦点、解决案件争议焦点的过程。司法实践中，概括案件争议焦点存在一些问题，主要表现在以下几个方面：

1. 把原告的诉讼请求变为争议焦点。直接将原告的诉讼请求变成争议焦点，实际上等于没有确定争议焦点，这是概括案件争议焦点最常见的问题。比如甲起诉乙违约请求乙赔偿违约金，乙辩称违约金过高而且甲在合同履行过程中存在过错，要求依法驳回甲的全部请求或者部分诉讼请求。有些学生就把案件争议焦点直接概括为乙是否应当赔偿甲违约金，乙是否应当赔偿甲违约金是审理的最终结果，而非案件争议焦点本身，本案应当查明合同的标的是多少，双方约定的违约金是多少，甲有没有按照合同约定履行合同义务，再概括案件具体的争议焦点，即违约金是否过高及甲是否有过错，从而确定原告的诉讼请求能否得到支持。再比如张三起诉李四人身损害赔偿纠纷，要求李四赔偿损失 5 万元，我们不能直接把案件的争议焦点概括为李四是否应赔偿张三损失 5 万元，而应该查明李四侵害了张三的人身权利的事实是否存在争议，李四的行为是否符合侵权行为的构成要件有没有不同意见，李四应承担什么责任原告与被告的观点是否一致，从而确定案件具体的争议焦点。诉讼请求与案件争议焦点关系密切，但是诉讼请求不一定就是案件争议焦点，有的案件只有一个诉讼请求，但是可能会有多个争议焦点，有的案件有多个诉讼请求，也可能争议焦点只有一个，因此，应当对案件当事人的不同观点进行详细分析，从而概括案件争议焦点，切记不可把原告的诉讼请求直接转变为案件争议焦点。

2. 遗漏案件争议焦点。有的案件有多个争议焦点，但是在概括争议焦点时不够全面，遗漏了应当概括的案件争议焦点。比如 2019 年 10 月 1 日，北京市海淀区中关村四小三年级（6）班的孙建在北京市教委组织的儿童绘画比赛中获得了一等奖。北京市教委下属的翱翔蓝天美术杂志社闻讯后即来信表示，他们将出一期儿童作品专刊，希望孙建能寄来几幅作品供他们挑选。孙建的父亲孙天明收信后，于 2019 年 10 月 15 日给杂志社寄去了孙建的几幅作品，但之后一直没有回音。2020 年 3 月，孙天明在该杂志社 2019 年第 12 期的期刊上发现有孙建的两幅作品但没有给孙建署名，便立即找到杂志社质问为何不通知他作品已被选用，而且既不支付稿酬也不署名。然而该杂志社称，孙建年仅 8 岁，还是未成年人，还不能享有著作权，因此没必要署名；杂志社发表孙建的作品是教委对其成绩的肯定，没有必要支付稿酬，双方因此发生纠纷。若把案件争议焦点概括为杂志社刊登孙建的作品是否应当署名，是否应当向孙建支付报酬，该案件争议焦点就没有概括全面，虽然案件中署名和支付报酬是最主要的争议，但是杂志社最主要的抗辩是孙建未成年因而不享有著作权，所以，遗漏了未成年能否享有著作权的争议焦点。

3. 将所有争议都变成争议焦点。有的案件有许多争议，我们不能把所有的争议都概括为案件的争议焦点，要认真辨别筛选案件争议焦点，有些是细枝末节的问题，对案件的处理结果没有什么影响，就不应当概括为案件的争议焦点，只有那些对案件的处理结果有法律上意义的争执才成为案件争议焦点。比如原告刘宝经营餐饮，被告李叶承建镇水泥路面的硬化工程后，经镇政府同意，将工程用的泥沙堆放于马路边以备使用。刘宝认为李叶影响其经营，二人发生争执。刘宝要求李叶将泥沙移开，李叶说自己是经政府同意的，你不就是想要钱嘛。刘宝说："你不要以为自己有个红旗轿车就不得了。"李叶："我有个红旗轿车这么样？你叫我几声干爹，给我磕头、拜祭我，我就把红旗轿车送给你。"刘宝当即如此做，并要求李叶交付轿车。本案中刘宝认为李叶把泥沙堆放在马路边影响其餐馆经营发生争执，但是该争执与刘宝要求李叶交付轿车的请求没有法律上的影响，因此，不属于本案的争议焦点。总之，争议焦点虽然来源于当事人之间的争议，但是不是案件所有的争议都是案件的争议焦点，只有那些重要的与案件处理结果有关的争议才是案件的争议焦点。

4. 概括案件争议焦点不准确。概括案件争议焦点需要经常训练不断积累经验，才不至于把案件争议焦点找偏，出现概括案件争议焦点不准确的现象。案件争议焦点往往不是浮在表面上的争议问题，而是常常隐藏在争议问题的背后，需要把隐藏的争议问题剥离出来。比如张三和李四恋爱不久，准备结婚，结婚之前，李四要求张三婚后把张三婚前购买的房屋加上李四的名字，为了能够与李四结婚，张三承诺结婚后三个月内在房本上加上李四的姓名，婚后不到一个月张三和李四多次打架，李四一气之下搬到单位居住，偶尔李四回来催促张三在房本上增加姓名，二人就会发生争吵，甚至大打出手。结婚两年半之后，李四起诉法院，以分居两年以上感情破裂为由要求与张三离婚，请求分割张三的房屋，并以张三家暴为由请求赔偿。张三辩称不同意离婚，房屋是自己的个人财产，李四无权分割，李四无理取闹导致双方相互动手打架，不存在家庭暴力。若把案件争议焦点概括为"张三与李四的感情是否破裂""张三的房屋是否属于夫妻共同财产""李四能否以家暴为由请求赔偿"，则本案争议焦点就不够准确。本案中李四要求离婚而张三不同意离婚，法律规定离婚的标准是夫妻感情破裂，似乎以"张三与李四的感情是否破裂"作为本案的争议焦点比较合理，但是感情破裂有多种情况，本案离婚主要争议在于"张三与李四是否分居两年、夫妻因何分居"，因此，以"张三与李四是否因感情不和而分居两年"作为本案的争议焦点更加合理。本案李四请求分割张三的房屋，因为张三承诺结婚后在房本上添加李四的名字，所以李四认为房屋属于夫妻共同财产，离婚时应当分割，因此，把案件争议焦点概括为"张三的房屋是否属于夫妻共同财产"好像合理。这是没有认真分析案件的法律关系导致的错误结果。案件中张三承诺结婚后在自己婚前的房本上添加李四的名字，相当于把自己的婚前房屋无偿的送给李四一半的份额，但是后来张三反悔了，张三和李四之间婚前协议的法律关系是否需要继续履行决定了"张三的房屋是否是夫妻共同财产"，所以，本案的争议焦点应当概括为"张三和李四之间的婚前协议是否属于赠与行为"。如果是赠与行为，张三在赠予财产的权利转移之前可以撤销赠与。最后，"李四能否以家暴为由请求赔偿"作为本案争议焦点明显不合适，本案李四认为自己遭受了家庭暴力，而张三认为是常见的夫妻"打架"行为，互有伤害，李四不是真正意义上的家庭暴力中无过错的受害方，若把争议焦点概括为"李四能否以家暴为由请求赔偿"显然不准确，本案真正的争议焦点应该是"张三和李四之间是否构成家庭暴力"。

（六）概括案件争议焦点的基本方法

概括案件争议焦点应当聚焦案件的关键内容，梳理案件的争执要点，避免遗漏当事人不同的主张，对案件当事人的不同观点进行整理、分析、研判，最终概括出案件的争议焦点。概括案件争议焦点主要有以下几种基本方法。

1. 明确原告的主张。原告的诉讼请求是原告诉讼的最终主张，也是原告诉讼的主要目的，不存在没有诉讼请求的案件。原告的诉讼请求能否得到支持，关键是看原告主张的事实是否真实，提供的证据能否被采信，适用的法律是否得当。原告为了阐明案件事实，必须提供相应的证据，如果证据能够充分证明案件事实，被告没有提出异议，也得到法院的认可，则案件事实比较清楚，双方对案件事实没有争议。如果被告对原告提出的证据有异议、有不同的意见，否认原告陈述的案件事实，此处便可能是案件争议的焦点。在案件事实清楚的情况下，还要认真梳理和明确原告诉讼请求所依据的法律规定，即使原告对自己诉讼主张所依据的法律规范细化到具体的法律法规，也不能排除被告对案件的法律适用提出质疑，被告对法律适用提出的不同观点便可能是案件争议的焦点。

2. 明确被告的主张。无争议不诉讼，如果原告的请求和主张被告都全部认可，那就没有争议，更谈不上争议焦点，一般也不会进入诉讼程序了，因此，案件争议焦点与被告的主张密切相关，尤其是被告辩驳中的异议部分是我们概括案件争议焦点的敏感信息，应当重点关注。要准确概括案件争议焦点，就必须梳理、分析、筛选被告的主张，查明被告与原告意见不一致的关键点。具体而言，首先要确定被告对原告提供的证据是否有异议，哪些证据认可，哪些证据持否定观点，被告有没有新的证据，主要分歧在哪儿；其次要确定被告对原告提出的事实基础是否有不同意见，是全部承认、部分承认还是全盘否定，分歧在哪里，被告有无提出新的事实基础；最后还要确定被告对原告提出的应适用的法律规范基础有没有不同的主张，主张的具体内容是什么，被告有没有提出其认为应当适用的法律规范条款。将被告的主张与原告主张的不同部分逐条梳理出来，同时，还要注意被告的主张是否仅仅是辩驳，主张中有没有包含反诉的内容，不要把被告的辩驳与被告的反诉混为一谈，应当细心加以区分。

3. 排除法。通过排除法来确定案件争议焦点是比较常用的方法，排除法可以将案件无争议的内容尽可能地排除在概括案件争议焦点之外，以便消除它们对概括案件争议焦点的干扰和影响。案件争议焦点就是双方诉辩主张中的矛盾、差异、不符之处，包括案件证据、案件事实、法律适用等诸多方面。在明确案件当事人主张的基础上，归纳出双方当事人无争议的部分，排除不构成或推定不构成争议焦点的内容，然后对于双方主张有争议的部分划定主次，主要争议并且可能影响到案件处理结果的那些部分可以确定为争议焦点。事实上排除法就是一个排同存异、逐步确定案件争议焦点的过程。其中排同存异是指排除当事人无争议的内容，寻找有争议的地方，只有有争议才可能作为争议焦点。

4. 倒推法。倒推法即倒着推理，是生活中常用的一种推理方法。正常推理是根据已知的条件推出结论，倒着推理是根据结论向前推出应具备的条件，是确定案件争议焦点非常实用的一种方法。比如张三起诉法院认为李四把其打伤要求赔偿，根据倒推的方法，我们把张三的诉讼请求作为结论，即张三可以请求李四赔偿，假如张三的主张成立，那么李四必定构成侵权，然后根据侵权责任的四个要件推断李四的行为是否构成侵权，如果李四的行为属于违法行为、张三存在身体受到损害的事实、李四的行为和张三的身体损害之间有因果关系、李四主观上存在过错，那么李四就构成侵害张三的人身权益，应当承担赔偿责任，如果侵权责任的四个要件中任何一个或者几个要件双方当事人存在争议，那么此争议就可能是本案争议的焦点。倒推法的思维方式，其实就是一种逆向分析法或者反向分析法，通过结论推出已知条件，如果条件均符合即可证明结论是正确的，如果条件有不同观点，就可以把这些观点作为案件争议焦点进行分析，最后判断结论是否正确。

5. 综合分析法。有的民事案件争议焦点比较多，当多个争议焦点并存时，需要我们对诸多争议焦点进行整理、筛选，把握各争议焦点之间的关系，运用综合分析法把关系紧密且相互交叉、相互融合的争议焦点合理合并起来，避免案件争议焦点单一、零散、杂乱，从而影响案件的有序审判。通过对案件争议焦点的整体把控，综合分析案件所有的争议焦点，正确安排案件争议焦点的前后顺序，保证概括案件争议焦点的科学性、完整性和正确性。

三、教学示范

教师提供民事案件资料，示范和引导学生概括案件的争议焦点。教师可以综合运用讲授法、讨论法、问答法、示范法等教学方法完成本阶段课堂教学任务。

【案例材料】

2019 年 9 月，牛慧慧起诉至法院称：自从孩子出生后我发现宋诗淮脾气越来越暴躁，对家庭不负责任，对我不关心，对孩子的教育方式也是简单粗暴。特别是宋诗淮疑心太重，我每天辛苦赚钱养家，而宋诗淮却无端猜疑我。宋诗淮的所作所为严重伤害了夫妻感情，导致夫妻关系逐渐恶化，直至感情彻底破裂，无法在一起共同生活。2016 年 7 月至今，双方分居生活。分居期间，我与宋诗淮均抚养子女。

但在宋诗淮抚养子女期间，教育子女不许与我联系、不许见我，宋诗淮人为剥夺子女享受母爱的权利，给我身心造成巨大伤害。故要求与宋诗淮离婚，两个孩子均由我抚养，宋诗淮每人每月支付孩子抚养费 2000 元，依法分割夫妻关系存续期间购买的一台车牌号为冀 PT***0 的凯美瑞汽车，宋诗淮承担本案诉讼费用。

宋诗淮辩称：我与牛慧慧性格不合，现同意离婚。但两个孩子不能分开抚养，我愿意自行抚养两个孩子。汽车是我父母给我买的，不是夫妻共同财产，我需要用车接送孩子上学，不同意分割。

经查，牛慧慧与宋诗淮于 2005 年 5 月 1 日经朋友介绍相识，后来二人互有好感，渐渐发展为恋人关系，恋爱期间，宋诗淮与牛慧慧形影不离，感情深厚。经过三年多的交往，宋诗淮与牛慧慧双方的家长都认为水到渠成，可以为二人操办婚姻之事，于是双方家长同宋诗淮与牛慧慧共同协商，定于 2008 年 10 月 1 日举行结婚仪式，宋诗淮与牛慧慧于 2008 年 9 月 25 日提前领取了结婚证书。婚礼之日，宋诗淮与牛慧慧的亲朋好友欢聚一堂，大家都祝贺新人喜结连理，婚礼举办得非常圆满。宋诗淮与牛慧慧皆系初婚，婚后夫妻生活非常愉快，2010 年 4 月 12 日牛慧慧生了一对龙凤胎，先出生的是女儿宋小英，后出生的是儿子宋小武，两个孩子的降世，给宋诗淮与牛慧慧带来快乐的同时，也伴随着无尽的烦恼和争吵。宋诗淮与牛慧慧经常为照顾和教育孩子产生矛盾，从而导致夫妻感情出现裂痕。2016 年，宋诗淮与牛慧慧在一次争吵时情绪激动，二人大打出手，均受轻伤，牛慧慧一气之下从家里搬出去在外面租房居住，因感情不和双方于 2016 年 7 月起一直分居生活。2017 年 8 月，牛慧慧曾起诉要求与宋诗淮离婚，后因宋诗淮不同意离婚被法院驳回其诉讼请求。

牛慧慧平均月收入 15124 元，宋诗淮现月收入 8000 元。双方均要求抚养两个孩子。牛慧慧认为其有租赁的房屋可供两个孩子居住。而宋诗淮表示其年收入为 20 余万元，可以自行抚养两个孩子。2008 年 7 月 12 日，宋诗淮购买位于石家庄市东城区鸿雁大街 2 号楼 2 单元 1202 号房屋，总价款为 304500 元，首付款 104500 元（其中牛慧慧出资 2 万元），2008 年 7 月，宋诗淮向中国工商银行石家庄市东城支行贷款 20 万元。2009 年 11 月 15 日，宋诗淮取得该房屋的所有权证。目前，该房由宋诗淮与两个孩子一起居住。牛慧慧与宋诗淮通过协商均同意该房屋由孩子宋小英、宋小武所有，宋诗淮自 2019 年 9 月至 2033 年 6 月负责向中国工商银行石家庄市东城支行偿还该房屋的贷款；宋诗淮于 2033 年 5 月 1 日前配合宋小英、宋小武办理该房屋的过户手续，过户产生的相关费用由宋诗淮承担。2014 年 5 月 1 日，为方便接送宋小英、宋小武上幼儿园，宋诗淮的父母出资购买了一台凯美瑞汽车，车牌号为冀 PT4210，该车登记在宋诗淮名下。牛慧慧与宋诗淮均表示婚后没有存款、股票、基金、有价证券等其他夫妻共有财产，各自偿还各自的债务，石家庄市东城区鸿雁大街 2 号楼 2 单元 1202 号房屋里的家电家具等简单的夫妻共有财产都归与子女共同生活的一方所有。

【教学步骤】

1. 让学生仔细阅读案件资料，了解案件基本事实及原告请求和被告辩驳，掌握当事人之间的主张。

2. 引导和示范学生概括案件的争议焦点。

3. 根据上述案件资料，在示范学生概括案件争议焦点时，引导学生掌握概括案件争议焦点的技巧。

本案案件的争议焦点有：（1）牛慧慧与宋诗淮离婚后其婚生子女宋小英、宋小武应当由谁抚养。（2）车牌号为冀 PT4210 的凯美瑞汽车是否属于牛慧慧与宋诗淮的夫妻共同财产。

四、实务训练素材

案例材料 1

施文祥和江月虹系夫妻关系，二人共生育 5 名子女，施春英、施春花、施春秀、施春磊、施春民。彭晓英和施春磊于 1994 年 10 月 12 日登记结婚，双方婚后一直和施文祥、江月虹夫妇居住在元氏县城西镇左家庄村 18 号院内。该院正房 5 间系 1989 年所建，当时的家庭成员包括施文祥、江月虹、施春英、施春花、施春秀、施春磊、施春民。该院内东、西厢房各 3 间均为 2001 年 11 月 20 日经城西镇政府批准所建，建房时施文祥、江月虹、施春磊、彭晓英均在该院内居住生活。该院内北房于 2003 年进行翻修，在原有房屋基础上将高度升高 1 米，当时施文祥、江月虹、施春磊、彭晓英均在该院内居住生活，大家共同出资出力把房屋重新进行了翻修。2018 年 11 月，江月虹因病去世。彭晓英和施春磊因家庭矛盾，多次发生争吵，有时互相殴打，后来彭晓英向人民法院提出离婚诉讼请求，经人民法院审理，于 2019 年 12 月 18 日，下发了（2019）元民初字第 03124 号民事判决书，判决彭晓英与施春磊离婚。

2020 年 1 月，彭晓英起诉至法院称：彭晓英和施春磊原系夫妻关系，施文祥系施春磊之父。2019 年 12 月 18 日经元氏县人民法院判决彭晓英和施春磊离婚，坐落于元氏县城西镇左家庄村 18 号院内的房产因涉及他人份额未予分割。彭晓英和施春磊结婚后，施文祥与江月虹夫妻将该院内北房西数两间半分给彭晓英和施春磊夫妻，2001 年彭晓英夫妻以施春磊的名义申请在该院内建东西厢房各 3 间，彭晓英和施春磊夫妻于 2003 年将院内北房翻建为现有 5 间。彭晓英认为元氏县城西镇左家庄村 18 号院内全部房产均属于彭晓英和施春磊夫妻共有财产，故起诉要求：坐落于元氏县城西镇左家庄村 18 号院内的北房西数第 1 间、第 2 间和西厢房 3 间归彭晓英所有，该院落西半部使用权归彭晓英；诉讼费由施春磊一方承担。

施春磊辩称：元氏县城西镇左家庄村 18 号院内的房屋正房是 1989 年左右建的，当时是我父母出资所建，与彭晓英无关，2001 年建的东西厢房也是我父母出资找人建的，我们婚后一直和我父母共同居住，该房屋与彭晓英没有关系，不同意彭晓英的诉讼请求。

施文祥辩称：院内北房是 1989 年我和江月虹夫妻二人所建，当时施春英、施春花、施春秀都参加了建房劳动，2001 年我和江月虹夫妻二人建西厢房 3 间，同时把原有的东厢房 2 间翻建为 3 间。左家庄村 18 号院内的房屋与彭晓英无关，不同意彭晓英的诉讼请求。

施春英、施春花、施春秀、施春民辩称，院内北房是 1989 年父母出资所建，建房时我们都参加了建房劳动，现在母亲已经去世，属于我们的继承份额我们现在不要求分割财产，由父亲施文祥居住使用，待将来由家庭成员共同协商解决。

原告彭晓英提供的证据有：结婚证复印件、离婚民事判决书、江月虹死亡证明、房屋准建证明等证据。

案例材料 2

2019 年 12 月，王江华诉至原审法院称：我和周世鹏、陈方雨、蒋全兴四家位于天津市滨海新区胡杨镇胡各庄村养殖小区西口共同使用的两根电线存在安全隐患，陈方雨建议把这两根的电线整理一下，这个建议得到其余三家的同意。2019 年 6 月 11 日，四家商量由我上房整理电线，在修整的过程中我从房上摔下来，被送往滨海新区医院治疗，经诊断为左脚跟骨骨折，左小腿静脉血栓形成。第二天转至天津市盛华医院治疗，住院 60 天。后经天津圣元物证鉴定中心鉴定为九级伤残。故诉至法院，要求：（1）判令周世鹏、陈方雨、蒋全兴赔偿我医疗费 95000 元，二次手术费 16000 元，住院伙食补助费 3000 元，营养费 2000 元，护理费 11000 元，误工费 18000 元，鉴定费 2400 元，残疾赔偿金 69000 元，精神损害抚慰金 8000 元，被扶养人生活费 6500 元，周世鹏、陈方雨、蒋全兴负担损失 75%，即 173175 元；（2）诉讼费用由周世鹏、陈方雨、蒋全兴负担。

陈方雨辩称：王江华所述与客观事实不符。王江华不是整理电线，而是为电线安全去清理树枝，而且也不是因为某个人的提议而去清理树枝的，一到该清理树枝的时间，大家就一起去清理树枝。现场的电线是两层，上边一层是村委会的，双方当事人包地的地方有一个机井，只有使用机井时，才用到上边一层的电线，第二层电线是王江华和蒋全兴的，2018 年 10 月份，周世鹏从下边一层电线上拉了一根临时电线，用于盖房使用。陈方雨只是为村委会管理上边的一层电线，第二层电线和其没有关系，村委会也应当为本案的被告。故不同意王江华的诉讼请求。

蒋全兴、周世鹏辩称：修剪树枝是惯例。王江华家的养殖场与蒋全兴、周世鹏家的养殖场相邻，电线也是相连的，每个人都为了自己的利益去修剪树枝，不存在去帮助任何人，也不存在接受对方的帮工。故不同意王江华的诉讼请求。

经查，王江华和陈方雨、蒋全兴、周世鹏均系天津市滨海新区胡杨镇胡各庄村村民。王江华和蒋全兴、周世鹏三人均在本村村西养殖小区从事养殖，陈方雨在该养殖小区承包了土地种植果树。养殖小区接入两层电线供四家使用。其中上面一层电线用于机井，该机井由四家共同使用，没有其他人使用。下面一层电线由王江华和蒋全兴于 2010 年报装、使用。2016 年，周世鹏开始使用下面一层电线。因电线周围有树木，为了使用安全，2015 年始，每年的六七月份，由王江华、陈方雨、蒋全兴共同清理树权，周世鹏未清理树权。2019 年 6 月 11 日，王江华、陈方雨、蒋全兴再次清理树权，王江华在此过程中受伤。王江华在滨海新区医院诊断为左根骨骨折，左下肢肌间静脉血栓形成，后转至天津市盛华医院进行手术治疗，并因皮肤软组织缺损伴钢板外露二次住院。天津市盛华医院在 2019 年 7 月 26 日的诊断证明中建议：往烧伤科继续治疗。王江华在天津市盛华医院二次住院记录第一页中载明：患者伤口局部皮肤坏死，致部分皮肤软组织缺损，钢板外露。为进一步治疗，今日收入烧伤北二病房。经鉴定，王江华左足跟骨骨折内固定术后构成九级伤残，赔偿指数为 20%。王江华以义务帮工为由将陈方雨、蒋全兴、周世鹏诉至法院，要求陈方雨、蒋全兴、周世鹏对自己的损失连带承担 75% 的责任。陈方雨、蒋全兴、周世鹏持答辩理由不同意王江华的诉讼请求。

经核实，王江华的合理经济损失为 209000 元。其中，医疗费 95000 元，住院伙食补助费 3000 元，营养费 2000 元，护理费 11000 元，误工费 12000 元，残疾赔偿金 69000 元，被扶养人生活费 6500 元，精神损害抚慰金 8000 元，鉴定费 2500 元。蒋全兴已给付 3000 元。

五、实务训练过程

1. 学生按照预先分配的小组坐在一起，各组组长抽取本组实务训练素材的案例。

2. 各组针对本组抽取的案例，进行小组讨论，了解案件当事人的不同主张。

3. 各组通过讨论，概括本案争议焦点，并在作业纸上完整写出小组概括的本案争议焦点。

4. 各组推荐一位同学到讲台上展示本组概括的案件争议焦点，并提交小组概括的案件争议焦点的纸质版。

5. 每组展示成果后，由其他组的同学对该组概括的案件争议焦点进行点评，教师进行总结，并给出比较客观合理的评分。

学习任务三：分析案件争议焦点

一、教学目标和要求

掌握案件的基本情况，学生能够根据案件资料和当事人主张，独立完成对案件争议焦点的分析，并总结分析案件争议焦点的基本方法。

二、基本理论

分析案件争议焦点是在概括案件争议焦点的基础上，对案件争议焦点进行解释、说明和阐述，把案件争议焦点作为研究对象，考察当事人对案件争议焦点的不同观点，根据法律规定、生活常识及案件情况来确定有争议的案件证据能否采信、案件事实争议应如何认定以及法律适用争议如何解决。概括案件争议焦点是把当事人争议的问题提出来，而分析案件争议焦点是阐明如何解决当事人争议的问题。根据案件争议焦点的类型不同，分析案件争议焦点应当注意以下几个方面。

（一）案件起诉条件争议焦点的分析

案件起诉条件争议焦点是当事人对于案件是否符合起诉条件的争议焦点。《民事诉讼法》第一百一十九条规定起诉必须符合下列条件：（一）原告是与本案有直接利害关系的公民、法人和其他组织；（二）有明确的被告；（三）有具体的诉讼请求和事实、理由；（四）属于人民法院受理民事诉讼的范围和受诉人民法院管辖。常见的涉及案件起诉条件争议焦点的分析主要包含以下几个内容。

1. 关于原告主体资格的争议。《民事诉讼法》规定了原告必须是与本案有直接利害关系的公民、法人和其他组织，才具备诉讼主体资格，由此可见，具备民事诉讼原告资格，条件有二：一是实质要件，即与所诉案件有直接利害关系；二是形式要件，即必须是可以成为诉讼主体的公民、法人或其他组织。分析起诉人是否"与本案有直接利害关系"的争议，主要是判断争议的法律关系是否直接涉及原告所享有的或由其支配、保护的权益。只要根据原告起诉的事实能够判断出原告"与案件有直接利害关系"，就可以认定其具备了诉讼法意义上的原告资格。比如甲因被乙胁迫而与乙办理了结婚登记手续，二人结婚不久，甲的父亲知道了此事，便起诉至人民法院请求撤销甲与乙的婚姻。此案中甲与乙是婚姻关系的当事人，婚姻关系具有很强的人身属性，是否要撤销甲乙之间的婚姻关系应当由与案件有直接利害关系的甲决定，甲的父亲与该案件没有直接的利害关系，因此，其不能以原告的身份进行诉讼。关于起诉人是否是符合"诉讼主体"的争议，主要判断起诉人是否是公民、法人或其他组织，其是否符合法律规定的诉讼主体资格。比如某大学计算机系因购买电脑与张三发生争议，于是该计算机系起诉至法院请求张三继续履行交付50台电脑的合同。被告张三对本案中原告的诉讼主体提出异议，对此争议焦点的分析，主要是判断该大学的计算机系是否是法人，能否具有诉讼主体的资格，一般来说，某大学是法人，具有诉讼主体资格，而某大学的计算机系只是大学的一个分支机构，不具有法人资格，因此，不能作为诉讼主体提起诉讼。

2. 关于是否属于人民法院受理民事诉讼的范围的争议。人民法院受案范围是民事诉讼理论和实践中的一个重大问题，在当事人对法院受理民事案件的范围产生争议时，关键应当明确民事法律所调整的对象，即平等主体间的社会关系。司法实践中，对民事案件的受理范围存在争议的，常常是因为主体间的地位不是平等关系，而是隶属关系。比如张三因为出差而向单位借款5000元，后来一直没有返还给单位，单位把张三起诉至法院要求其返还借款，张三认为该案不属于人民法院受理民事诉讼的范围而产生争议。分析该争议焦点的重点在于张三与该单位的关系以及借款的原因和用途，单位与张三之间是管理与被管理的隶属关系，双方不是平等的民事主体，张三因为出差向单位借款属于员工因履行职务行为向单位借款而引发的纠纷不属于民事法律调整的范畴，不应在人民法院民事案件受理范围之内。

3. 关于受诉人民法院管辖的争议。诉讼管辖是指各级法院之间以及不同地区的同级法院之间，受理第一审民商事案件、知识产权案件及其他各类案件的职权范围和具体分工。民事案件涉及管辖权争议的焦点多种多样，其中最集中、最常见的是级别管辖争议和地域管辖争议。级别管辖是指审判管辖中的一种，是各级审判机构对第一审案件管辖范围的划分，主要根据案件性质、情节轻重和影响范围大小来确定。案件的级别管辖争议，是指当事人对案件应当属于哪一级法院管辖意见不同。比如甲公司与乙食品厂签订了《月饼买卖合同》，合同约定：履行中发生的一切争议，由合同签订地的人民法院管辖。在合同履行中，食品厂迟延供货，导致甲公司错过了中秋期间的月饼供应，损失共计 640 万元。甲公司向合同签订地蓝城市南城区人民法院提起诉讼，要求食品厂承担赔偿责任。被告食品厂提出管辖异议，认为本案应由合同签订地的基层法院的上一级法院，也就是蓝城市中级人民法院管辖。这就是级别管辖争议，该案应当由哪一级法院管辖，需要看被告方提出的理由是否成立，被告指出本省高级人民法院有明确规定，基层人民法院只能受理诉讼标的额为 500 万元以下的一审民商事案件，本案中被告请求的损失赔偿高达 640 万元，所以南城区人民法院无权管辖。由此可见，根据省高院的规定，本案应当由合同签订地的基层法院的上一级法院，也就是蓝城市中级人民法院管辖比较合理。案件地域管辖争议可能是起诉条件争议焦点中最常见的争议，一般地域管辖的原则是"原告就被告"，即民事诉讼由被告所在地人民法院管辖。但是法律也有许多例外规定，有些案件法律明确规定由原告住所地人民法院管辖，涉及合同纠纷的法院管辖权更加复杂，法律规定当事人可以协商选择管辖的法院，即合同的双方当事人可以在书面合同中协议选择被告住所地、合同履行地、合同签订地、原告住所地、标的物所在地人民法院管辖。针对合同履行地如何进行法院管辖法律作了更加详细的规范。比如张三与李四未订买卖合同，约定张三购买李四的货物，价款 20 万元，并约定张三未及时付款或者李四未及时供货均应承担货款 20% 的违约金。合同签订后因为张三未及时付款发生纠纷，张三在自己住所地法院起诉李四要求其付款并承担违约责任。李四提出管辖权异议，认为本案应当由被告李四的住所地法院管辖。此案属于比较常见的地域管辖争议，该争议焦点的分析需要明确法律对该案件的管辖权是如何规定的，根据我国法律规定，合同约定履行地点的，以约定的履行地点为合同履行地。合同对履行地点没有约定或者约定不明确，争议标的为给付货币的，接收货币一方所在地为合同履行地；交付不动产的，不动产所在地为合同履行地；其他标的，履行义务一方所在地为合同履行地。本案中张三起诉的合同依据是李四未及时付款，接收货币一方的住所地为张三的住所地，所以，本案可以由合同履行地张三一方住所地法院管辖。

（二）案件证据争议焦点的分析。

案件证据争议焦点主要包括当事人对案件证据本身持不同意见和当事人对举证责任有不同的看法。因此，案件证据争议焦点的分析主要包含以下两个方面的内容。

1. 关于案件证据本身的争议焦点分析。案件证据本身的争议，在司法实践中比较常见，分析案件证据争议焦点需要运用综合分析法解决当事人关于证据的争议，要从案件证据的客观性、合法性、关联性以及证据的证明力等进行综合分析论证。对争议证据的客观性、合法性和关联性即证据"三性"的分析，是对证据资格的分析，也就是分析争议证据是否具有成为案件证据的能力，是否符合证据资格的标准。在理论上，一个证据材料只有同时具备"三性"时，才具有证据资格。对证据的证明力的分析，是分析争议证据能够对案件事实所产生什么样的证明作用，或者说分析争议证据对案件事实的证明价值。比如张三与李四结婚不久，因性格不合经常吵架，张三怀疑李四与其他女子有暧昧关系，某日，张三假称到外地出差，当晚回家发现李四与名叫王花的女子一起睡在自己家的床上，当即拍了照。于是张三起诉至法院，请求判令其与李四离婚，并要求李四赔偿自己因李四与王花同居所受到的精神损失费 2 万元。李四对张三提供的证据即照片提出了质疑，认为该证据不合法并且不能证明自己与王花有婚外同居关系。首先，本案证据的争议焦点是该证据是否合法的问题。本案的关键证据即照片是张三在自己家中拍摄的，照片的内容是自己的丈夫与其他女子睡在一起的情形，张三拍摄该照片并没有侵犯他人的合法权益，该证据主体合法，证据形式及取得证据的方式也均属合法，经过法庭质证之后，法庭应当可以采信。其次，本案证据的争议焦点是该证据能否证明李四与王花有婚外同居关系的问题。如果张三仅仅提供了丈夫李四与王花一起睡在张三家床上的照片，没有其他证据证明丈夫李四与王花经常在一起，则很难证明丈夫李四与王花有婚外同居关系的事实，婚外同居是指有配偶者与他们指有配偶者与婚外的异性不以夫妻名义，持续、稳定的共同居住的行为。本案的证据即照片只能证明张三的丈夫李四与王花有出轨行为，无法证明他们存在持续、稳定的共同居住的行为，如果要证明丈夫李四与王花有婚外同居关系的事实，张三必须提供其他证据进行佐证李四与王花存在持续、稳定的共同居住的行为。

2. 关于案件举证责任的争议焦点分析。举证责任是指民事案件当事人对其所主张的事实所负担的提供证据加以证明的责任。当事人一方需要对自己提出的诉讼请求所依据的事实或者反对、反驳对方诉讼请求所依据的事实，提供证据进行证明。在法院作出判决之前，当事人若不能就自己提出的诉讼请求提供证据加以证明或对自己反驳的诉讼请求加以证明，则应承担对其不利的后果。举证责任是民事法律纠纷中的疑难问题，由于各类案件的繁复纷杂，举证责任在民事诉讼中的如何分配无疑是民事案件举证责任争议的关键。比如原告张三诉请法院要求被告李四偿还借款2万元，其所提供的证据为李四2016年的借条，借条上有李四的签字。李四辩称，其未向张三借款，借条中的签名非其所签。原告张三遂申请法院进行笔迹鉴定。在法院的要求下，李四当庭书写了三十余份签名，法院将其送鉴定部门进行鉴定，但鉴定部门以样本不足无法鉴定为由予以退回，并要求提供2016年前后李四的签名样本。而李四声称找不到2016年的笔迹样本。本案中，原告张三主张与被告李四的借款合同关系成立，而李四予以否认，应当由原告张三承担举证责任，原告张三为了证明该签名为李四所签，申请法院进行笔迹鉴定，被告李四具有配合鉴定的义务，在被告李四已尽配合义务的情况下，因为现有技术原因导致无法得到鉴定结论，所以，此不利的后果不能由被告李四承担，更不能推定借条上的签名为李四所签。在这种情况下，应当认定原告张三尚未完成自己的举证义务，应当继续举证。如果不能举证，则应当承担败诉的后果。

（三）案件事实争议焦点的分析

分析案件事实争议焦点就是根据一系列证据按照一定的证据规则去判断那些有争议的事实是否是更合法、更合乎情理、更符合逻辑的客观事实（真相），或者是更接近真相的事实。一个案件事实的客观性与法律事实之间是有距离的，无论人们如何努力，都很难再现客观事实，我们在分析案件事实争议时，不要一味地力求事实真相和法律真相相吻合，而只能做到无限接近事实真相，尽可能地将法律真相还原事实真相。根据现有的证据材料，按照证据规则，分析案件争议事实，对案件事实作出合理推断与认定，这种合理推断、认定，是相对的，不是绝对的。因此，司法实践追求的是法律事实尽量符合客观事实，也就是法律事实与客观事实统一。实际上，法律事实不可能全部还原客观事实，只能是尽量接近客观事实。试举一例进行说明，比如2019年10月1日，张三向李四借款2万元，李四交付借款后，张三依约向李四出具借条一张：今向李四借款贰万元整（20000元），2019年12月1日之前归还。到期后，张三并未还款，于是李四拿着欠条到张三家催要，双方产生冲突，张三随即将借条夺走并撕毁。幸亏李四提前把借条复印了一份，后李四拿着借条的复印件向人民法院起诉，主张该借条原件系被被告夺走而撕毁，被告并未还款，要求归还欠款，而被告张三辩称其与原告之间不存在借款关系。本案属于民间借贷法律关系，原告李四作为债权人起诉被告张三，首先应当对债务关系的实际存在承担举证责任。其次，在证明借款关系存在的基础上，从日常生活经验法则分析，借条作为债权凭证，债务人还款后一般会将借条撕毁，以明债务履行完毕。本案证明债权关系存在最关键的证据是原始借条，现在李四没有借条原件，应如何解决张三和李四之间的借贷事实的争议。根据《最高人民法院关于民事诉讼证据的若干规定》第九十条规定，无法与原件、原物核对的复制件、复制品，不能单独作为认定案件事实的根据；另外根据《最高人民法院关于适用〈中华人民共和国民事诉讼法〉若干问题的意见》第七十八条规定：证据材料为复制件，提供人拒不提供原件或原件线索，没有其他材料可以印证，对方当事人又不予承认的，在诉讼中不得作为认定事实的根据。由此可见，本案中，李四只提供借条的复印件，不能提交借条原件，又没有其他证据材料可以印证借贷关系的存在，被告张三又不予承认，所以，该借条复印件在诉讼中不得作为认定事实的根据，故由李四承担举证不能的不利后果。虽然本案的客观事实很可能是张三没有还李四的 2 万元钱，但是根据现有证据材料和证据规则进行合理推断和认定案件的法律事实，原告李四只能承担因其举证不能而带来的不利诉讼后果。如果本案中，张三撕毁借条后，李四及时报警，警察到现场进行了处理，出警记录上记载了李四去问张三要钱，张三强行撕毁借条的经过。那么，出警记录的证据不仅证明了李四不能提供借条原件的正当性，而且借条复印件也与出警记录的证据之间相互印证，李四的请求就可以得到支持。

（四）法律适用争议焦点分析

一般而言，只要当事人双方在法律适用问题上存在争议，该争议对案件的处理结果有影响，就应当把法律适用问题作为争议焦点。法律适用争议焦点主要是当事人对法律规范不同理解产生的争议。分析法律适用争议焦点，需要对当事人关于法律适用的不同观点进行说明，并根据现行法律规定，对案件应当适用的法律进行分析，从而解决当事人之间的法律争议。试举一例予以说明，比如张三与李四婚后感情不和，后来双方协议离婚，离婚时约定。张三将夫妻共有房屋中自己的份额全部自愿赠送给 10 岁的儿子张五。离婚后，李四与儿子张五共同居住在该房屋内，张三一直没有办理房屋变更登记手续。一年后，张三起诉至法院要求撤销该赠与行为，并分割该房屋。张三的观点主要有以下几点：其一，离婚时张五才 10 岁，是限制民事行为能力人，不能独立接受赠予；其二，离婚协议书中虽然有赠与张五房产份额的内容，但是张五没有在协议书上签字，因此，赠与合同既不成立，也不生效；其三，即使赠与合同成立，张三也有权撤销该赠与合同，并请求分割该房屋。

关于第一个争议焦点即 10 岁的张五能否独立接受赠与的问题。《民法典》第十九条规定"八周岁以上的未成年人为限制民事行为能力人，实施民事法律行为由其法定代理人代理或者经其法定代理人同意、追认；但是，可以独立实施纯获利益的民事法律行为或者与其年龄、智力相适应的民事法律行为。"根据本条规定，10 岁的张五虽然是限制民事行为能力人，但由于接受赠与属于纯获利益的行为对其有利无害，因而他可以独立接受赠与，张三不得以张五是限制民事行为能力人为由，主张赠与无效。本案第二个争议焦点是张五没有在协议书上签字，该赠与合同是否成立和有效的问题。分析该争议焦点的关键是厘清涉及该问题的相关法律规定，我国《民法典》第六百五十七条规定："赠与合同是赠与人将自己的财产无偿给予受赠人，受赠人表示接受赠与的合同。"由此可见，赠与合同只要双方当事人意思表示一致即可成立，此意思表示的形式在法律上没有进行限制，可以采用口头形式，也可以采用书面形式，因此，张五没有在协议书上签字，不能说明赠与合同不成立或者无效。若张三没有证据证明受赠人张五不接受该赠与，则应推定受赠人张五作出接受赠与的意识表示，所以，本案中应当认定张三自愿赠与张五房产份额的赠与合同成立。但合同的成立并不意味着合同的生效，赠与合同的生效需要满足其生效要件。根据《民法典》第六百五十九条规定："赠与的财产依法需要办理登记手续的，应当办理有关手续。"也就是说，普通的房屋赠与合同需要办理相关手续才能生效，本案中原告张三一直没有办理房屋变更登记手续，所以，本案的赠与合同虽成立但未生效。本案第三个争议焦点是张三能否撤销赠与合同。《民法典》第六百五十八条规定："赠与人在赠与财产的权利转移之前可以撤销赠与。具有救灾、扶贫等社会公益、道德义务性质的赠与合同或者经过公证的赠与合同，不适用前款规定。"根据本条规定，赠与人对赠与合同享有任意撤销的权利。只要赠与财产的权利没有转移，赠与人可以根据自己的意思撤销赠与，不再履行赠与行为。另外根据《民法典》第二百零九条规定："不动产物权的设立、变更、转让和消灭，经依法登记，发生效力；未经登记，不发生效力，但法律另有规定的除外。"本案中，虽然张三在离婚协议书中明确表示自愿把自己的房产份额赠与儿子张五，但是因为房屋属于不动产物权，必须依法进行变更登记，才发生效力，张三没有进行房产变更登记，所以该房屋的所有权并没有转移。本案中，张三的赠与合同也不属于救灾、扶贫等社会公益、道德义务性质的赠与合同或者经过公证的赠与合同，因此，根据《民法典》第六百五十八条之规定张三有权撤销该赠与合同，并请求分割该房屋，以维护自己的权益。

三、教学示范

教师提供民事案件资料，示范和引导学生分析案件争议焦点。教师可以综合运用讲授法、讨论法、问答法、示范法等教学方法完成本阶段课堂教学任务。

【案例材料】

张怀北，1987 年生，2014 年 10 月 15 日与孙孝芝结婚，婚后夫妻感情融洽，二人没有生育子女。2017 年 6 月 18 日张怀北去外地做生意，乘坐的轮船在江上航行时突然遭遇风暴天气，轮船剧烈颠簸，船上人员惊慌失措，虽然船员尽力控制轮船，意图避免风暴的影响，但最终因为天气恶劣导致轮船不幸沉没，张怀北失踪，搜索人员搜救了三天三夜并没有找到张怀北的遗骸，当地的公安部门出具了张怀北不可能生存的证明。张怀北的妻子孙孝芝得到张怀北遭遇不幸的消息后，痛苦万分，但孙孝芝总抱着一线希望，认为找不到丈夫张怀北的遗骸，说明他不一定死亡，孙孝芝曾经两次去出事附近的江边寻找打听丈夫张怀北的下落，但是没有找到关于张怀北的任何信息。

张怀北出事两年后，孙孝芝对其生存已经不再抱有幻想，2019 年 9 月 15 日，张怀北的妻子孙孝芝向其住所地的人民法院申请宣告张怀北死亡，以便终结婚烟关系，继承遗产。张怀北的母亲已经去世，父亲张殿志每天惦记着儿子，因为没有找到儿子的遗骸，张殿志总认为自己的儿子还活在世上，虽然不希望儿媳申请宣告张怀北死亡，但是没有儿子的任何音讯，也没有理由拒绝儿媳的行为。人民法院受理孙孝芝的申请后，依照《民事诉讼法》的规定，发出了寻找失踪人的公告，3 个月的公告期届满后，仍未有张怀北的任何消息。2019 年 12 月 21 日，人民法院作出判决：宣告失踪人张怀北死亡。

张怀北被宣告死亡之后，对张怀北和孙孝芝的夫妻共有财产进行了分割，确定张怀北的遗产价值 80 万元。张怀北的妻子孙孝芝和父亲张殿志分别作为第一顺序的继承人，继承了张怀北的遗产，孙孝芝继承了价值 40 万元的房产，张殿志继承了价值 40 万元的动产。

2020 年 3 月 12 日孙孝芝与杜石梁再婚，二人在一起生活不到 1 个月，孙孝芝不幸在一次车祸中丧生。2020年12月15日，张殿志得知，张怀北在轮船失事后并未死亡，而是借助一块木板漂浮到岸边，被当地农民胡昌信救起，并奇迹般地活了下来。在胡昌信的照顾下，张怀北身体渐渐康复，但不幸又患重病，直到2020年3月身体才恢复正常。6月15日张怀北与胡昌信一起去镇上买东西，回来的路上不慎被一只流浪狗咬伤了，胡昌信把张怀北带到镇医院包扎了一下伤口，便回到了胡昌信的住处，结果当天晚上张怀北高烧不退，胡昌信赶紧把张怀北送往医院救治，经过医院诊断张怀北可能感染了狂犬病。张怀北让医生李思民代书一份遗嘱，胡昌信为遗嘱见证人，遗嘱指定将其全部遗产由张殿志继承，李思民和胡昌信在遗嘱上签字并注明年月日，张怀北也签名摁了手印并写明日期，两天后张怀北医治无效，离开了人世。帮助张怀北养伤的农民胡昌信辗转找到了张殿志，将张怀北生前所立的代书遗嘱交给了张殿志。

2021年3月12日，张殿志向人民法提出申请，要求撤销对张怀北的死亡宣告，同时诉请对张怀北的全部遗产按照张怀北实际死亡之前所立遗嘱进行处理，由其继承张怀北全部遗产，孙孝芝的其他继承人应退还原属于张怀北的房产。

【教学步骤】

1. 让学生仔细阅读案件资料，了解案件基本事实及原告请求和被告辩驳，明确当事人之间的争议焦点。

2. 引导和示范学生分析案件的争议焦点。

3. 根据上述案件资料，在示范学生分析案件争议焦点时，引导学生掌握分析案件争议焦点的技巧。

本案案件的争议焦点的分析：

1. 人民法院是否可以撤销对张怀北的死亡宣告。分析人民法院是否可以撤销对张怀北的死亡宣告的关键是要弄清楚撤销宣告死亡的法定条件。根据我国《民法典》第五十条规定："被宣告死亡的人重新出现，经本人或者利害关系人申请，人民法院应当撤销死亡宣告。"由此可见，撤销宣告死亡必须具备三个条件：其一，有被宣告死亡人存活的事实；其二，有本人及利害关系人提出申请，利害关系人范围与宣告死亡申请人范围相同；其三，由人民法院作出撤销宣告死亡判决。本案中，虽然张怀北的利害关系人即其父亲张殿志提出了撤销张怀北死亡宣告的申请，但是申请时张怀北已经自然死亡，不符合撤销宣告死亡的条件，所以，本案中，人民法院不可以撤销对张怀北的死亡宣告。

2. 张怀北生前所立遗嘱是否有效，张殿志能否按照遗嘱内容继承张怀北全部遗产。张怀北生前所立遗嘱是否有效涉及两个问题：一是该遗嘱是否符合遗嘱生效的一般要件。首先，张怀北生前立遗嘱时是完全民事行为能力人，其意思表示真实，处分的是自己的合法个人财产，符合立遗嘱的实质要件；其次，张怀北生前所立遗嘱是代书遗嘱，根据我国继承法的规定，代书遗嘱应当有两个以上无利害关系的见证人在场见证，由其中一人代书，注明年、月、日，并由代书人、其他见证人和遗嘱人签名。本案中，张怀北的遗嘱是由医生李思民代书，胡昌信作为遗嘱见证人，二人均为无利害关系人，该遗嘱符合遗嘱的形式要件。所以，张怀北生前所立遗嘱符合遗嘱生效的一般要件。二是被宣告死亡人在自然死亡前所立遗嘱是否有效的问题。我国《民法典》第四十九条规定："自然人被宣告死亡但是并未死亡的，不影响该自然人在被宣告死亡期间实施的民事法律行为的效力。"本案中，张怀北虽然被宣告死亡，但是其自然死亡之前是完全民事行为能力人，其依法实施的民事法律行为即所立的遗嘱仍然有效，张怀北所立遗嘱内容与其被宣告死亡时的遗产分配相抵触，应当按照张怀北所立遗嘱内容处分其遗产。综上所述，本案张怀北生前所立遗嘱有效，张殿志能够按照张怀北所立遗嘱内容继承张怀北全部遗产。

四、实务训练素材

案例材料 1

2021 年 4 月 12 日，原告马光来、马腾飞、刘全财诉称：2015 年 5 月 15 日，张广东与蒋春夫、黄继业合伙在涡阳县石弓镇石羊村开办了"东风砖窑厂"。后黄继业、蒋春夫相继退伙，2016 年 1 月 15 日，原告马光来、马腾飞、刘全财接替入伙，入伙时约定合伙期限 3 年。合伙期间，三原告不直接参与经营，砖窑厂所有业务、账务均由被告张广东掌管，账务管理存在漏洞，几年来所分的盈利连贷款的利息都不够。2018 年 10 月 20 日，三原告与被告达成退伙协议，三原告退出合伙组织，合伙企业由被告张广东独自经营，被告分期退还三原告股份股金人民币 100 万元（马光来 35 万元，马腾飞 35 万元，刘全财 30 万元），具体如下：1. 2019 年 1 月 10 日前支付原告马光来人民币 5 万元、马腾飞人民币 5 万元、刘全才人民币 10 万元；2019 年 6 月 30 日前支付原告马光来人民币 30 万元、2019 年 12 月 30 日前支付原告马腾飞人民币 30 万元、2020 年 6 月 30 日前支付原告刘全才人民币 20 万元；2. 如果被告未按时支付，一个月后，按照所欠金额的 10% 支付违约金及相应年息，满一年及一年后仍未支付，按照所欠金额的 20% 支付违约金及年息；3. 2021 年 1 月 1 日后，被告仍未支付的，三原告有权通过法律途径要求被告归还所欠股金，支付约定的违约金及年息。三原告与被告均在上述退伙协议上签字。协议达成后，被告不积极履行约定义务，2019 年底被告支付原告刘全财 10 万元，支付原告马腾飞 5 万元，支付原告马光来 5 万元，后被告以无钱为由拒绝支付。三原告当初入伙资金都是银行贷款，这些年利息就支付了数十万。然而被告能花钱购置挖掘机、铲车、翻修房屋，却没钱还账。无奈三原告现提起诉讼，要求被告张广东分别退还原告马光来、马腾飞、刘全财出资 30 万元、30 万元、20 万元，分别支付给原告马光来、马腾飞、刘全财违约金 3 万元、3 万元、2 万元，按照中国农业银行同期贷款利率支付三原告从 2018 年 10 月 20 日至还款之日的利息，并承担本案案件受理费。

被告张广东辩称：三原告与被告成立的合伙企业是合法的，三原告与被告虽然达成退伙协议，但三原告并未实际退伙，工商登记上三原告仍然是合伙人，退伙无效，被告只能按照三原告实际出资额退还股金、支付利息。

经查，2015 年 5 月 15 日，张广东与蒋春夫、黄继业合伙在涡阳县石弓镇石羊村开办了"东风砖窑厂"，法定代表人为张广东。2015 年 10 月，黄继业与蒋春夫相继退出合伙，2016 年 1 月 15 日，原告马光来出资 30 万元、原告马腾飞出资 30 万元、原告刘全财出资 25 万元加入合伙，入伙时约定合伙期限 3 年，合伙到期后如果大家愿意继续合作，可以重新签订合伙协议，续展合伙期限。2016 年 10 月，三原告与被告四人各出资 5 万元购买制砖机两台。2018 年 10 月 20 日，三原告与被告达成书面退伙协议，该协议主要内容为：三原告退出合伙组织，合伙企业由被告独自经营。被告分期退还三原告出资人民币 100 万元，其中原告马光来 35 万元、原告马腾飞 35 万元、原告刘全财 30 万元，具体如下：1. 2019 年 1 月 10 日前支付原告马光来人民币 5 万元、马腾飞人民币 5 万元、刘全才人民币 10 万元；2019 年 6 月 30 日前支付原告马光来人民币 30 万元、2019 年 12 月 30 日前支付原告马腾飞人民币 30 万元、2020 年 6 月 30 日前支付原告刘全才人民币 20 万元；2. 如果被告未按时支付，一个月后，按照所欠金额的 10% 支付违约金及相应年息，满一年及一年后仍未支付，按照所欠金额的 20% 支付违约金及相应年息（利率按中国农业银行同期贷款利率计算）；3. 2021 年 1 月 1 日后，被告仍未支付的，三原告有权通过法律途径要求被告归还所欠金额，支付约定的违约金及年息（利率按中国农业银行同期贷款利率计算）。三原告与被告均在该退货协议上签字。2019 年底被告支付原告刘全财 10 万元，支付原告马腾飞 5 万元，支付原告马光来 5 万元，后三原告要求被告继续履行该协议未果。现三原告要求被告张广东分别退还原告马光来、马腾飞、刘全财所出资金 30 万元、30 万元、20 万元，按照中国农业银行同期贷款利率支付三原告从 2018 年 10 月 20 日起至还款之日的利息，分别支付原告马光来、马腾飞、刘全财违约金 3 万元、3 万元、2 万元，并承担本案案件受理费。

案例材料 2

2021 年 6 月，孙明辉、孙明君、孙明英起诉至法院称：我们的母亲周泓颖于 2003 年 11 月 10 日与崔玉海的父亲崔西运再婚，周泓颖在 2009 年用自己 30 年工龄及 28 年教龄的资格和 25000 元现金购买了位于天津市南开区新华东街莲花家园 12 号楼 2 单元 1002 号房屋（以下简称 1002 号房屋）的产权，该房屋属于崔西运与周泓颖夫妻共同财产。由于崔玉海整日酗酒，二老的日常生活起居及生病照顾主要由我们三人负责。2018 年 10 月，周泓颖身体不适住进了天津市第二人民医院，并于 2018 年 11 月 12 日立下遗嘱，立遗嘱时有三名医护人员黄龄娟、胡宗麟、胡宗先及邻居姜大武在场见证。遗嘱中说明，被继承人死亡后，其所购买的 1002 号房屋由老伴继续居住，待老伴百年之后，其所属的 1002 号房屋的一半归我们三人所有。我们考虑到崔西运的身体状况及心理接受能力，在崔西运生前并未提及。现崔西运已于 2019 年 7 月过世，为维护合法权益，诉请法院判令：我们三人依周泓颖遗嘱，按份共有 1002 号房屋的一半产权。

崔玉海、崔福志辩称：1002 号房屋是崔西运在单位福利分房后购买的房屋，虽然同时使用了周泓颖的工龄，但购房款全部由崔西运支付。二老生前一直是与崔西运的孙子崔福志共同生活，孙明辉、孙明君、孙明英并未与二老一起生活，也没有照顾过他们。2016 年周泓颖被确诊为肠癌，曾在天津市第二人民医院治疗，后出院回家休养。2017 年崔福志出国后，崔西运和周泓颖主要是由保姆照顾日常生活。2019 年 4 月 12 日，崔西运立下自书遗嘱，将其遗产全部赠与崔福志。对于孙明辉、孙明君、孙明英所说周泓颖的遗嘱，上面没有注明具体时间，也不能体现遗嘱是如何打印形成的。故不相信该遗嘱的真实性，也不相信这是出自周泓颖的本意。基于以上理由，我们不同意孙明辉、孙明君、孙明英的诉讼请求。

经查：被继承人周泓颖、崔西运系再婚夫妻，二人于 2003 年 11 月 10 日登记结婚。孙明辉、孙明君、孙明英系周泓颖的子女，崔玉海系崔西运的儿子，崔福志系崔玉海的儿子、崔西运的孙子。周泓颖于 2018 年 11 月 14 日去世，崔西运于 2019 年 7 月 20 日去世。

1002 号房屋系以崔西运为买方，按照房改政策，于 2009 年 11 月 10 日向其所在单位天津财经大学购买之公有住房，产权证填发日期为 2010 年 3 月 22 日，登记的所有权人为崔西运，建筑面积为 98.26 平方米。经原告与被告双方同意，委托天津华夏置业房地产评估咨询有限公司对 1002 号房屋的市场价值进行评估。天津华夏置业房地产评估咨询有限公司于 2021 年 4 月 15 日出具华夏评（2021）字第 045 号《房地产估价报告》（以下简称评估报告），确定估价对象在估价时点 2021 年 4 月 15 日的公开市场价值评估结果为：估价总价 2456500 元，单价每平方米 25000 元。

孙明辉、孙明君、孙明英主张：周泓颖于 2018 年 11 月 12 日立有一份代书遗嘱，该遗嘱由周泓颖所住医院医护人员黄龄娟代为打印，经周泓颖签名并按捺指印后，由医护人员黄龄娟、胡宗麟、胡宗先及邻居姜大武签字证明。孙明辉、孙明君、孙明英提交的周泓颖遗嘱内容为："我叫周泓颖，2003 年 11 月 10 日与现老伴崔西运再婚，于 2009 年老伴崔西运单位福利分房可购买产权，当时我用自己 30 年工龄及 28 年教龄和 25000 元现金与老伴一起买下 1002 号房屋产权。我死后 1002 号房屋由老伴崔西运继续居住，待老伴崔西运百年后该房的一半财产归我的三个儿女（孙明辉、孙明君、孙明英）所有。"该遗嘱是由医院大夫代为打印的，遗嘱证明人处有"姜大武"的签名，周泓颖及其他证明人亦先后在遗嘱中签名，但没有注明日期。崔玉海、崔福志对上述遗嘱的真实性、有效性不予认可。

另，崔玉海、崔福志主张：崔西运于 2019 年 4 月 12 日立有一份自书遗嘱，该遗嘱由崔西运自行书写并签署日期，由同事刘西坤、张广科签字证明。崔玉海、崔福志提交的崔西运遗嘱内容为："本人崔西运，男，1933 年 12 月 15 日生人，本人系天津财经大学离休干部。由于我年岁已高，年老多病，加上最近骨折后手术，行动不便，生活非常困难。为了今后生活所需，立下遗嘱。1. 我原老伴苏筱涓于 2002 年 11 月去世，后与老伴周泓颖于 2003 年 11 月结婚，婚后家庭一切费用都由我一个人承担，老伴因肠癌晚期，住院两年多，进行过三次手术，多次化疗，于 2018 年 11 月 14 日去世。2. 我现在住在天津市南开区新华东街莲花家园 12 号楼 2 单元 1002 号房屋，房产证编号 358525 号，属福利分房，房款由我本人全部付清。为了避免以后产生不必要的纠纷，我愿将此房赠予我孙子崔福志。3. 由于我年事已高，行动不便，生活需要人照顾，今后我晚年生活完全由我孙子崔福志赡养。我的工资收入由崔福志保管，按我本人意愿支配。我百年后的一切事宜均由我孙子崔福志操办，丧葬费、抚恤金、所有补助金和支出费用全都由孙子崔福志管理与支配，其他人不得干涉。4. 我去世以后，属于我个人的财产全部归我孙子崔福志个人所有，属于崔福志的个人财产。以上此遗嘱均属我个人意愿的表达。"该遗嘱落款处有崔西运的签名及立遗嘱日期，以及证明人刘西坤、张广科的签名及签署的日期。证人刘西坤、张广科提供的证人证言，均证明上述遗嘱系由崔西运书写并签名后，由本人签字予以证明。

孙明辉、孙明君、孙明英对上述遗嘱的真实性表示认可，但认为此为遗赠扶养协议，因崔福志自2019年4月12日至崔西运去世之前未尽到赡养义务，故遗赠扶养协议无效。事实上，崔福志于2017年因留学出国在外，崔西运自2018年起雇用保姆照顾日常生活。

五、实务训练过程

1. 学生按照预先分配的小组坐在一起，各组组长抽取本组实务训练素材的案例。

2. 各组针对本组抽取的案例，进行小组讨论，在概括案件争议焦点的基础上，分析案件的争议焦点。

3. 各组通过讨论，分析案件争议焦点，并在作业纸上完整写出小组分析的案件争议焦点。

4. 各组推荐一位同学到讲台上展示本组分析的案件争议焦点，并提交小组分析的案件争议焦点的纸质版。

5. 每组展示成果后，由其他组的同学对该组分析的案件争议焦点进行点评，教师进行总结，并给出比较客观合理的评分。

单元课后练习

要求：反复阅读案件，掌握案件的基本事实和案件当事人主张，明确案件当事人的权利和义务，准确概括案件争议焦点，并合理分析案件争议焦点。

案例材料 1

2021年6月25日，赵春惠向原审法院起诉称：2021年5月20日上午10时许，我前往天津市南开区新华路富瑞亨通商贸有限公司（以下简称福瑞亨通公司）经营的福瑞亨通超市购物，行走至蔬菜区域下台阶时，脚下一滑仰面倒在地上，致我受伤。超市的管理人员明知我倒地受伤，竟一直无人过来询问我的伤情，帮助我联系医院，后来我打电话叫来女儿之后，陈翠融夫妇才帮忙将我送至天津市南开区第二人民医院救治。我的伤情经诊断为左踝骨折，需要住院进行手术治疗，我在住院期间福瑞亨通公司既没有派人过来了解情况，安抚病人及其家属，也没有支付任何医疗费用。出院后，我需卧床休息，经医生诊断，我1年后还需手术取出植入的钢板，仍需一笔费用，届时是否存在伤残仍需鉴定，相关费用在确定后再行主张。现双方就赔偿事宜协商未果，故诉至法院，要求判令福瑞亨通公司和陈翠融共同赔偿我医疗费28000元、住院期间护理费1500元、餐费500元、出院后护理费5000元、交通费1500元、拐杖费用200元，共计36700元。

福瑞亨通公司辩称：我公司经营超市属于合法经营，国家的相关规定我公司都已经做到了。超市进出口处都设有相关标志，我公司对地面做了相应的防滑措施。赵春惠作为一个成年人，由于自己不慎意外摔倒，完全是自己的过错造成的受伤后果，责任应当由赵春惠自己承担，我公司对赵春惠的受伤不存在过错，故不同意赔偿赵春惠的损失。

陈翠融辩称：赵春惠所述与事实不符。事发当时下雨，买菜的人很多，我一直都在拖地。赵春惠何时进入超市我并不清楚。赵春惠是在超市果蔬区附近台阶处摔倒的，看到赵春惠倒在地上，我和我丈夫一起将赵春惠扶起，并打电话给赵春惠的家人，之后我和我丈夫一起帮忙将赵春惠送往医院治疗，我还帮赵春惠垫付过部分医疗费。我只是租赁超市的一个区域经营果蔬生意，不负责超市地面的保洁卫生管理，赵春惠不慎滑倒受伤与我无关，我不应当赔偿其损失。

经查：2021年5月20日上午10时许，在天津市南开区新华路福瑞亨通超市内，赵春惠在该超市西南角果蔬区附近台阶处不慎滑倒，致赵春惠受伤。事发后，赵春惠被送往天津市南开区第二人民医院救治。经医院诊断，赵春惠的伤情为：左踝关节骨折。2021年5月20日至2021年6月15日，赵春惠在天津市南开区第二人民医院住院治疗15日。赵春惠提交了陈翠融签字确认的"事情经过"一份，载明：2021年5月20日上午10时左右，赵春惠在福瑞亨通超市蔬菜区附近的台阶处，因台阶处有积水，不慎滑倒。经天津市南开区第二人民医院诊断为骨折，当时台阶处无任何警示标识。

福瑞亨通公司为天津市南开区新华路福瑞亨通超市的经营人。福瑞亨通公司将该超市西南角果蔬区租赁给陈翠融经营，超市的保洁卫生管理由福瑞亨通公司负责。

经核实，赵春惠的合理损失为：医疗费28000元、餐费300元、护理费4300

元、交通费 300 元、拐杖费用 100 元，共计 33000 元。

案例材料 2

2021 年 5 月 12 日，胡芳勤起诉至法院称：2017 年 4 月 15 日，我与张继亮登记结婚，并于 2019 年 8 月 12 日生一女张思纯。此后，双方因性格不合，导致感情破裂。张继亮经常对我侮辱打骂，后来对我实施家庭暴力。现双方感情已彻底破裂，无法共同生活，故我诉至法院要求：1. 与张继亮离婚；2. 张思纯由我抚育，张继亮每月支付抚育费 5000 元；3. 石家庄市南城区东华北路 12 号院 6 号楼 1 单元 1201 号（以下简称 1201 号房屋）归我所有。此外，我要求按 60% 的比例分割夫妻共同财产。

张继亮辩称：胡芳勤的陈述不符合事实。我与胡芳勤经常发生争吵的主要原因是胡芳勤及其家人人格分裂，神经有问题，经常做出一些常人难以理解的行为。我与胡芳勤为琐事发生争吵后，胡芳勤会自己打自己，实施自残行为，甚至试图跳楼威胁我；胡芳勤的家人有时到我家也会情绪失控，在我家大吵大闹，甚至摔坏我家的物品，并强行把我女儿张思纯抱走，不再让我见孩子。2021 年 4 月，胡芳勤就开始找律师要求与我离婚，并向我索要上百万元的财产，而我在自主创业初期，事业刚刚起步，还没有步入正轨，收入一直不稳定。我现在同意离婚，但我认为胡芳勤和其家人精神不正常，无法抚育张思纯，故我要求张思纯由我自己抚育。我非常喜欢小孩，能够科学抚养、教育孩子。我要求 1201 号房屋归我所有，我愿意按 50% 的比例支付给胡芳勤房屋折价款。我不同意胡芳勤要求按照 60% 的比例分得夫妻共同财产，我要求夫妻共同财产一人一半。

经查：胡芳勤与张继亮于 2015 年 6 月底经朋友介绍相识，两人相处融洽，恋爱将近三年，双方家长便谈婚论嫁，二人于 2017 年 4 月 15 日登记结婚。胡芳勤与张继亮均系初婚。双方婚后初期感情尚可，女儿张思纯于 2019 年 8 月 12 日出生，本以为女儿的降生能够改善夫妻关系，结果女儿张思纯出生后胡芳勤与张继亮的夫妻关系越来越差，胡芳勤经常抱怨张继亮不关心女儿，甚至女儿生病住院张继亮都不能及时过去照看，二人多次发生争吵，甚至大打出手，影响了夫妻感情。故胡芳勤诉至法院要求与张继亮离婚。张继亮同意离婚。现张思纯随胡芳勤共同生活，胡芳勤要求抚育张思纯，张继亮不同意，要求自己抚育张思纯。

胡芳勤与张继亮在婚姻关系存续期间，以贷款方式购买了 1201 号房屋一套。2019 年 5 月 18 日，1201 号房屋的所有权证书下发，登记的所有权人系胡芳勤与张继亮，二人共同共有 1201 号房屋。双方均认可 1201 号房屋的价值为 180 万元，亦认可尚有购房贷款 60 万元未清偿。现在 1201 号房屋内有胡芳勤与张继亮共同购买的家具家电若干。胡芳勤要求分得 1201 号房屋，并要求按 1201 号房屋净价值的 40% 支付张继亮折价款，张继亮不同意。

胡芳勤、张继亮表示不申请查询对方的存款情况。双方的存款归各自所有，除了房贷之外，夫妻双方没有其他共同债务，夫妻共同财产主要是 1201 号房屋及房屋内胡芳勤与张继亮共同购买的家具家电等日常用品，胡芳勤与张继亮均同意根据法院判决 1201 号房屋归谁所有，房屋内的共同财产就归谁，获得房屋所有权的一方支付给另一方 1 万元作为对房屋内共同财产的补偿。

本单元案例材料参考答案要点：

学习任务一之实务训练素材（案例材料 1）参考答案要点

本案当事人的主要权利和义务有：

1. 原告张洁云有下列权利和义务

（1）向人民法院提起诉讼的权利；

（2）胜诉后申请执行判决的权利；

（3）收集、提供证据的权利和义务；

（4）按规定交纳诉讼费用的义务。

2. 被告陈翠芳有下列权利和义务

（1）有对案件提出管辖异议的权利；

（2）有承认或者反驳原告的诉讼请求的权利；

（3）向法院提供准确的送达地址和联系方式的义务。

3. 原告张洁云与被告陈翠芳共有的权利和义务有：

（1）有提起上诉的权利；

（2）有请求调解和和解的权利；

（3）委托诉讼代理人的权利；

（4）按时到庭参加诉讼的义务；

（5）遵守诉讼秩序的义务；

（6）履行已经发生法律效力的判决书、裁定书和调解书的义务。

学习任务一之实务训练素材（案例材料 2）参考答案要点

本案当事人的主要权利和义务有：

1. 原告天津市河海广元门窗有限责任公司有下列权利和义务

（1）向人民法院提起诉讼的权利；

（2）胜诉后申请执行判决的权利；

（3）收集、提供证据的权利和义务；

（4）按规定交纳诉讼费用的义务。

2. 被告天津市红桥区通达海天建筑工程公司有下列权利和义务

（1）有承认或者反驳原告的诉讼请求的权利；

（2）有按规定向法院提供证据的义务；

（3）向法院提供准确的送达地址和联系方式的义务。

3. 原告天津市河海广元门窗有限责任公司与被告天津市红桥区通达海天建筑工程公司共有下列权利和义务：

（1）有提起上诉的权利；

（2）有请求调解和和解的权利；

（3）委托诉讼代理人的权利；

（4）按时到庭参加诉讼的义务；

（5）遵守诉讼秩序的义务；

（6）履行已经发生法律效力的判决书、裁定书和调解书的义务。

学习任务二之实务训练素材（案例材料 1）参考答案要点

本案的争议焦点有：1. 元氏县城西镇左家庄村 18 号院内全部房产是否属于彭晓英和施春磊夫妻共有财产；2. 元氏县城西镇左家庄村 18 号院内的房产应如何分配。

学习任务二之实务训练素材（案例材料 2）参考答案要点

本案的争议焦点有：原告王江华上房整理电线、修理树权的行为与被告陈方雨、蒋全兴、周世鹏之间是否构成义务帮工关系。

学习任务三之实务训练素材（案例材料 1）参考答案要点

本案案件的争议焦点分析

1. 三原告退伙时未进行工商变更登记，退伙是否无效。退伙时未进行工商变更登记，退伙是否无效取决于我国法律对退伙的规定以及合伙的性质。根据我国《合伙企业法》第四十五条规定："合伙协议约定合伙期限的，在合伙企业存续期间，有下列情形之一的，合伙人可以退伙：（一）合伙协议约定的退伙事由出现；

（二）经全体合伙人一致同意；（三）发生合伙人难以继续参加合伙的事由；（四）其他合伙人严重违反合伙协议约定的义务。"本案中，三原告马光来、马腾飞、刘全财入伙时虽然与原告张广东签订了合伙三年的合同，但是在合伙期间，经全体合伙人马光来、马腾飞、刘全财及张广东一致同意，三原告马光来、马腾飞、刘全财退出合伙，并签订了退伙协议，所以，三原告马光来、马腾飞、刘全财退伙符合法律规定，该退伙协议合法有效。我国《合伙企业法》第十三条规定："合伙企业登记事项发生变更的，执行合伙事务的合伙人应当自作出变更决定或者发生变更事由之日起十五日内，向企业登记机关申请办理变更登记。"本案三原告退出合伙，应当依法进行工商变更登记。变更登记只是对外的一种公示效力，根据合伙的性质，没有进行变更登记三原告对合伙企业所负债务仍需承担连带责任。但是退伙协议是合伙人的内部协议，即使没有进行变更登记，退伙协议仍然在合伙人内部发生效力，本案不涉及合伙外部责任的问题，所以，被告张广东以三原告退伙时未进行工商变更登记，退伙无效的理由不成立。

2. 被告是否应当支付三原告违约金。根据我国《民法典》第四百六十五条的规定："依法成立的合同，对当事人具有法律约束力。当事人应当按照约定履行自己的义务，不得擅自变更或者解除合同。依法成立的合同，受法律保护。"本案中三原告与被告签订的退伙协议符合法律规定，合法有效，退伙协议中对被告退还三原告出资及所得收益的数额、期限、支付利息和违约金均有明确约定，该约定不违背法律规定。三原告主张按照约定违约金的最低比例支付违约金有法可依，有据可查，应当予以支持，故被告应当按照退伙协议的约定支付三原告违约金。

学习任务三之实务训练素材（案例材料2）参考答案要点

本案案件的争议焦点分析：

1. 位于天津市南开区新华东街莲花家园12号楼2单元1002号房屋是否是周泓颖与崔西运的夫妻共同财产。我国《民法典》第一千零六十二条规定："夫妻在婚姻关系存续期间所得的下列财产，归夫妻共同所有：（一）工资、奖金；（二）生产、经营的收益；（三）知识产权的收益；（四）继承或赠与所得的财产，但本法第一千零六十三条规定的除外；（五）其他应当归共同所有的财产。夫妻对共同所有的财产，有平等的处理权。"本案中，周泓颖与崔西运2003年11月结为夫妻，2010年3月双方购买了位于天津市南开区新华东街莲花家园12号楼2单元1002号房屋，该房屋系周泓颖与崔西运夫妻关系存续期间购买的，虽然该房产登记的所有权人为崔西运，但是应当属于夫妻共同财产，周泓颖与崔西运对该房屋有平等的处理权。

2. 周泓颖所立遗嘱是否有效。我国《民法典》第一千一百三十五条规定："代书遗嘱应当有两个以上见证人在场见证，由其中一人代书，并由遗嘱人、代书人和其他见证人签名，注明年、月、日。"本案中，周泓颖于住院时所立遗嘱是医院医护人员黄龄娟代为打印，属于代书遗嘱，虽然该遗嘱经周泓颖签名并按捺指印后，由医护人员黄龄娟、胡宗麟、胡宗先及邻居姜大武签字证明，但该遗嘱没有注明日期，不符合代书遗嘱的格式要求，而且崔玉海、崔福志对上述遗嘱的真实性、有效性不予认可。所以，本案周泓颖所立遗嘱应认定无效。

3. 崔西运于 2019 年 4 月 12 日立的是自书遗嘱还是遗赠扶养协议。我国《民法典》第一千一百三十三条规定："公民可以依照本法规定立遗嘱处分个人财产，并可以指定遗嘱执行人。公民可以立遗嘱将个人财产指定由法定继承人的一人或者数人继承。"另外，《民法典》第一千一百五十八条又规定："公民可以与扶养人签订遗赠扶养协议。按照协议，扶养人承担该公民生养死葬的义务，享有受遗赠的权利。公民可以与集体所有制组织签订遗赠扶养协议。"由此可见，遗嘱与遗赠扶养协议有两个重要区别：其一，遗嘱是单方民事法律行为，不需要他人的同意即可发生法律效力；而遗赠扶养协议是双方民事法律行为，需要在遗赠方和扶养方自愿协商并达成一致协议的基础上才能成立。其二，遗嘱继承的受让人必须是法定继承人范围内的继承人，而遗赠扶养协议的受让人及扶养人必须是法定继承人以外的自然人，或国家及其他社会组织，不能是法定继承人，因为法定继承人与被继承人之间具有法定的互相扶养和互相继承的权利义务关系，无须以协议的形式来确定。本案中，崔西运于 2019 年 4 月 12 日立的是自书遗嘱，是一种单方民事法律行为，无须他人同意即可发生法律效力，遗嘱中处分的财产留给了崔福志，崔福志是崔西运孙子，属于其法定继承人，因此，本案中崔西运于 2019 年 4 月 12 日立的是自书遗嘱而不是遗赠扶养协议。

4. 崔福志是否对对崔西运尽到赡养义务。本案中，崔福志于 2016 年出国，2019 年 4 月 12 日，崔西运立下自书遗嘱，将其遗产全部赠与崔福志。崔福志出国留学是客观事实，崔西运立遗嘱时非常清楚自己的孙子崔福志在国外留学，所以崔西运立遗嘱后一直雇用保姆照顾日常生活，根据现有情况没有证据能够证明崔福志对崔西运未尽赡养义务，所以，孙明辉、孙明君、孙明英认为崔福志对崔西运生前未尽到赡养义务的主张不成立。

学习单元六 案件处理

本单元包含分析总结案件处理思路和提出解决纠纷的可行性建议两个学习任务，通过本单元的学习和训练，要求学生能够正确分析和总结案件处理思路，能够根据案件事实和法律规定，准确适用法律，并合理合法地解决案件纠纷。

学习任务一：分析和总结案件处理思路

一、教学目标和要求

掌握案件的基本情况，学生能够根据案件资料，查找相关法律规定，概括案件争议焦点，独立分析和总结案件处理思路，并总结归纳处理案件的基本方法。

二、基本理论

民事案件的处理思路就是运用民事法律规范处理民事案件、解决民事纠纷的一种思维活动过程，是把抽象的民事法律条文运用于具体的民事案件事实，从而推导出解决民事纠纷的法律方案。分析和总结案件处理思路，要从法律思维过程入手，通过对法律思维过程的分析和总结，找出法律适用的逻辑结构。法律适用的逻辑结构由两个前提和一个结论组成，即将特定的案件事实（小前提），置于法律规范的要件之下（大前提），以获得一定的结果（结论），这就是法律逻辑三段论。民事案件的处理，不是首先寻找法律规范（大前提），而是先确定案件事实（小前提），在认定案件事实的基础上，再寻找大前提即法律规范，然后把案件事实（小前提）涵摄于法律规范（大前提）之下，得出案件的法律结论。

（一）确定小前提——案件事实

民事案件事实的认定是整个民事案件处理的基础，也是分析民事案件处理思路的始点。案件事实的确定必须立足于现实生活，根据相关证据和具体案情分析和推理出已经发生的生活事实，把民事案件事实与现有法律规范对应起来，从而得出比较准确合理的、能够为人民所接受的法律结果。正如考夫曼所说，法律人的才能主要不在认识制定法，而正是在于有能力在法律的规范的观点之下分析生活事实。案件事实只能在案件发生后才能认定，而且案件事实总是千差万别，我们从不同的角度、不同的侧面去考察分析案件事实，就可能会得出多种不同的结论。对案件事实认定不准确会直接影响到案件的处理结果。因此，准确认定案件事实，是正确适用法律和恰当处理案件的关键因素，对案件处理的成败起着决定性的作用。司法实践中法律人对民事案件事实的确认主要有以下几种方法。

1. 不争事实。民事案件中当事人没有争议的事实就是不争事实。任何一个案件都有不争事实，这些事实对当事人主张的权益并没有利害冲突，它们与有利害冲突的案件事实相连接，并与其他案件事实一起构成全部的案情事实。比如在继承案件中被继承人有几个子女，哪些子女已经死亡，什么时候死亡，被继承人是什么时候死亡的等，这些事实如果都是当事人明知的、确定的事实，当事人之间不会产生争议，就属于不争事实。确定不争的事实，可以把这些不争事实与法律规范建立一定的联系，并排除它们对归纳案件争议焦点造成的影响。

2. 自认事实。一方当事人对另一方当事人所主张的某个不利于自己的事实，给予认可，这一事实就是自认事实。由于自认事实具有不争执性、自愿性和高度真实性的特点，一般可以根据自认不经查证而直接地把不利于自认方的事实认定为案件事实。根据《最高人民法院关于民事诉讼证据的若干规定》之规定，在诉讼过程中，一方当事人陈述的于己不利的事实，或者对于己不利的事实明确表示承认的，另一方当事人无须举证证明。在证据交换、询问、调查过程中，或者在起诉状、答辩状、代理词等书面材料中，当事人明确承认于己不利的事实的，另一方当事人也无需举证证明。一方当事人对于另一方当事人主张的于己不利的事实既不承认也不否认，经审判人员说明并询问后，其仍然不明确表示肯定或者否定的，视为对该事实的承认。一方当事人对于另一方当事人主张的于己不利的事实有所限制或者附加条件予以承认的，由人民法院综合案件情况决定是否构成自认。但是自认事实法律有一定的限制，不是所有事实都可以通过自认形式来认定，下列情形不适用自认事实：（1）涉及可能损害国家利益、社会公共利益的事实；（2）涉及身份关系的事实；（3）涉及《民事诉讼法》第五十五条规定诉讼的事实，即涉及环境污染、侵害众多消费者合法权益的等公益诉讼的事实；（4）当事人有恶意串通损害他人合法权益可能的事实；（5）涉及依职权追加当事人、中止诉讼、终结诉讼、回避等程序性事项的事实。另外，自认的事实与已经查明的事实不符的，人民法院不予确认。自认事实作出之后，当事人在特定条件下也可以撤销。有下列情形之一，当事人在法庭辩论终结前撤销自认的，人民法院应当准许：（1）经对方当事人同意的；（2）自认是在受胁迫或者重大误解情况下作出。人民法院准许当事人撤销自认的，应当作出口头或者书面裁定。

3. 无须举证证明的事实。在民事诉讼中，举证是诉讼的核心环节，十分重要。但是并不是所有的事实当事人都需要举证证明。根据我国法律规定，下列事实，当事人无须举证证明：（1）自然规律以及定理、定律；（2）众所周知的事实；（3）根据法律规定推定的事实；（4）根据已知的事实和日常生活经验法则推定出的另一事实；（5）已为仲裁机构的生效裁决所确认的事实；（6）已为人民法院发生法律效力的裁判所确认的基本事实；（7）已为有效公证文书所证明的事实。前款第二项至第五项事实，当事人有相反证据足以反驳的除外；第六项、第七项事实，当事人有相反证据足以推翻的除外。

4. 拒证推定规则的事实。所谓拒证推定规则，就是指在民事诉讼活动中，如果有证据证明一方当事人持有证据却无正当理由拒不提供，对待证事实负有举证责任的当事人主张该证据的内容不利于证据持有人的，可以直接推定该主张的事实成立。比如甲厂与张三签订劳动合同规定：张三经甲厂出资培训三个月后，如果服务年限少于培训（聘用）合同规定时间，不经甲厂同意，不得解除劳动合同；如张三擅自解除合同，应向甲厂支付培训费2万元。后双方发生纠纷，甲厂向法庭出示了该合同，被告张三认为合同是修改过的，否认合同中约定了擅自解除合同需要支付甲厂培训费的条款，但承认自己确实经过甲厂出资培训并在甲厂工作，也的确与原告签订过一份为期5年的劳动合同。该合同一式两份，被告张三手里持有该版本的合同，但是张三拒绝提供其持有的合同。因此，法院会推定原告甲厂主张的事实成立，被告张三擅自解除合同，应当向甲厂支付培训费。

5. 证据证明事实。证据证明事实是指在民事审判中，根据当事人提供的证据，在能够确认当事人证据真实性、合法性的基础上，据以认定案件情况的事实。民事案件事实的确认一般是法官根据当事人提供的证据，依据程序法规定的证据规则及证据与案件事实之间的联系，结合法官居中依法公正、公平的判断，来确定案件事实的真相。《最高人民法院关于修改〈关于民事诉讼证据的若干规定〉的决定》第八十五条规定："人民法院应当以证据能够证明的案件事实为根据依法作出裁判。审判人员应当依照法定程序，全面、客观地审核证据，依据法律的规定，遵循法官职业道德，运用逻辑推理和日常生活经验，对证据有无证明力和证明力大小独立进行判断，并公开判断的理由和结果。"司法实践中，大部分的民事案件事实都是通过当事人提供的证据予以证明的。

（二）查找大前提——法律规范

在处理民事案件的过程中，确定案件事实（小前提）与查找法律规范（大前提）密切相连，民事案件事实必须与相应的法律规范相吻合，才可以得出正确的法律后果，因此，查找与民事案件事实相适应的法律规范是处理民事案件解决民事纠纷的必要环节。法律规范，是指由国家制定或认可的，反映国家意志的，由国家强制力保证实施的，具体规定权利义务及法律后果的行为准则。我国法律规范体系庞杂、内容繁多，查找与案件事实具有对应性法律规范，应当注意以下几种方法。

1. 查找民事法律规范。处理民事案件，一般应当在民事法律规范中查找相应的法律法规。我国民事法律规范分为基本的民事法律规范和特别的民事法律规范，适用法律首先应当从基本的民事法律规范中寻找依据，如果基本的民事法律规范里面找不到裁判依据，再从特别的民事法律规范即民事特别法中去寻找依据。我国基本的民事法律规范即民法典，民事特别法是指著作权法、产品质量法、消费者权益保护法等特别领域的法律。所以，我们查找与案件事实相适应的法律规范时，应当先查找民法典，民法典中没有相关的明确规定时再查找民事特别法。我国民法典包括总则编、物权编、合同编、人格权编、婚姻家庭编、继承编、侵权责任编共七编，共计一千多条。查找相关法律规范的最好方法是根据案件事实、案件法律关系、当事人主张及案件争议焦点，确定应当适用民法典中哪一编或者哪几编的法律规定，然后查找到与案件事实相符合的具体的一个或者几个法条。

2. 查找完全法条。完全法条是指包括构成要件和法律效果两个要素的法律条文。比如我国《民法典》第一百六十四条规定："代理人不履行或者不完全履行职责，造成被代理人损害的，应当承担民事责任。"其中，"代理人不履行或者不完全履行职责，造成被代理人损害的"属于构成要件，"应当承担民事责任"属于法律效果。再如，我国《民法典》第一百八十六条规定："因当事人一方的违约行为，损害对方人身权益、财产权益的，受损害方有权选择请求其承担违约责任或者侵权责任。"其中，"因当事人一方的违约行为，损害对方人身权益、财产权益的"是构成要件，"受损害方有权选择请求其承担违约责任或者侵权责任"是违约造成损害的法律效果。查找的法律规范必须是完全法条，不完全法条则不能引用其作为裁判的依据。只有完全法条才能确定有关事实是否满足法律的构成要件，并进而确定法律效果。需要注意的是，在具体的案件中，一个民事问题的解决往往不是一个单一的完全法条就能够完成的，可能需要几个相关的法律条文相结合才能完成。比如 19 岁的张三能否独立签订买卖合同的问题。根据我国《民法典》第十八条规定："成年人为完全民事行为能力人，可以独立实施民事法律行为。"张三签订买卖合同属于独立实施了民事法律行为，那么张三是不是成年人，能否具有完全民事行为能力呢？这就需要我们查找《民法典》第十八条的规定："十八周岁以上的自然人为成年人。不满十八周岁的自然人为未成年人。"由此可见，只有把《民法典》第十七条和第十八条两个法条结合起来，才能准确确定"19 岁的张三能否独立签订买卖合同的问题"。

3. 查找裁判规范。我国通说认为，民法规范兼具行为规范与裁判规范双重性质。所谓行为规范，是指调整对象指向受规范之人的行为，所谓裁判规范是调整对象指向法律上的裁判纠纷的人或裁判机关。黄茂荣认为：法条或者法律规定之意旨，若在要求受规范之人取向于它们而为行为，则它们便是行为规范；法条或者法律规定之意旨，若在要求裁判法律上争端之人或者机关，以它们为裁判之标准进行裁判，则他们便是裁判规范。郑玉波对这两类规范的界定为：民法乃吾人日常生活上，行为之准则，以不特定之一般人民为规律对象，易言之，民法属于"行为规范"，惟对于此种规范，如不遵守，而个人相互间惹起纷争时，当然得向法院诉请裁判，此时法院即应以民法为其裁判之准绳，于是民法亦为法官之"裁判规范"。作为大前提的法律规范，既可能是行为规范，也可能是裁判规范。大多数规范都既是行为规范，又是裁判规范，这两者是重合的。但是在某些情况下，这两者又是可以分开的。在二者不一致的情况下，法官判案应该寻找的是裁判规范，如果仅仅是行为规范，特别是一种倡导性、宣示性、引导性的规范，其不能作为裁判依据。比如我国《民法典》第一千零四十三条规定："夫妻应当互相忠实，互相尊重；家庭成员间应当敬老爱幼，互相帮助，维护平等、和睦、文明的婚姻家庭关系。"这完全是一条倡导性条款，只是以立法形式明确告知公众，我们提倡什么样的婚姻家庭关系，所以，不得单独援引此条规范作为裁判的依据。

4. 遵循法律规范的效力规则。不同的法律规范之间其法律效力也不同，法律是有效力位阶的，所谓法律效力位阶，是指每一部规范性法律文本在法律体系中的纵向等级。下位阶的法律必须服从上位阶的法律，所有的法律必须服从最高位阶的法。当出现多部不同的规范性法律文件中的法律规范可以适用某一个案件时，我们应当通过不同的规范性法律文件的效力位阶来查找适用于案件事实的法律规范，确定大前提。在确定大前提的法律规范效力时，一般应遵循以下规则：（1）基本法优先于一般法律；（2）上位法优先于下位法；（3）新法优先于旧法；（4）特别法优先于一般法；（5）强行法优先于任意法；（6）法律文本优先于法律解释；（7）成文法优先于不成文法。

（三）小前提涵摄于大前提——法律结论

所谓涵摄，也叫摄于或包摄，就是指确定生活事实与法律规范之间的关系的思维过程（subsumption），将事实涵摄于法律规范，就是检验事实是否满足法律规范的事实构成并因此产生该规范所规定的法律后果。大前提仅仅是具体的法律规范，而小前提只是确定了的案件事实，只有把案件事实涵摄于具体的法律规范之下，案件事实与法律规范的内容相吻合，这样才能得出案件的法律结论。涵摄这样的过程通常由许多复杂的思维步骤组成，是法律规定与事实之间的对应关系，任何一个法律行为或事件都要对应相应的法律规定。

司法实践中，作为大前提的法律规范有时是呆板的、滞后的，甚至有些概念是模糊的、逻辑是不清楚的，法律规范不可能包罗万象去穷尽所有的行为与事件。而现实社会生活千变万化、丰富多彩、千差万别，案件事实需要从实际生活中予以提炼、甄别、筛选出具有法律意义的案件事实。涵摄需要我们多次来回穿梭于法律规范与案件事实之间，由案件事实探寻法律规范，由法律规范认定案件事实，如此"循环往复"，才能确定符合法律规范要求的案件事实，从而得出圆满的法律结论。正如德国学者恩吉施所说的，"在大前提与生活事实之间眼光的往返流转"，朔伊尔德则说："在确认事实的行为与对之作法律评断的行为间的相互穿透。"唯有如此，在大前提和小前提之间来回穿梭、往返流转，才可能避免出现涵摄错误。试举一例予以说明。比如张三把自己的手表借给李四使用，李四擅自将该表以自己所有的名义出售给了王五，并把该表交付给了王五。张三知道后请求王五返还该手表。本案拟适用的法律规范是《民法典》第三百一十一条之规定："无处分权人将不动产或者动产转让给受让人的，所有权人有权追回；除法律另有规定外，符合下列情形的，受让人取得该不动产或者动产的所有权：（一）受让人受让该不动产或者动产时是善意的；（二）以合理的价格转让；（三）转让的不动产或者动产依照法律规定应当登记的已经登记，不需要登记的已经交付给受让人。受让人依照前款规定取得不动产或者动产的所有权的，原所有权人有权向无处分权人请求损害赔偿。"本案处理的关键是将本案的事实涵摄于《民法典》第三百一十一条的条文之下，如果案件事实符合受让人王五取得该表所有权的三个条件，王五则按照善意取得制度取得了该表的所有权，那么张三就无法请求王五返还该手表，反之，张三则有权请求王五返还该手表。这就需要我们把案件事实与《民法典》第三百一十一条"受让人取得该动产的所有权"的条件——对照，来判断受让人王五是否满足了取得手表所有权的条件。首先，需要考察王五取得该表时是否是善意的，王五受让该表时，如果不知道李四无权处分该表，且无重大过失的，应当认定其为善意，否则，王五的行为则属于恶意，由此予以判断案件事实是否符合条文中王五取得该表所有权的第一个条件。其次，李四是否"以合理的价格"转让该手表，由于善意取得具有有偿交易的一般属性，故对在能否构成善意取得的交易中的交易价格是否合理作出判断，司法实践中，转让价格达不到交易时交易地的指导价或者市场交易价百分之七十的，一般可以视为明显不合理的低价。所以，李四把手表交付给王五时，王五支付的价格如果低于该手表当时市场交易价格的百分之七十，则认为李四没有"以合理的价格"转让该手表，否则，则属于"以合理的价格"转让该手表，由此可以判断案件事实是否符合条文中王五取得该表所有权的第二个条件。最后，手表属于动产，转让时无需登记，本案中李四已经把该手表交付给了王五，毋庸置疑案件事实符合条文中王五取得该表所有权的第三个条件。由此可见，我们分析处理民事案件时，一般而言，应当先确定案件适用的法律规范，然后把案件事实涵摄于法律规范之下，阐明该案件事实是否满足了我们需要适用的法律规范的事实构成并因此产生该规范所规定的法律后果。

三、教学示范

教师提供民事案件资料，示范和引导学生分析和总结案件处理思路。教师可以综合运用讲授法、讨论法、问答法、示范法等教学方法完成本阶段课堂教学任务。

【案例材料】

某日，原告孙辉辉赶着一只牛去田里耕地，经过几个小时的辛勤劳作，中午圆满完成了耕田任务，孙辉辉高高兴兴地赶着这只牛回家，回家途中经过山间小路时，恰遇被告刘西西牵着自家公牛去放牧，在相距不远处，被告刘西西看到原告孙辉辉赶着一只牛迎面而来，被告刘西西便冲着原告孙辉辉高声大喊："你赶紧把你的牛赶到路边，让一下路！"但为时已晚，两牛相见后发怒，被告的公牛脱缰冲了过去，原告孙辉辉的牛也奋蹄昂首冲向被告刘西西的公牛，原告急忙赶过来想劝开自家的公牛，但两公牛很快顶撞起来，两头牛互不相让，你来我往，瞬间相互顶撞了几个回合，在顶撞过程中，原告的公牛逐渐处于劣势，此时原告孙辉辉试图把自己家的公牛赶开，结果自己家的公牛突然转身欲逃跑，将前来劝架的原告孙辉辉撞倒，被告刘西西赶过来抓住自家的公牛牛绳将公牛控制住。

被告护送原告回到家，原告孙辉辉的家人把原告扶进屋，让其躺在床上，原告疼痛难忍，不断呻吟，被告刘西西赶紧找草药给原告服用，因为天色较晚，孙辉辉服药后疼痛有所减轻，就没有及时去医院治疗，第二天早上，原告仍然感到非常疼痛，难于翻身，便让家人用小车把孙辉辉送到乡卫生院检查，卫生院检查之后，认为原告孙辉辉伤势较重，建议家人把他送到县医院治疗，于是孙辉辉的家人当天把孙辉辉转送到县人民医院进行住院治疗。

经过县人民医院诊断，确诊为：1. 右第 4 肋骨前端骨折；2. 右肺挫伤；3. 右侧创伤性气胸；4. 颈部、胸壁皮下气肿；5. 全身多处软组织挫伤。原告在县医院住院治疗 12 天后出院。在住院期间被告刘西西曾经带着水果到医院看望了原告孙辉辉，但是被告刘西西没有帮助原告支付过医疗费用，按医嘱的要求，原告孙辉辉住院期间，孙辉辉的家人找来一位有护理经验的亲戚陪护孙辉辉。原告出院后回到乡卫生院门诊继续治疗了 3 天，身体渐渐恢复好转后，便回家进行康复休养。原告孙辉辉治疗期间前后共花去医药费 12500 元，其中在县人民医院花费医疗费 11000 元，在乡卫生院花费医疗费 1500 元，在县人民医院住院期间支出护理费 1200 元。

原告孙辉辉出院后，把受伤及治疗情况反映到村委要求处理，村干部进行调解，要求被告刘西西承担原告部分医药费，但被告认为自己在整个事件无过错不应承担责任，不愿意赔偿原告的经济损失，结果村干部调解未果。

于是，原告孙辉辉起诉至人民法院：1. 要求被告刘西西赔偿其医疗费损失 12500 元，包括在县人民医院花费医疗费 11000 元和在乡卫生院花费医疗费 1500 元；2. 要求被告刘西西赔偿其住院期间支出的护理费 1200 元；3. 要求诉讼费用由被告刘西西承担。

被告刘西西辩驳称：孙辉辉把牛绳绕在牛的脖子上，赶着牛回家，没有牵着牛绳，导致其牛失控，发生两牛相互顶撞事件，两牛相互顶撞过程中，孙辉辉自己没有保护好自己，被自己的牛撞伤了，被告在整个事件无过错，不应承担责任，所以，原告的经济损失应当由原告自己承担。

【教学步骤】

1. 让学生仔细阅读案件资料，了解案件基本事实、原告请求和被告辩驳、案件法律关系及案件争议焦点，明确案件涉及的法律法规，把查明的案件事实与查找的法律规范相结合，阐明案件的处理思路。

2. 引导和示范学生分析总结案件的处理思路。

3. 根据上述案件资料，在分析总结案件处理思路时，引导学生掌握分析总结案件处理思路的技巧。

本案的处理思路：

本案是一起饲养动物致人损害的侵权事件。按照我国法律规定，饲养动物侵权责任的构成要件有：（1）加害行为；（2）损害事实；（3）因果关系；（4）属于饲养动物。本案中，一是有饲养动物的加害行为；二是存在着原告受伤的损害后果；三是动物加害行为与原告受伤的损害后果之间有因果关系；四是两只公牛为饲养人或管理人所饲养或管理的动物。所以，本案符合饲养动物损害责任的构成要件。

根据我国《民法典》第一千二百四十五条之规定："饲养的动物造成他人损害的，动物饲养人或者管理人应当承担侵权责任；但是，能够证明损害是因被侵权人故意或者重大过失造成的，可以不承担或者减轻责任。"本案中原告孙辉辉在两只公牛互斗中被自家公牛撞伤造成了经济损失是客观存在的事实，但原告孙辉辉和被告刘西西对损害事实的发生均负有一定的过失。原告孙辉辉犁完地便解下牛绳，把牛绳绕在牛的脖子上赶着公牛回家，让公牛脱离了自己有效并及时的管束范围之内，在看见被告刘西西牵着公牛迎面走来时，凭着多年的饲养管护公牛的经验，应预见两只公牛在山路上相遇随时会有斗角顶撞的可能，在顶撞过程中会对周围的人、畜等生命财产形成潜在的危险。但原告孙辉辉没有及时采取相应的措施来加以制止。最后导致两公牛互相顶撞过程中撞伤了自己。原告孙辉辉对事件的发生存在重大过失，因此，原告应负有一定的责任。被告刘西西牵着自家的公牛去放牧，虽然已对自家的公牛做了一般谨慎之管束，但在远处看见原告赶着公牛朝自己这边走来时，凭着多年的放牧常识经验，应预见到两公牛相遇会发生斗角甚至顶撞的危险，因此，被告应马上采取更果断有效的防范措施，将自家公牛拉到路边将其牢牢控制在原地，或将公牛牵往别处紧急躲让原告的公牛。可是被告刘西西的防范措施不及时不到位，导致自己的公牛挣脱自己的有效控制，最终导致两公牛相遇互相顶撞，在两公牛互斗过程中将原告撞伤，对此，被告同样负有一定的责任。

根据我国《民法典》第一千一百七十九条之规定："侵害他人造成人身损害的，应当赔偿医疗费、护理费、交通费、营养费等为治疗和康复支出的合理费用，以及因误工减少的收入。"本案中，原告孙辉辉请求被告赔偿其医疗费损失12500

元和其住院期间支出护理费 1200 元，均属于原告受伤后造成的经济损失，原告请求赔偿的金额符合法律规定，根据其提供的证据材料，应当可以予以确认。

综上所述，本案中，两公牛互相顶撞过程中撞伤了原告孙辉辉，造成原告经济损失，原告孙辉辉和被告刘西西对此事件的发生均存在过错，都应当承担一定的责任，因此，原告孙辉辉的经济损失应当由原告本人和被告刘西西二人共同承担。

四、实务训练素材

案例材料 1

2021 年 7 月 20 日，孟凡华诉至人民法院称：孟庆军与周翠荣系夫妻，二人共育有六个子女，即孟凡华、孟凡英、孟凡君、孟凡友、孟凡江、孟凡玲。位于天津市滨海新区小王庄镇南街王土楼村 15 号院的宅基地使用人系孟庆军，该院落内的房屋系我与父母和其他兄弟姐妹建造的，且我一直长期居住至今，为避免今后发生矛盾，现要求按照家庭协议的约定，把位于天津市滨海新区小王庄镇南街王土楼村 15 号院内南院东厢房 3 间、西厢房 3 间，北数第二排北房 5 间（包括中间有门的过道）即南院的主房归我所有。

孟庆军、周翠荣辩称：我们只同意北数第二排北房中间过道西边的两间房屋归孟凡华，不同意孟凡华的其他诉讼请求。

孟凡英辩称：同意孟庆军、周翠荣的意见，不完全同意孟凡华的请求。

孟凡玲辩称：同意给孟凡华一半，给父母一半，如果孟凡华赡养父母，父母去世后房屋可以都给孟凡华。

孟凡君辩称：家里就房屋分割签订过一个协议，我同意按照协议办理，但是孟凡华必须赡养父母。

孟凡友辩称：同意按照家庭协议办理，如果孟凡华不养父母，我同意按父母的意思办。

孟凡江辩称：我与父母的意见一致，不完全同意孟凡华的请求。

经查：孟庆军与周翠荣系夫妻，二人育有子女六人，即孟凡英、孟凡玲、孟凡君、孟凡友、孟凡江和孟凡华。位于天津市滨海新区小王庄镇南街王土楼村 15 号院的宅基地使用权人为孟庆军。孟凡华亦为天津市滨海新区小王庄镇南街王土楼村农业家庭户，未另批宅基地，与孟庆军夫妇共同居住在王土楼村 15 号院。

该院现有房屋情况为：15 号院分为相连的南北两进院子，北院北数第一排北房 5 间、北院东西厢房各 4 间、北数第二排北房 5 间（含东西各两房中间的过道门一个）即南院的主房，此排房屋以南的院子属于南院，南院东厢房 3 间、西厢房 3 间。孟凡华称上述房屋均由孟凡华夫妇与孟庆军、周翠荣共同出资分别于 1997 年和 2008 年前后建造。孟凡友、孟凡江、孟凡英认为其他兄弟姐妹也出钱出力了。

2014 年 5 月，孟凡君、孟凡江与孟凡友签订协议书一份，内容为："经过大家协议后，父母亲、哥哥、姐姐一致同意，本院落内共有房屋 24 间，产权继承人是孟凡华，并负责两位老人养老送终责任。1. 前院即南院有主房 5 间，东厢房 3 间和西厢房 3 间。归孟凡华所有。2. 后院即北院有主房 5 间，东厢房 4 间和西厢房 4 间，归父母亲所有，父母去世后该房屋产权均归孟凡华所有。如果孟凡华不赡养父母，不承担两位老人养老送终的义务，孟凡华将无权继承父母的遗产即后院房屋。"孟凡华、孟凡君、孟凡江、孟凡友均认可该协议是在父母同意下签订的。

2021 年 1 月 15 日，孟庆军、周翠荣与孟凡华签订《分家协议书》一份，由孟凡玲、孙璟荣作为见证人进行见证，内容为：北院正房 5 间，东厢房 4 间和西厢房 4 间，一共 13 间，全归孟庆军、周翠荣所有；其余房屋包括前院正房 5 间（含过道），前院东房 3 间、西房 3 间，共计 11 间房屋（含过道），全归孟凡华所有，与其他子女无关。孟庆军称虽然当时签订了该协议，但现在不同意按协议履行，因为孟凡华不赡养周翠荣了。孟凡华表示不是其不赡养父母，其愿意继续履行赡养义务，但认为其他子女也有赡养义务。

案例材料 2

赵芙蓉与钱思明系夫妻关系，二人生育两儿一女，儿子分别取名钱桂龙和钱桂虎，女儿取名钱桂英。赵芙蓉、钱思明 1982 年在天津市津南区辛庄镇张家嘴村建设院落 1 处，共有北房 6 间，东厢房 3 间，西厢房 3 间。该院落宅基地的集体土地建设用地使用登记人为钱思明，钱思明与赵芙蓉一直在此居住。儿子钱桂龙和钱桂虎的学习成绩较好，后来二人均考上了名牌大学，钱桂龙被分配到天津市南开医院工作。钱桂虎是天津工业大学的教师，从事教学和管理工作。钱桂龙与钱桂虎均已结婚成家，也都在市里买了房屋，生活在市里。女儿钱桂英学习成绩不好，初中毕业后，便在张家嘴村附近的工厂里打工，后来钱桂英与同村的孙大军结婚，现在仍然住在张家嘴村。

2018 年 11 月 12 日，钱思明因患脑血栓，住进了医院，经过一个多月的治疗，虽然保住了性命，但是腿脚不够灵活，落下了残疾，走路一瘸一拐，需要借助拐杖才能行走。赵芙蓉年龄大了，无法一人照顾钱思明生活。2019 年 4 月 2 日，钱思明和赵芙蓉召集子女协商照顾钱思明的办法，经过讨论，大家一致同意由钱桂英照顾父母的生活，钱桂龙和钱桂虎分别每月支付给钱桂英 1500 元的费用，钱桂龙和钱桂虎有时间应当多回家看望父母。之后，钱桂英搬到父母家居住，承担起照顾父母生活的责任，在钱桂英的悉心照看下，父亲钱思明慢慢地可以脱离拐杖，缓慢行走了，母亲赵芙蓉也不那么辛苦，钱思明和赵芙蓉的生活恢复了平静。

2020 年 4 月 24 日，钱思明和赵芙蓉把子女召集到一起，开了一个家庭会议，对自己的住房进行处理。钱思明、赵芙蓉、钱桂龙、钱桂虎、钱桂英共同签订了《赠与协议》，内容为："经父母与子女钱桂龙、钱桂虎、钱桂英协商同意，大家对天津市津南区辛庄镇张家嘴村的住房和院落达成如下协议：一、钱桂龙和钱桂虎因为家庭居住得离父母较远，而且工作较忙，由钱桂英负责照顾父母的起居生活。二、正房六间归钱桂英所有。三、东厢房三间归钱桂龙所有，但是由父母在此居住，父母去世后该房屋才可以转让给钱桂龙。四、西厢房三间归钱桂虎所有。五、所有的房屋未经父母同意，钱桂龙、钱桂虎、钱桂英不得变卖、拆除。"钱桂龙、钱桂虎、钱桂英、钱思明在该份赠与协议上签字摁手印，赵芙蓉也在该份赠与协议上签字并摁了手印。

2021 年 5 月，赵芙蓉起诉至法院称：2020 年 4 月 24 日，钱思明、钱桂龙、钱桂虎、钱桂英未经我同意，擅自签订赠与协议，将我和钱思明共有的财产赠与钱桂龙、钱桂虎、钱桂英，我并没有在该赠与协议上签字，且钱桂龙、钱桂虎现在均不是津南区辛庄镇张家嘴村的村民，该赠与协议无效。经查，赵芙蓉不同意进行笔迹鉴定。

钱思明、钱桂龙、钱桂虎、钱桂英均不同意赵芙蓉诉讼请求，认为当时签订协议时是共同协商的，赵芙蓉当时已经同意，且该协议已经履行完毕，该赠与协议应当有效。

五、实务训练过程

1. 学生按照预先分配的小组坐在一起，各组组长抽取本组实务训练素材的案例。

2. 各组针对本组抽取的案例，进行小组讨论，在查明案件事实和相关法律规定的基础上，分析总结案件的处理思路。

3. 各组通过讨论，分析总结案件的处理思路，并在作业纸上完整写出小组分析总结的案件处理思路。

4. 各组推荐一位同学到讲台上展示本组分析总结的案件处理思路，并提交小组分析总结的案件处理思路的纸质版。

5. 每组展示成果后，由其他组的同学对该组分析总结的案件处理思路进行点评，教师进行总结，并给出比较客观合理的评分。

学习任务二：提出解决纠纷的可行性建议

一、教学目标和要求

掌握案件的基本情况，学生能够根据案件资料，查找相关法律规定，概括案件争议焦点，在分析和总结案件处理思路的基础上，提出解决纠纷的可行性建议，并总结提出解决纠纷的可行性建议的基本方法。

二、基本理论

提出解决案件纠纷的可行性建议，是在总结民事案件的处理思路的基础上展开的，一般而言，民事案件的处理思路是给案件进行定性并确定责任的基本承担方式，而提出解决案件纠纷的可行性建议是对案件的处理提供具体的操作方法。在民事裁判文书中，民事案件的处理思路是法院认为部分的判决理由陈述，而提出解决案件纠纷的可行性建议则是法院的具体裁判结果。因此，民事案件的处理思路是提出解决案件纠纷的可行性建议的基础，提出解决案件纠纷的可行性建议是民事案件的处理思路所得出的具体法律结果。

事实上，不是所有的案件都有提出解决纠纷的可行性建议的环节，有些案件不太复杂，原告的请求也比较简单，根据分析总结的民事案件处理思路即可直接得出案件的处理结果，这样的案件就不需要提出解决纠纷的可行性建议。比如，张三和李四签订了货物买卖合同，张三起诉至法院请求确认该买卖合同有效（或者无效）。我们根据该案件查明的事实，分析是否符合合同有效的构成要件，如果案件事实与合同有效的构成要件相一致，则该买卖合同有效，便可以直接得出确认该买卖合同有效的法律后果。如果张三请求确认该买卖合同无效，则分析合同无效的法律规定，把案件事实涵摄于合同无效的法律规范之下，如果案件事实满足了合同无效的法定构成要件，则该买卖合同无效，便可以直接得出确认该买卖合同无效的法律后果。

有些复杂的民事案件，我们通过分析总结民事案件的处理思路，只是给案件定性并确定当事人责任的分配或者获得财产的份额，这就需要在分析案件处理思路的基础上，提出解决案件纠纷的具体建议，尤其在遗产继承纠纷、分家析产纠纷、人身侵权赔偿纠纷等民事案件中，往往需要提出解决纠纷的具体建议，根据案件处理思路中确定的当事人获得的财产份额或者责任的分配方式，把财产分配给具体的当事人并确定详细分配（或者赔偿）的具体金额。比如，2021年春节，颍上县高家村村民沉浸在节日的喜庆中。正在燃放鞭炮的两名男青年刘国宝、郭天舒，发现潘玉柱家拴在宅基地的一头黄牛正在打瞌睡。为寻开心，他俩把一挂500响的鞭炮系在黄牛的尾巴上点燃。鞭炮"噼啪"作响，黄牛被吓得胡蹦乱跳，最终挣脱牛绳横冲直撞。此时，村民张素峰刚好骑车经过，躲闪不及被黄牛撞倒。张素峰左胳膊骨折，住院治疗花去医疗费、交通费、护理费等共计45000余元。张素峰向潘玉柱索赔，潘玉柱以黄牛伤人系刘国宝、郭天舒挑逗引起为由拒绝赔偿。张素峰又向刘国宝、郭天舒索赔，而他俩却以黄牛是潘玉柱的，张素峰骑车不小心为由拒绝赔偿。索赔未果的张素峰向法院起诉，要求刘国宝、郭天舒、潘玉柱赔偿医疗费、交通费、护理费等共计45000余元。通过对案件事实的认定及法律规范的查找，并把案件事实涵摄于侵权责任的法律规范之下，我们可以得出本案的处理思路，即由刘国宝、郭天舒对张素峰的损害后果共同承担连带赔偿责任，如果张素峰要求潘玉柱赔偿，则潘玉柱赔偿后有权向刘国宝、郭天舒追偿。在此案件处理思路的基础上，我们需要进一步提出解决案件纠纷的可行性建议，即在核查认定受害人张素峰受伤住院治疗期间合理支出的医疗费数额、交通费数额、护理费数额等损失的基础上，确定被告赔偿原告张素峰损失的具体金钱数额。

由此可见，提出解决案件纠纷的可行性建议必须以分析案件处理思路为基础，在此基础上，根据案件采信的证据，对当事人财产或者因侵权造成的具体损失数额进行合理认定，然后恰当提出解决案件纠纷具体的可行性建议。

三、教学示范

教师提供民事案件资料，示范和引导学生在总结案件处理思路的基础上，提出解决案件纠纷的可行性建议。教师可以综合运用讲授法、讨论法、问答法、示范法等教学方法完成本阶段课堂教学任务。

【案例材料】

刘怀南以打鱼为生，妻子孙淑敏早年去世，二人育有一女二子。刘怀南把三个孩子抚养成人，并都成家立业，单独居住。刘怀南自己花钱建造了东西两处楼房，两处楼房均上下两层，每处楼房6间房屋，共计12间房屋，经过多年的辛勤劳作，刘怀南也积攒了一些存款，存折内现有余款27万元。刘怀南的女儿刘宗霞嫁给邻村的苏志强，因为住处离刘怀南比较近，刘宗霞经常去探望父亲，并帮助父亲刘怀南做一些家务活。刘怀南的长子刘宗志与朱丽英结婚，结婚时住在刘怀南的房子里，后来刘宗志用自己经商收入建房3间，便与妻子朱丽英搬出去单独居住。刘宗志与朱丽英结婚5年后，朱丽英不幸去世，遗留下3岁的儿子刘全海，刘宗志辛辛苦苦把刘全海抚养长大，刘全海的身体素质很好，后来去部队当兵，保家卫国，儿子刘全海成为革命军人，刘宗志非常自豪。之后，刘宗志经人介绍与邻村的丧偶妇女黄素灵结婚，婚后第二年生育一子刘全才。

几年后，刘全海从部队复员回家，为成立家庭也用复员费购置新房3间。刘全海经过部队的洗礼和锤炼，身体健壮，身板笔直，说话办事有条不紊，加上其相貌端正，很受女孩子喜欢。不久，村支书张志先通过媒人介绍，把女儿张广云许配给刘全海，刘全海与张广云接触一段时间后，二人互相喜欢，交往半年后便举行了婚礼，结为夫妻，婚后第二年生育一女刘新英。

刘怀南的次子刘宗刚与周晓娟结婚，婚后在外面自己建房，单独居住。刘宗刚的身体一直不好，儿子刘全华出生后，刘宗刚的生活压力很大，一天在工地上干活时突然晕倒，大家赶紧把他送往医院，经过医生抢救了几个小时，还是没能挽救其生命。刘宗刚去世两年后，妻子周晓娟带着五岁大的儿子刘全华另嫁到江春生家，带着儿子刘全华与江春生一起生活。刘怀南有一个朋友胡尚华，二人是挚友，关系非常亲密，胡尚华曾多次帮助过刘怀南，为答谢胡尚华的帮助，刘怀南曾经提出赠给胡尚华一笔钱，结果胡尚华非常气愤地说友情和金钱无关，别拿金钱玷污二人的友情，胡尚华把刘怀南教训一通，拒绝接受刘怀南赠予的财产。刘怀南的好意被朋友胡尚华拒绝，心有不甘，于是，亲笔立下遗嘱，内容是在自己死后将自己村东头楼房中的第二层三间房屋赠给胡尚华的儿子胡天语，遗嘱写完后刘怀南在遗嘱上面签名、摁手印，并注明了年月日。

今年年初，刘怀南、刘宗志、刘全海和胡尚华四人出海打鱼，不幸的是在回家途中遭遇强台风，虽然四人尽力与台风抗争，最终还是船毁人亡，四人无一人幸存。不幸的消息传到小渔村后，亲人们悲痛欲绝，丧事办完后，死者亲属为分割刘怀南遗产发生纠纷，胡天语也要求按照刘怀南遗嘱内容分配村东头楼房中的第二层三间房屋，后刘宗霞起诉至法院请求分割刘怀南的遗产。

【教学步骤】

1. 让学生仔细阅读案件资料，了解案件基本事实、原告请求和被告辩驳、案件法律关系及案件争议焦点，明确案件涉及的法律法规，把查明的案件事实与查找的法律规范相结合，阐明案件的处理思路。

2. 引导和示范学生在总结案件的处理思路的基础上，提出解决纠纷的可行性建议。

3. 根据上述案件资料，在示范学生提出解决纠纷的可行性建议时，引导学生掌握提出解决纠纷可行性建议的技巧。

本案解决纠纷的可行性建议：前文已经阐明，提出解决案件纠纷的可行性建议必须以分析案件处理思路为基础，所以，我们要提出解决案件纠纷的可行性建议，就应当首先分析总结本案的处理思路。

本案纠纷主要关于被继承人刘怀南的遗产继承和遗赠问题。根据我国《民法典》第一千一百二十三条规定："继承开始后，按照法定继承办理；有遗嘱的，按照遗嘱继承或者遗赠办理；有遗赠扶养协议的，按照协议办理。"《民法典》第一千一百三十三条第三款规定："自然人可以立遗嘱将个人财产赠与国家、集体或者法定继承人以外的组织、个人。"《民法典》第一千一百三十四条规定："自书遗嘱由遗嘱人亲笔书写，签名，注明年、月、日。"本案中，刘怀南生前立下自书遗嘱，死后将自己村东头楼房中的第二层三间房屋赠给胡尚华的儿子胡天语，该自书遗嘱是刘怀南的真实意思表示，且经刘怀南签名并注明年月日，符合遗嘱有效要件，按照遗嘱继承优先于法定继承的法律规定，应当把刘怀南遗产中村东头楼房的第二层三间房屋分配给胡尚华的儿子胡天语。

根据我国《民法典》第一千一百二十一条规定："继承从被继承人死亡时开始。相互有继承关系的数人在同一事件中死亡，难以确定死亡时间的，推定没有其他继承人的人先死亡。都有其他继承人，辈份不同的，推定长辈先死亡；辈份相同的，推定同时死亡，相互不发生继承。"本案中，刘怀南、刘宗志、刘全海和胡尚华四人出海打鱼，返航途中遭遇台风，船毁人亡，难以确定四人死亡的时间，其中刘怀南是刘宗志父亲，刘宗志是刘全海的父亲，刘怀南、刘宗志、刘全海三人辈份不同，因此，首先推定长辈刘怀南先死，其儿子刘宗志有继承刘怀南遗产的权利，然后推定刘宗志死亡，刘宗志的儿子刘全海依法享有继承刘宗志遗产的权利，最后推定刘全海死亡，其遗产由其法定继承人继承。本案涉及刘怀南的遗产继承争议，胡尚华不是刘怀南的近亲属，没有继承权，所以胡尚华死亡与本案争议无关。

根据我国《民法典》第一千一百二十七条规定："遗产按照下列顺序继承：（一）第一顺序：配偶、子女、父母；（二）第二顺序：兄弟姐妹、祖父母、外祖父母。继承开始后，由第一顺序继承人继承，第二顺序继承人不继承；没有第一顺序继承人继承的，由第二顺序继承人继承。"《民法典》第一千一百三十条规定："同一顺序继承人继承遗产的份额，一般应当均等。"本案中，刘怀南妻子早逝，育有一女二子三个孩子即刘宗霞、刘宗志、刘宗刚，刘怀南只有刘宗霞、刘宗志、刘宗刚三个第一顺序的继承人，所以，刘怀南死后其遗产应当由刘宗霞、刘宗志、刘宗刚三人均分。

根据我国《民法典》第一千一百二十八条规定："被继承人的子女先于被继承人死亡的，由被继承人的子女的直系晚辈血亲代位继承。"本案中，刘宗刚是刘怀南的儿子，其先于被继承人刘怀南死亡，刘全华是刘宗刚的儿子，所以，刘全华可以按照代位继承制度，代替父亲刘宗刚继承其有权继承的被继承人刘怀南的遗产份额。

根据我国《民法典》第一千一百五十二条规定："继承开始后，继承人于遗产分割前死亡，并没有放弃继承的，该继承人应当继承的遗产转给其继承人，但是遗嘱另有安排的除外。"《民法典》第一千零六十二条规定："夫妻在婚姻关系存续期间所得的下列财产，为夫妻的共同财产，归夫妻共同所有：（一）工资、奖金、劳务报酬；（二）生产、经营、投资的收益；（三）知识产权的收益；（四）继承或者受赠的财产，但是本法第一千零六十三条第三项规定的除外。……"《民法典》第一千一百五十三条规定："夫妻共同所有的财产，除有约定的外，遗产分割时，应当先将共同所有的财产的一半分出为配偶所有，其余的为被继承人的遗产。"本案中，刘宗志在与黄素灵婚姻关系存续期间继承的刘怀南的遗产，应当属于夫妻共同财产，刘宗志死亡后应当把该遗产分给妻子黄素灵一半，剩余的一半遗产属于刘宗志的遗产，由其法定继承人继承。黄素灵是刘宗志的妻子，刘全海和刘全才是刘宗志的儿子，根据法律规定，推定刘全海后于刘宗志死亡，其有权继承刘宗志的遗产，因此，本案黄素灵、刘全海、刘全才三人均为第一顺序的继承人，有权继承刘宗志的遗产。本案中，刘全海继承刘宗志的遗产后死亡，刘全海在与张广云婚姻关系存续期间继承的刘宗志的遗产，应当属于夫妻共同财产，刘全海死亡后应当把该遗产分给妻子张广云一半，剩余的一半遗产属于刘全海的遗产，由其法定继承人继承。张广云是刘全海的妻子，刘新英是刘全海的女儿，张广云和女儿刘新英均为被继承人刘全海的第一顺序的继承人，有权继承刘全海的遗产。

综上所述，本案解决纠纷的可行性建议是：

被继承人刘怀南共有遗产 12 间房屋和 27 万元存款，按照遗嘱继承优先于法定继承的原则，遗产中村东头楼房的第二层三间房屋分配给胡尚华的儿子胡天语。剩余遗产 9 间房屋和 27 万元存款按照法定继承分配。具体分配情况：1. 刘宗霞继承刘怀南遗产中的 3 间房屋和 9 万元存款；2. 刘全华继承刘怀南遗产中的 3 间房屋和 9 万元存款；3. 黄素灵继承刘怀南遗产中的 2 间房屋和 6 万元存款；4. 刘全才继承刘怀南遗产中的 0.5 间房屋和 1.5 万元存款；5. 张广云和刘新英母女共同继承刘怀南遗产中的 0.5 间房屋和 1.5 万元存款。

四、实务训练素材

案例材料 1

李景四与杨廷强均为河北省石家庄市市民，杨廷强经营一家建材生意，李景四从事房屋室内装修工作，李景四经常到杨廷强经营的建材店里购买装修建材，每次李景四到店里购买装修建材时，杨廷强都会在价格上予以优惠，杨廷强把李景四作为生意上的朋友对待，李景四也很欣赏杨廷强，愿意与杨廷强做生意，李景四所用装修材料基本上都是从杨廷强建材店里购买。有时李景四急需使用建材，便列明购买清单，到杨廷强建材店拿货，钱不够就赊账，一般赊账后，下次购买建材时就把赊账补交上，从不拖欠太久。

2020 年 6 月 26 日，李景四承接了一家酒店的室内装修工程，需要的室内装修材料较多，李景四从杨廷强建材店取走了 30 多万元的室内装修材料，结账时资金不够，欠款 20 万元，由于欠款太多，可能会影响到杨廷强进货时的资金周转，杨廷强要求李景四签订一个还款合同，并约定欠款应当支付利息。合同中载明，李景四于 2020 年 6 月 26 日从杨廷强建材店购买室内装饰材料，价值 322500 元，现已付清 122500 元，尚欠货款 200000 元，欠款利率为银行同期贷款利率，返还欠款时应当按照银行同期贷款利率支付利息，但是合同中没有约定还款期限。李景四虽然签订了该合同，但是对于杨廷强要求约定支付欠款利息心里非常不愉快，由于自己确实没有足够的进货资金，李景四无奈只好同意支付利息。

李景四带着几个工人干了 20 多天，终于把酒店装修完毕，酒店交付时，酒店老板张志群因为资金困难，仅支付给李景四 60% 的装修费，尚有约 50 多万元装修费没有结清，李景四支付给工人的工资和返还购买装修材料的借款后，几乎没有剩余。两个月之后，李景四再次去酒店催要装修费时，酒店老板换人了，新的酒店老板说他 10 天前花了 260 万元刚刚接手这家酒店，原来的酒店老板拿到钱后已经撤离，李景四赶紧给张志群打电话，结果手机一直处于关机状态，这时李景四才发现张志群把其装修费卷跑了。

后来原告杨廷强要求被告李景四返还欠款及利息，李景四答复拿到装修费后立即还款。2020 年 11 月 18 日，杨廷强以进货资金短缺为由打电话让李景四想办法返还欠款，李景四从朋友那儿借了几万元钱，偿还了 5 万元欠款及其利息，尚欠 15 万元及其利息。后经杨廷强多次催要余款，李景四于 2021 年 6 月 26 日向原告杨廷强出具保证书，该保证书上载明，李景四保证于 2021 年 7 月 1 日还清欠款 15 万元及欠款利息，如果到期不偿还欠款及利息，愿意承担 6 万元的违约责任。

2021 年 7 月 1 日，李景四未按约定期限归还杨廷强的欠款及利息，杨廷强遂起诉至法院，请求法院判令李景四偿还欠款 15 万元及利息，以及违约金 6 万元。被告在答辩时提出违约金过高，请求法院减少。

案例材料 2

2021 年 3 月 12 日，牛雪莲起诉至法院称：我与姜晓海经婚介所介绍相识，于 2020 年 2 月 16 日登记结婚，婚后无子女。由于婚前了解甚少，双方在婚后发生争吵，我被姜晓海多次辱骂。2020 年 12 月 15 日，我被姜晓海打出家门，现双方已无法共同生活，感情完全破裂。要求：1. 解除我与姜晓海之间的婚姻关系；依法分割夫妻共同财产；2. 姜晓海返还我婚前个人财产 235000 元；3. 依法分割共同存款 120000 元、车牌号为冀 PT5826 的一辆汽车及其他夫妻共同财产；4. 姜晓海返还 2019 年至 2021 年位于石家庄市井陉矿区新华三街星河云海小区 12 号楼 2 单元 503 号房屋租金 38000 元。

姜晓海辩称：牛雪莲所述与事实不符。我没有打骂侮辱过她，也没有欺骗过她。牛雪莲所说的金钱和财产属实，但是这些金钱都用于生活开支了，我不应当返还给她金钱。我同意离婚，我与牛雪莲曾去民政局办理过离婚手续，但因为财产分割意见不一致没有办成离婚。

经查：牛雪莲与姜晓海于 2020 年 2 月 16 日登记结婚，双方均系再婚，婚后无子女。牛雪莲再婚前有一女胡萍萍，姜晓海再婚前有一子姜小四。双方婚后购置有车牌号为冀 PT5826 的汽车一辆（原告与被告双方均认可目前该车估计 12 万元）。

经双方确认，位于石家庄市井陉矿区塔影街 146 号的房屋是姜晓海婚前购买的个人财产，房屋内有共同财产：组合音响一套、木制单人床一张、格力空调一台；姜晓海提交了收据及发票，以证明该房屋内美的牌净水机一台、木制双人床一张、美的壁挂空调两台系其婚前所购。位于石家庄市井陉矿区新华三街星河云海小区 12 号楼 2 单元 503 号房屋是牛雪莲婚前购买的个人财产，房屋内的共同财产有：飞利浦牌 42 英寸液晶电视一台、海尔冰箱一台、沙发一张。

牛雪莲提交了姜晓海名下中国工商银行股份有限公司账号为 0200**********2572 的存折复印件，证明存在夫妻共同财产 120000 元，姜晓海称该笔款项中 60000 元已用于购买保险，20000 元给牛雪莲单位买账单了，剩余 40000 元用于购买车辆。姜晓海没有提供证据予以证明，对此牛雪莲不予认可。

牛雪莲提交了个人业务凭证数张，以证明姜晓海自 2017 年 10 月 15 日至 2019 年 2 月 22 日多次从牛雪莲账户取款共计 235000 元，据此要求姜晓海返还上述款项。姜晓海认可上述款项系其从牛雪莲账户取走，并称双方自 2017 年 6 月开始同居，上述款项用于双方同居期间购买保险、房屋装修等共同生活支出。对此，姜晓海没有提供证据予以证明，牛雪莲不予认可，牛雪莲开始称双方的确是从 2017 年左右居住在一起，为了一起负担开支就把卡给姜晓海，但姜晓海取款情况其并不清楚，后又称双方并未同居，是因为牛雪莲居住在公司宿舍，担心安全问题，故将存折、身份证、房产证放在姜晓海处由姜晓海保管，且存折密码就写在存折上，故姜晓海可以从牛雪莲存折中取款。

牛雪莲称其另有石家庄市井陉矿区新华三街星河云海小区 12 号楼 2 单元 503 号房屋的租金 38000 元在姜晓海手中，并要求姜晓海返还，姜晓海称确有房租 38000 元，但已用于共同生活。姜晓海没有提供证据，牛雪莲不予认可。

五、实务训练过程

1. 学生按照预先分配的小组坐在一起，各组组长抽取本组实务训练素材的案例。

2. 各组针对本组抽取的案例，进行小组讨论，在查明案件事实和相关法律规定的基础上，分析总结案件的处理思路，并提出解决案件纠纷的可行性建议。

3. 各组通过讨论，分析总结案件的处理思路，提出解决案件纠纷的可行性建议，并在作业纸上完整写出小组分析总结的案件处理思路及提出的解决案件纠纷的可行性建议。

4. 各组推荐一位同学到讲台上展示本组分析总结的案件处理思路及提出的解决案件纠纷的可行性建议，并提交小组分析总结的案件处理思路及提出的解决案件纠纷的可行性建议的纸质版。

5. 每组展示成果后，由其他组的同学对该组分析总结的案件处理思路及提出的解决案件纠纷的可行性建议进行点评，教师进行总结，并给出比较客观合理的评分。

单元课后练习

要求：反复阅读案件，掌握案件的基本事实、案件当事人主张，明确案件争议焦点，依据案件事实和查找的法律规范，分析总结案件处理思路，并提出解决案件纠纷的可行性建议。

案例材料 1

2021 年 6 月，童田山诉至法院称：2021 年 1 月 7 日，朱平安雇用童田山及章炳生、余茂竹、朱曦群给周俊友家拆除南平房，在拆除过程中，房顶塌陷，导致童田山、章炳生、余茂竹、朱曦群四人从屋顶坠落，童田山受伤。事后，童田山被送到石家庄市井陉矿区医院住院治疗 21 天，经诊断为胸 12 椎体压缩骨折，共支出医疗费用为 45000 元，周俊友已付 1600 元，朱平安已付 15000 元，对其他费用未付，现童田山的伤经鉴定为十级伤残，故童田山诉至法院，要求朱平安、周俊友赔偿医疗费 45000 元、二次手术费 12000 元、鉴定费 4200 元、误工费 18000 元、护理费 9000 元、住院伙食补助费 1200 元、营养费 4500 元、残疾辅助器具费 2200 元、残疾赔偿金 33000 元、精神损害抚慰金 5000 元及交通费 1500 元，以上共计 135600 元，扣除朱平安、周俊友所给付的部分，实际主张 119000 元。

周俊友辩称：我并没有找童田山给我拆房，也没有与童田山形成劳务雇用关系，我将自家的南平房 5 间拆除工程以包清工的方式承揽给朱平安，当时朱平安说是 3800 元，经协商最后商定的承揽费为 3500 元。后来童田山和其他三人就来拆房。大概 9 时左右，四个人从平房上掉下来，我赶紧打 120 电话，送他们去医院治疗，余茂竹没有受伤，其他三人都受伤了。我给童田山交纳押金 1600 元，并支出抢救费 800 元，共计 2400 元。我方是出于人道主义给童田山垫付了部分医疗费用。我方让他们拆房并不需要有资质的人，童田山他们是比较稳定的小型施工队。因此，我方没有任何过错，故我不同意童田山的诉讼请求。

朱平安辩称：我是经余茂竹介绍给周俊友拆房的，当时，我跟周俊友谈的是每人每天 100 元，中午管顿饭，并没有说承揽费是 3500 元。另，我与童田山不存在雇用关系，我只是代周俊友找人，从中也不挣一分钱，最后周俊友给我 100 至 200 元的油钱。因此，周俊友应该是雇主，应承担童田山的赔偿责任。出事后，我出于人道主义给童田山 15000 元，童田山也给我写了收条。故我不同意童田山的诉讼请求。

经查：童田山与朱平安均是附近村民，朱平安经常组织不固定的 10 人左右进行拆房工作。童田山有时跟着朱平安干活。经余茂竹介绍，朱平安给周俊友拆房，二人协商：朱平安帮助周俊友实施南平房 5 间屋的拆处工程。周俊友称"此工程是 3500 元"。朱平安对此否认称"每人每天 100 元，中午管饭"。但双方对此未提供相应证据。2021 年 1 月 7 日，朱平安指派童田山与余茂竹、章炳生、朱曦群四人到周俊友家拆房，四人在平房上用大锤从东向西往下砸平房顶，余茂竹与章炳生一组，在平房上南边；童田山与朱曦群一组，在平房上北边。童田山称"朱平安系雇主"，朱平安对此否认，并称自己从中不挣一分钱。但其对此未提供相应证据。大约 9 时许，朱曦群用大锤砸到东数第三间的平房顶时，此平房顶整体塌陷，四人从平房顶摔下，童田山及章炳生、朱曦群均受伤。事后，童田山被送往石家庄市井陉矿区医院治疗，经诊断为：胸 12 椎体压缩骨折、双肾囊肿，住院 21 天，周俊友交纳住院押金 1600 元，周俊友给付童田山抢救费 800 元，朱平安给付童田山现金 15000 元，童田山开支医疗费 45000 元。医嘱建议：1. 全休 6 周，在医院期间陪护 1 人，出院全休期间需陪护 1 人，6 周后门诊复查；2. 需腰部支具保护下逐渐继续下地负重活动；3. 注意饮食，逐渐继续腰背肌功能锻炼；4. 不适随诊。童田山于 2021 年 1 月 21 日在石家庄惠生康达医疗器械有限公司购买腰椎外固定支具开支 2200 元。2021 年 7 月 1 日，石家庄市红十字会急诊抢救中心司法鉴定中心对童田山的伤情鉴定为十级伤残；建议误工期为 4～6 个月，营养期为 3 个月，护理期为 2～3 个月，开支鉴定费 4200 元。现童田山诉至法院，要求朱平安、周俊友赔偿医疗费、二次手术费、鉴定费、误工费、护理费、住院伙食补助费、营养费、残疾辅助器具费、残疾赔偿金、精神损害抚慰金及交通费等经济损失，扣除朱平安、周俊友所给付的部分后，实际主张 119000 元。朱平安、周俊友持答辩理由均不同意童田山的诉讼请求。

另查，章炳生证实：朱平安系雇主，四人到周俊友家干活是朱平安指派，并由朱平安发放工资。当时，四人在砸到平房一半时，整个房顶塌陷，四人摔下，自己两个软骨摔伤，并在医院住院 15 天左右，开始治疗时是房主出的钱，后来是朱平安给开支的医疗费约 11000 元等内容。朱曦群证实：朱平安系雇主，四人到周俊友家拆房是朱平安指派，并由朱平安发放工资，自己在朱平安处干有 2 年。当时，自己与童田山一组在平房北边干活，余茂竹与章炳生在平房南边干活，四人与平房顶一起掉下，自己的腰椎十三节摔伤，住院 4～5 天，不知道是谁付的医疗费，后来因为没有钱就出院了等内容。

经核实，童田山的合理经济损失为：医疗费 45000 元、住院伙食补助费 1000 元、误工费 12000 元、护理费 6000 元、营养费 2700 元、交通费 200 元、鉴定费 4200 元、残疾赔偿金 29000 元、残疾辅助器具费 2200 元及精神损害抚慰金 5000 元，以上损失共计 107300 元（包含朱平安、周俊友所支付的费用 17400 元）。

案例材料 2

李晓武和胡晓娟经朋友介绍认识，二人交往一段时间，彼此相互吸引，关系密切，感情真挚，李晓武和胡晓娟的恋爱关系得到了双方家长的认可，半年后，李晓武和胡晓娟领取了结婚证，并隆重地举行了婚礼。婚后李晓武和胡晓娟生活美满，恩爱有加，结婚第二年便生一女儿李小芸，在李小芸三岁时，不幸下肢触电，导致双腿残疾，生活不能自理，行走只能依靠轮椅。

李晓武和胡晓娟努力工作，竭尽所能地照顾好女儿李小芸，虽然李小芸不能行走，只能借助轮椅四处活动，但是李小芸非常乖巧懂事，深受父母的喜爱。李晓武和胡晓娟为了防止将来二人年龄大了无人照顾女儿李小芸，希望再养育一个孩子，将来可以陪伴和照顾李小芸，但是，经医院诊断胡晓娟无法再次怀孕。后来在亲友的帮助下，李晓武和胡晓娟夫妇收养了一个 3 岁的孤儿，取名李小海。李小海从小不服管教，经常在外打架斗殴、惹是生非。李晓武和胡晓娟经常花钱帮助李小海平息纠纷，后来李小海知道李晓武和胡晓娟不是自己的亲生父母，认为李晓武夫妇偏爱李小芸，心存忌恨。李小海初中毕业就不愿意继续上学，下学后不久便结交了一些狐朋狗友，整日游手好闲，在社会上瞎混。李晓武和胡晓娟多次规劝李小海不要与社会上不良青少年结交，李小海根本听不进去，多次因打架斗殴被公安机关拘留。李小海成年之后很少回家，与一帮有劣迹的青年长期混在一起。后来李晓武因车祸去世，肇事司机赔偿了一笔钱，胡晓娟把钱存入银行，以备不时之需。李晓武去世后李小海经常向胡晓娟索要金钱，胡晓娟不给，李小海就对胡晓娟大打出手，李小海多次对胡晓娟使用暴力进行殴打，并经常辱骂其养母胡晓娟。有一次李小海把胡晓娟的胳膊打骨折了，胡晓娟的侄女胡丽萍把胡晓娟送到医院治疗并进行照顾。后来胡晓娟身患重病，瘫卧在床生活无法自理，李小海明知养母和姐姐李小芸需要照顾，但是从不回家履行照顾义务，一直在外面混迹社会。胡晓娟的侄女胡丽萍刚结婚不久，得知姑姑胡晓娟的情况后，便与丈夫于懋柱一起承担了照顾胡晓娟和李小芸的责任，为了照顾方便，胡丽萍夫妇把胡晓娟和李小芸接到自己家里，细心照料。胡晓娟和李小芸在胡丽萍家非常开心，也非常感激胡丽萍夫妇。三年之后，胡晓娟病情恶化，胡丽萍夫妇赶紧把胡晓娟送往医院抢救，在医院住院 5 日，仍然没能挽救胡晓娟的生命，胡晓娟临死之前托付胡丽萍夫妇好好照看李小芸，胡丽萍夫妇答应了胡晓娟的嘱托，胡晓娟便离开了人世。

胡晓娟留有生前所立合法自书遗嘱，将其存款 60 万元由女儿李小芸和侄女胡丽萍平分。胡晓娟为了解决后顾之忧，与于懋柱夫妇签订了抚养遗赠协议，协议内容是自愿把自己的 3 间房屋（包含院子）在其死后遗留给于懋柱夫妇，条件是需要于懋柱夫妇照顾李小芸以后的生活。另外胡晓娟还留下其他合法遗产价值约 260 万元。就在胡晓娟去世的第三天，遗产还没有执行，于懋柱意外出车祸死亡。现在，李小海要求分割胡晓娟的遗产，李小芸、胡丽萍不同意李小海分割胡晓娟的遗产，因此发生纠纷。

本单元案例材料参考答案要点：

学习任务一之实务训练素材（案例材料 1）参考答案要点

本案的案件处理思路：

根据我国《民法典》第二百九十七条规定："不动产或者动产可以由两个以上单位、个人共有。共有包括按份共有和共同共有。"民法典》第二百九十九条规定："共同共有人对共有的不动产或者动产共同享有所有权。"《民法典》第三百零四条规定："共有人可以协商确定分割方式。达不成协议，共有的不动产或者动产可以分割并且不会因分割减损价值的，应当对实物予以分割。"本案中，天津市滨海新区小王庄镇南街王土楼村 15 号院内房屋系孟凡华夫妇与孟庆军、周翠荣共同出资建造的，应当属于孟凡华夫妇与孟庆军、周翠荣的共同财产，孟凡华夫妇与孟庆军、周翠荣作为房屋的共有人有权通过协商对 15 号院内房屋进行分割。

根据我国《民法典》第四百六十五条规定："依法成立的合同，对当事人具有法律约束力。当事人应当按照约定履行自己的义务，不得擅自变更或者解除合同。依法成立的合同，受法律保护。"《民法典》第五百四十三条规定："当事人协商一致，可以变更合同。"本案中，2014 年 5 月，经过孟庆军与周翠荣夫妇及其子女同意签订了房屋分割协议，2021 年 1 月 15 日，孟庆军、周翠荣与孟凡华又重新签订《分家协议书》一份，该协议的内容为：北院正房 5 间，东厢房 4 间和西厢房 4 间，一共 13 间，全归孟庆军、周翠荣所有，其余房屋包括前院正房 5 间（含过道），前院东房 3 间、西房 3 间，共计 11 间房屋（含过道），全归孟凡华所有，与其他子女无关。2021 年的《分家协议书》变更了 2013 年协议的内容，2021 年的《分家协议书》系房屋共有人孟庆军、周翠荣与孟凡华的真实意思表达，对当事人具有法律约束力。

综上所述，天津市滨海新区小王庄镇南街王土楼村 15 号院内的房屋，应当按照 2021 年 1 月 15 日孟庆军、周翠荣与孟凡华签订的《分家协议书》的约定进行分割。

学习任务一之实务训练素材（案例材料 2）参考答案要点

本案处理思路：

根据我国《民法典》第六百五十七条规定："赠与合同是赠与人将自己的财产无偿给予受赠人，受赠人表示接受赠与的合同。"本案中，钱思明、赵芙蓉与钱桂龙、钱桂虎、钱桂英共同签订了《赠与协议》，将钱思明和赵芙蓉所有的位于天津市津南区辛庄镇张家嘴村的住房和院落无偿赠与钱桂龙、钱桂虎、钱桂英。钱思明和赵芙蓉签订该协议的行为属于赠与行为，该协议属于赠与合同。赵芙蓉不同意进行笔迹鉴定，所以其主张自己没有在赠与协议上签字难以采信。

根据我国《民法典》第一百四十三条规定："具备下列条件的民事法律行为有效：（一）行为人具有相应的民事行为能力；（二）意思表示真实；（三）不违反法律、行政法规的强制性规定，不违背公序良俗。"本案中，钱思明、赵芙蓉与钱桂龙、钱桂虎、钱桂英签订赠与协议是一种民事法律行为，赵芙蓉及其他当事人签订该赠与协议时均具有完全的民事行为能力，是其真实的意思表示，并且该协议既不违反法律、行政法规的强制性规定，也不违背公序良俗，因此，该赠与协议具备合同有效的构成要件，应当合法有效。

根据我国《民法典》第四百六十五条的规定："依法成立的合同，对当事人具有法律约束力。当事人应当按照约定履行自己的义务，不得擅自变更或者解除合同。依法成立的合同，受法律保护。"本案中，钱思明、赵芙蓉与钱桂龙、钱桂虎、钱桂英共同签订的《赠与协议》合法有效，钱思明、赵芙蓉及其他当事人应当按照赠与协议的约定履行自己的义务。

综上所述，赵芙蓉认为该赠与协议无效，没有法律依据，难以得到支持。该赠与协议合法有效，赵芙蓉应当按照赠与协议的约定履行自己的义务。

学习任务二之实务训练素材（案例材料1）参考答案要点

本案解决纠纷的可行性建议：

提出解决案件纠纷的可行性建议必须以分析案件处理思路为基础，所以，我们要提出解决案件纠纷的可行性建议，就应当首先分析总结本案的处理思路。

本案纠纷主要关于欠款及其利息的返还和违约金的支付问题。根据我国《民法典》第四百六十五条的规定："依法成立的合同，对当事人具有法律约束力。当事人应当按照约定履行自己的义务，不得擅自变更或者解除合同。依法成立的合同，受法律保护。"本案中，2020年6月26日，李景四购买杨廷强的装修材料时，因携带资金不够，双方签订一个还款合同，合同约定李景四欠杨廷强装修材料费20万元，欠款利率为银行同期贷款利率，返还欠款时应当按照银行同期贷款利率支付利息。该欠款合同是当事人双方真实意思表达，合同合法有效，对双方当事人具有法律约束力。

根据我国《民法典》第五百八十五条的规定："当事人可以约定一方违约时应当根据违约情况向对方支付一定数额的违约金，也可以约定因违约产生的损失赔偿额的计算方法。约定的违约金低于造成的损失的，当事人可以请求人民法院或者仲裁机构予以增加；约定的违约金过分高于造成的损失的，当事人可以请求人民法院或者仲裁机构予以适当减少。当事人就迟延履行约定违约金的，违约方支付违约金后，还应当履行债务。"本案中，李景四拖欠杨廷强15万元货款及其利息，李景四于2021年6月26日向原告杨廷强出具保证书，该保证书上载明，李景四保证于2021年7月1日还清欠款15万元及欠款利息，如果到期不偿还欠款及利息，愿意承担6万元的违约责任。该违约金的约定是李景四与杨廷强的真实意思，按照法律规定李景四和杨廷强可以对到期不还欠款及利息约定违约责任。

根据保证书约定的还款期限只有短短的 6 天，李景四拖欠货款的客观原因是其装修款未能收回，以及欠款 15 万元及其利息给原告杨廷强可能造成的损失，综合考虑这些因素，要求李景四承担 6 万元的违约金，确实属于"过分高于造成的损失"。被告李景四提出违约金过高，请求法院予以减少，于法有据，应当予以支持。

综上所述，本案解决纠纷的可行性建议是：

被告李景四应当按照双方约定，返还杨廷强装修材料欠款 15 万元及其利息（从 2020 年 6 月 26 日购买装修材料之日起至还款之日止，按照银行同期贷款利率计算）；本案综合考虑案件的各种因素，原告杨廷强要求李景四承担 6 万元的违约金，确实属于"过分高于造成的损失"。依法应当予以减少，建议该违约金不高于 4 万元为宜。

学习任务二之实务训练素材（案例材料 2）参考答案要点

本案解决纠纷的可行性建议：

提出解决案件纠纷的可行性建议必须以分析案件处理思路为基础，所以，我们先分析总结本案的处理思路，在此基础上，提出解决案件纠纷的可行性建议。

根据我国《民法典》第一千零七十九条规定："男女一方要求离婚的，可由有关部门进行调解或直接向人民法院提出离婚诉讼。人民法院审理离婚案件，应当进行调解；如感情确已破裂，调解无效，应准予离婚。"本案中，牛雪莲因性格不合要求与姜晓海离婚，二人婚后多次发生矛盾，导致感情已经破裂，符合离婚的条件，现姜晓海也同意离婚，故应当准予牛雪莲与姜晓海离婚。

根据我国《民法典》第一千零六十三条规定："有下列情形之一的，为夫妻一方的财产：（一）一方的婚前财产；……"本案中，位于石家庄市井陉矿区塔影街 146 号的房屋及房屋内的美的牌净水机一台、木制双人床一张、美的壁挂空调两台均是姜晓海婚前购买的财产，应当属于姜晓海个人所有。位于石家庄市井陉矿区新华三街星河云海小区 12 号楼 2 单元 503 号房屋是牛雪莲婚前购买的，应当属于牛雪莲的个人财产，归牛雪莲个人所有。

根据我国《民法典》第一千零六十二条规定："夫妻在婚姻关系存续期间所得的下列财产，归夫妻共同所有：（一）工资、奖金；（二）生产、经营的收益；（三）知识产权的收益；（四）继承或赠与所得的财产，但本法第一千零六十三条第三项规定的除外；（五）其他应当归共同所有的财产。夫妻对共同所有的财产，有平等的处理权。"本案中，车牌号为冀 PT5826 的一辆汽车是牛雪莲与姜晓海婚姻关系存续期间共同购买的，应当属于夫妻共同财产。位于石家庄市井陉矿区塔影街 146 号的房屋内的组合音响一套、木制单人床一张、格力空调一台和位于石家庄市井陉矿区新华三街星河云海小区 12 号楼 2 单元 503 号房屋内的飞利浦牌 42 英寸液晶电视一台、海尔冰箱一台、沙发一张，均是牛雪莲与姜晓海婚姻关系存续期间共同购买的，应当属于夫妻共同财产。姜晓海名下中国工商银行股份有限公司账号为 02002**********2572 的存折内 120000 元，是牛雪莲与姜晓海婚姻关系存续期间共同积累的财产，应当属于夫妻共同财产，姜晓海认为该存款已经合理支出了，但其没有提供证据予以证明。

根据我国《民法典》第一千零八十七条规定："离婚时，夫妻的共同财产由双方协议处理；协议不成时，由人民法院根据财产的具体情况，照顾子女和女方权益的原则判决。"另外，根据我国《最高人民法院关于人民法院审理未办结婚登记而以夫妻名义同居生活案件的若干意见》第八条规定："人民法院审理非法同居关系的案件，如涉及非婚生子女抚养和财产分割问题，应一并予以解决。具体分割财产时，应照顾妇女、儿童的利益，考虑财产的实际情况和双方的过错程度，妥善分割。"本案中，牛雪莲和姜晓海于 2017 年 6 月便在一起同居生活，牛雪莲的婚前个人财产 235000 元及其房屋租金 38000 元均在牛雪莲知情的情况下由姜晓海掌管，考虑到双方确实存在共同生活支付的问题，而姜晓海对上述款项的使用情况未作出明确地说明和提供充分的证据，应当酌定姜晓海适当补偿牛雪莲一定数额的金钱。

综上所述，本案解决纠纷的可行性建议是：

应当准予牛雪莲与姜晓海离婚。车牌号为冀 PT5826 的一辆汽车归姜晓海所有，姜晓海应当给付牛雪莲折价款 6 万元。位于石家庄市井陉矿区塔影街 146 号的房屋内的组合音响一套、木制单人床一张、格力空调一台归姜晓海所有，位于石家庄市井陉矿区新华三街星河云海小区 12 号楼 2 单元 503 号房屋内的飞利浦牌 42 英寸液晶电视一台、海尔冰箱一台、沙发一张归牛雪莲所有。姜晓海应当给付牛雪莲补偿款 200000 元。

学习单元七　综合训练

本单元是民事案件处理的综合训练，通过学生对民事案件处理的整个工作过程的学习和训练，包含案件事实概括、案件证据材料分析、案件法律关系分析、案件相关法律规定查找与分析、案件争议焦点归纳和案件处理思路六个学习单元（细化为 18 个学习任务），学生能够根据所给案件，综合运用所学的六个单元的知识，独立完成民事案件处理的整个过程，以事实为依据，以法律为准绳，公正合法地解决民事案件纠纷。

一、教学目标和要求

通过本单元的综合实训，要求学生能够根据所提供民事案件，运用所学的六个学习单元的知识，独立完成民事案件处理的整个过程，提高处理民事案件和解决民事纠纷的综合能力。

二、教学示范

教师提供民事案件资料，示范和引导学生综合运用所学的六个单元的知识，独立完成民事案件处理的整个过程。教师可以综合运用讲授法、问答法、示范法等教学方法完成本阶段课堂教学任务。

【案例材料】

董勇建和郝平玲从小青梅竹马，关系一直非常亲密，上学后又是同班同学，形影不离，二人的家长关系也很好。董勇建和郝平玲成年后，互相爱慕，双方父母都很支持二人交往。几年之后，双方家长协商，确定了二人的婚事，不久，双方家长为董勇建和郝平玲举办了隆重的婚礼，董勇建和郝平玲开始了幸福甜蜜的夫妻生活。事实上，举行婚礼之前董勇建和郝平玲就去民政局办理了结婚手续，领取了结婚证书，成为合法的夫妻。

董勇建和郝平玲婚后生活很甜蜜，夫妻相互恩爱，董勇建对郝平玲照顾有加，二人共生育三个子女：董智英、董智强、董智霞。董勇建和郝平玲一边做生意，一边抚养三个孩子，非常辛苦，虽然家庭不是非常富裕，但通过夫妻二人辛勤劳作，生意一直不错，也积累了一些财产。董勇建和郝平玲感到非常幸运的是家庭生活平静，和谐温暖，一家人和睦相处、相亲相爱、幸福快乐。

长女董智英成年之后，嫁给了雍平斌，婚后生活比较幸福，第二年便生育一女雍红芳，董智英经常带着女儿过来看望董勇建和郝平玲，董勇建和郝平玲也很喜欢外孙女雍红芳。

长子董智强经朋友介绍认识了陈建花，二人一见如故，很快陷入爱河，交往一年后，董智强与陈建花结为夫妻，结婚后，董智强与陈建花生育了三个儿子：董万虎、董万豹、董万鹰，妻子陈建花一直希望一个女儿，经常念叨女儿是父母的小棉袄，可惜自己生的都是淘气的儿子。遗憾的是经过医生检查，陈建花以后无法再生育子女，不能再生育对陈建花的打击很大，这就意味着他们可能再也不会有女儿了。陈建花经常怨天尤人，认为上帝在惩罚自己，陈建花糟糕的心情，直接影响到正常的生活，无论董智强怎么规劝陈建花，陈建花都无法摆脱没有女儿的痛苦。后来在亲友的帮助下，董智强与陈建花收养了一个女儿，取名董万芝，这才解决了陈建花的心病。陈建花对养女董万芝非常疼爱，在养女的陪伴下，陈建花心情高兴，能够以积极上进的态度面对生活，一家人又恢复了往日的平静。2020 年 4 月 25 日，董智强与朋友一起进货，回来的途中遭遇车祸，董智强在送往医院的途中不幸去世。

三女董智霞已经出嫁，并育有一子，生活无忧。董勇建于 2021 年 4 月 28 日病故，其妻郝平玲于 2021 年 5 月 12 日去世。董勇建和郝平玲去世后均未分割遗产。郝平玲去世前，曾对家里财产进行统计，共有人民币 120 万元，黄金 30 两，其他合法家庭财产约 6 万元。上述遗产由董智霞保管，董智霞称董勇建 2021 年 4 月 20 日留下一份自书遗嘱，内容是董勇建死后自愿把自己所有的财产都遗留给女儿董智霞。董智英与董智强的四个子女均认为该遗嘱是伪造的，董勇建 2021 年 4 月 15 日住院时就已经昏迷，再也没有恢复清醒，不可能自书遗嘱。董智英与董智强的四个子女要求分割董勇建和郝平玲的遗产，遭到董智霞的拒绝，便一纸诉状把董智霞起诉至法院，要求依法分割董勇建和郝平玲的遗产。

【教学步骤】

1. 让学生仔细阅读案件资料，根据本门课程所学知识，概括案件事实、归纳和分析案件证据材料、归纳和分析案件法律关系、查找与分析案件相关法律规定、概括和分析案件争议焦点并阐明案件的处理思路。

2. 引导和示范学生综合运用所学的六个单元的知识，独立完成民事案件处理的整个过程。

3. 根据上述案件资料，在示范学生综合运用所学的六个单元的知识，独立完成民事案件处理的整个过程时，引导学生掌握综合运用所学的六个单元的知识独立完成民事案件处理整个过程的技巧。

学习单元一　概括案件事实之（任务一：概括案件基本事实）

董勇建和郝平玲系夫妻关系，二人共生育三个子女：董智英、董智强、董智霞。长女董智英成年之后，嫁给了雍平斌，婚后第二年便生育一女雍红芳。长子董智强与陈建花结为夫妻，生育了三个儿子：董万虎、董万豹、董万鹰，后收养一女董万芝。2020 年 4 月 25 日，董智强遭遇车祸死亡。

董勇建于 2021 年 4 月 28 日病故，其妻郝平玲于 2021 年 5 月 12 日去世。董勇建和郝平玲去世后均未分割遗产。二人遗产共有：人民币 120 万元，黄金 30 两，其他合法家庭财产约 6 万元。上述遗产由董智霞保管，董智霞称董勇建 2021 年 4 月 20 日留下一份自书遗嘱，内容是把自己所有的财产都遗留给女儿董智霞。董智英与董智强的四个子女均认为该遗嘱是伪造的，董勇建 2021 年 4 月 15 日住院时就已经昏迷，不可能自书遗嘱。董智英与董智强的四个子女要求依法分割董勇建和郝平玲的遗产。

学习单元一　概括案件事实之（任务二：查明待查案件事实）

1. 董勇建 2021 年 4 月 20 日自书遗嘱时精神状态如何。

理由：董勇建 2021 年 4 月 20 日自书遗嘱是否有效，与董勇建立遗嘱时自己的精神状态有着密切的联系，如果其昏迷不醒，无法进行正常的意思表示，则不属于完全民事行为能力人，其自书遗嘱无效；如果董勇建立遗嘱时，意识清醒，能够正确表达自己的观点，则属于完全民事行为能力人，其自书遗嘱应当有效。因此，需要到董勇建生前所住医院进行调查，根据董勇建当时的病情，结合医生、护士及其他同室的病人的描述，进一步查明董勇建 2021 年 4 月 20 日的精神状态，其是否属于完全民事行为能力人，能否自书遗嘱。

2. 可以对董勇建的自书遗嘱进行笔迹鉴定。

既然董智英与董智强的四个子女均认为该遗嘱是伪造的，那么可以对董勇建的自书遗嘱进行笔迹鉴定，从而判断该遗嘱的真伪。

学习单元二　案件证据材料分析之（任务一：归纳原告的证据材料）

本案中原告董智英、董万虎、董万豹、董万鹰、董万芝可以提供以下证据材料：1. 家庭关系证明；2. 董勇建的死亡证明；3. 郝平玲的死亡证明；4. 董智强的死亡证明；5. 董勇建和郝平玲的家庭财产统计证明；6. 医生和护士的证人证言。

学习单元二　案件证据材料分析之（任务二：归纳被告的证据材料）

本案中被告董智霞可以提供以下证据材料：1. 董智霞与董勇建和郝平玲之间的直系亲属关系证明；2. 董勇建的死亡证明；3. 郝平玲的死亡证明；4. 父亲董勇建 2021 年 4 月 20 日留下的一份自书遗嘱。

学习单元二　案件证据材料分析之（任务三：分析案件的证据材料）

本案的证据材料分析如下：

1. 家庭关系证明：证明董勇建和郝平玲系董智英、董智强、董智霞的父母，董万虎、董万豹、董万鹰和董万芝董系董智强的子女。

2. 董勇建的死亡证明：证明董勇建于 2021 年 4 月 28 日病故。

3. 郝平玲的死亡证明：证明郝平玲于 2021 年 5 月 12 日去世。

4. 董智强的死亡证明：证明董智强于 2021 年 4 月 25 日去世。

5. 家庭财产统计证明：证明董勇建和郝平玲死亡后，共同遗留遗产包括：人民币 120 万元，黄金 30 两，其他合法家庭财产约 6 万元。

6. 医生和护士的证人证言：证明 2021 年 4 月 20 日，董勇建住院期间其昏迷不醒，无法进行正常的意思表示。

7. 董勇建的自书遗嘱：被告董智霞认为父亲董勇建 2021 年 4 月 20 日留下的一份自书遗嘱，是其亲笔书写的，应当合法有效。

学习单元二　案件证据材料分析之（任务四：制作原告的证据清单）

本案原告的证据清单如下：

民事案件证据清单

序号	证据名称	证据来源	页码	份数	证明对象	原件/复印件	备注
1	家庭关系证明	村委会	1-2	3	证明董勇建和郝平玲系董智英、董智强、董智霞的父母、董智英、董智强、董智霞均可以作为第一顺序继承人继承董勇建和郝平玲的遗产。董万虎、董万豹、董万鹰和董万芝系董智强的子女，依法享有代位继承权	复印件	
2	董智强的死亡证明	石家庄市柳林屯乡派出所	3	3	证明董智强于 2020 年 4 月 25 日去世，其子女可以代位继承其应继承的父母遗产	复印件	

续表

序号	证据名称	证据来源	页码	份数	证明对象	原件/复印件	备注
3	董勇建的死亡证明	石家庄市柳林屯乡派出所	4	3	证明董勇建于 2021 年 4 月 28 日病故	复印件	
4	郝平玲的死亡证明	石家庄市柳林屯乡派出所	5	3	证明郝平玲于 2021 年 5 月 12 日去世	复印件	
5	家庭财产统计证明	郝平玲自书	6	3	证明董勇建和郝平玲死亡后,遗留共同遗产包括:人民币 120 万元、黄金 30 两,其他合法家庭财产约 6 万元	复印件	
6	医生和护士的证人证言	医生和护士	7-8	3	证明 2021 年 4 月 20 日,董勇建住院期间其昏迷不醒,无法进行正常的意思表示,不可能自书遗嘱	复印件	

举证人:董智英、董万虎、董万豹、董万鹰和董万芝　　　　举证时间:2021 年 7 月 18 日

学习单元二　案件证据材料分析之(任务五:制作被告的证据清单)

本案被告的证据清单如下:

民事案件证据清单

序号	证据名称	证据来源	页码	份数	证明对象	原件/复印件	备注
1	父母子女关系证明	村委会	1-2	3	证明董勇建和郝平玲与董智霞之间系父母子女关系,董智霞可以作为第一顺序继承人继承董勇建和郝平玲的遗产	复印件	
2	董勇建的死亡证明	石家庄市柳林屯乡派出所	3	3	证明董勇建于 2021 年 4 月 28 日病故	复印件	
3	郝平玲的死亡证明	石家庄市柳林屯乡派出所	4	3	证明郝平玲于 2021 年 5 月 12 日去世	复印件	
4	董勇建的自书遗嘱	董勇建自书	5-6	3	证明董勇建于 2021 年 4 月 20 日留下一份自书遗嘱,遗嘱记载其死后把自己所有的财产都遗留给女儿董智霞	复印件	

举证人:董智霞　　　　举证时间:2021 年 7 月 29 日

学习单元三　案件法律关系分析之(任务一:阐明当事人争议主张)

本案当事人主张有:1. 原告董智英、董万虎、董万豹、董万鹰和董万芝均主张:2021 年 5 月 20 日,董勇建住院期间其昏迷不醒,无法进行正常的意思表示,不可能自书遗嘱,其自书遗嘱应当是伪造的,要求依法分割董勇建和郝平玲的遗产。2. 董智霞认为董勇建 2021 年 7 月 20 日遗留的自书遗嘱有效,应当按照遗嘱

的内容执行董勇建的遗产。

本案的民事法律关系有：1. 董智英、董智强、董智霞与董勇建、郝平玲之间的法定继承关系；2. 董万虎、董万豹、董万鹰和董万芝与董勇建、郝平玲之间的代位继承关系；3. 董智霞与董勇建之间的遗嘱继承关系。

本案的民事法律关系分析：

1. 董智英、董智强、董智霞与董勇建、郝平玲之间的法定继承关系。董勇建和郝平玲夫妻二人先后去世，遗产没有分割，董智英、董智强、董智霞系董勇建和郝平玲的婚生子女，属于法定继承的第一顺序的继承人，依法享有继承董勇建和郝平玲遗产的权利。

2. 董万虎、董万豹、董万鹰和董万芝与董勇建、郝平玲之间的代位继承关系。董智强系董勇建和郝平玲的儿子，董智强先于董勇建和郝平玲死亡，董万虎、董万豹、董万鹰和董万芝是董智强的子女，董勇建和郝平玲死亡后，董万虎、董万豹、董万鹰和董万芝依法有权代替其父亲董智强继承董勇建和郝平玲的遗产，这就是继承法上的代位继承。

3. 董智霞与董勇建之间的遗嘱继承关系。遗嘱继承优先于法定继承，如果本案中董勇建所立自书遗嘱有效，那么董智霞作为董勇建的女儿，可以依法按照遗嘱的内容继承董勇建的遗产。

本案涉及的相关法律规定有：1.《民法典》第一千一百二十三条："继承开始后，按照法定继承办理；有遗嘱的，按照遗嘱继承或者遗赠办理；有遗赠扶养协议的，按照协议办理。"2.《民法典》第一千一百二十七条："遗产按照下列顺序继承：第一顺序：配偶、子女、父母。"3.《民法典》第一千一百二十八条："被继承人的子女先于被继承人死亡的，由被继承人的子女的晚辈直系血亲代位继承。代位继承人一般只能继承他的父亲或者母亲有权继承的遗产份额。"4.《民法典》第一千一百三十条："同一顺序继承人继承遗产的份额，一般应当均等。"5.《民法典》第一千一百四十三条："无行为能力人或者限制行为能力人所立的遗嘱无效。遗嘱必须表示遗嘱人的真实意思，受胁迫、欺骗所立的遗嘱无效。伪造的遗嘱无效。遗嘱被篡改的，篡改的内容无效。"

学习单元四　案件相关法律规定查找与分析之（任务二：分析案件相关法律规定）

本案的相关法律规定分析如下：1.《民法典》第一千一百四十三条："无行为能力人或者限制行为能力人所立的遗嘱无效。遗嘱必须表示遗嘱人的真实意思，受胁迫、欺骗所立的遗嘱无效。伪造的遗嘱无效。遗嘱被篡改的，篡改的内容无效。"本案中，医生和护士均证明 2021 年 4 月 20 日，董勇建住院期间其昏迷不醒，无法进行正常的意思表示，不可能自书遗嘱，另外，通过笔迹鉴定也可以判断董勇建自书遗嘱属于伪造遗嘱。根据法律规定伪造的遗嘱无效，本案中董勇建的自书遗嘱属于伪造遗嘱，所以该遗嘱不具有法律效力。2.《民法典》第一千一百二十七条规定："遗产按照下列顺序继承：第一顺序：配偶、子女、父母。"《民法典》第一千一百三十条规定："同一顺序继承人继承遗产的份额，一般应当均等。"本案中，董智英、董智强、董智霞系董勇建和郝平玲的婚生子女，属于法定继承的第一顺序的继承人，董勇建和郝平玲去世后，董智英、董智强、董智霞依法享有均等继承董勇建和郝平玲遗产的权利。3.《民法典》第一千一百二十八条："被继承人的子女先于被继承人死亡的，由被继承人的子女的晚辈直系血亲代位继承。代位继承人一般只能继承他的父亲或者母亲有权继承的遗产份额。"本案中，董智强系董勇建和郝平玲的儿子，董智强先于董勇建和郝平玲死亡，董勇建和郝平玲死亡后，董万虎、董万豹、董万鹰和董万芝是董智强的子女，属于其晚辈直系血亲，所以，董万虎、董万豹、董万鹰和董万芝依法有权代替其父亲董智强继承董勇建和郝平玲的遗产，董万虎、董万豹、董万鹰和董万芝只能继承其父亲董智强有权继承的遗产份额。

学习单元四　案件相关法律规定查找与分析之（任务三：归纳案件案由）

本案的民事案由是：法定继承纠纷。

学习单元五　案件争议焦点概括与分析之（任务一：明确当事人权利和义务）

本案当事人的主要权利和义务有：1. 原告有提起诉讼的权利。2. 原告胜诉后有申请执行判决的权利。3. 按规定交纳诉讼费用的义务。4. 被告董智霞有承认或者反驳原告的诉讼请求的权利。5. 原告与被告都有委托诉讼代理人的权利、收集和提供证据的权利、请求调解的权利、提起上诉和申请撤回上诉的权利。6. 原告与被告都有按时到庭参加诉讼的义务、遵守诉讼秩序的义务和履行人民法院已经发生法律效力的判决、裁定和调解书的义务

学习单元五　案件争议焦点概括与分析之（任务二：概括案件争议焦点）

本案的争议焦点有：1. 2021 年 4 月 20 日，董勇建住院期间其神智是否清晰，能否正常表达自己的意思。2. 董勇建的自书遗嘱是否是伪造的遗嘱。

学习单元五　案件争议焦点概括与分析之（任务三：分析案件争议焦点）

本案的争议焦点的分析：

1. 2021 年 4 月 20 日，董勇建住院期间其神智是否清晰，能否正常表达自己的意思。根据董勇建住院期间的主治医生、看护护士及同室病人的证言，可以确定董勇建 2021 年 4 月 20 日处于昏迷状态，基本上无意识，无法正常表达自己的意思，不可能自书遗嘱。

2. 董勇建的自书遗嘱是否是伪造的遗嘱。根据董勇建住院期间的精神状况可以确定董勇建 2021 年 4 月 20 日不可能完成自书遗嘱的行为，通过对自书遗嘱进行笔迹鉴定，可以得出结论该遗嘱不是董勇建书写的遗嘱，董勇建的自书遗嘱系伪造遗嘱，不具有法律效力。

学习单元六　案件处理之（任务一：分析总结案件的处理思路）

本案的处理思路：本案是一起法定继承纠纷。根据《民法典》第一千一百四十三条规定："无行为能力人或者限制行为能力人所立的遗嘱无效。遗嘱必须表示遗嘱人的真实意思，受胁迫、欺骗所立的遗嘱无效。伪造的遗嘱无效。遗嘱被篡改的，篡改的内容无效。"本案中，医生和护士均证明 2021 年 4 月 20 日，董勇建住院期间其昏迷不醒，无法进行正常的意思表示，不可能自书遗嘱。另外，通过笔迹鉴定也可以判断董勇建自书遗嘱属于伪造遗嘱。根据法律规定伪造的遗嘱无效，本案中董勇建的自书遗嘱属于伪造遗嘱，所以该遗嘱不具有法律效力，不能按照该自书遗嘱分配董勇建的遗产。

根据《民法典》第一千一百二十七条规定："遗产按照下列顺序继承：第一顺序：配偶、子女、父母。"《民法典》第一千一百三十条规定："同一顺序继承人继承遗产的份额，一般应当均等。"本案中，董智英、董智强、董智霞系董勇建和郝平玲的婚生子女，属于法定继承的第一顺序的继承人，董勇建和郝平玲去世后，董智英、董智强、董智霞依法享有均等继承董勇建和郝平玲遗产的权利。

根据《民法典》第一千一百二十八条规定："被继承人的子女先于被继承人死亡的，由被继承人的子女的晚辈直系血亲代位继承。代位继承人一般只能继承他的父亲或者母亲有权继承的遗产份额。"本案中，董智强系董勇建和郝平玲的儿子，董智强先于董勇建和郝平玲死亡，董勇建和郝平玲死亡后，董万虎、董万豹、董万鹰和董万芝作为董智强的子女，属于其晚辈直系血亲，所以，董万虎、董万豹、董万鹰和董万芝依法有权代替其父亲董智强继承董勇建和郝平玲的遗产，不过，董万虎、董万豹、董万鹰和董万芝只能继承其父亲董智强有权继承的遗产份额。

综上所述，本案中，被继承人董勇建和郝平玲的遗产应当由董智英、董智霞及董智强的子女董万虎、董万豹、董万鹰和董万芝继承。

学习单元六 案件处理之（任务二：提出解决案件纠纷的可行性建议）

本案解决纠纷的可行性建议：提出解决案件纠纷的可行性建议必须以分析案件处理思路为基础，所以，根据上文分析总结的本案处理思路，可以提出如下解决案件纠纷的可行性建议。

本案中，董勇建和郝平玲去世后均未分割遗产。董勇建和郝平玲二人共同遗留的遗产为：人民币 120 万元，黄金 30 两，其他合法家庭财产 6 万元。根据上文分析的结果，董勇建和郝平玲的遗产应当由其子女董智英、董智强、董智霞三人均等继承。董智强先于董勇建和郝平玲死亡，所以董智强应当继承的遗产份额，由董智强的子女董万虎、董万豹、董万鹰和董万芝代位继承。综上所述，本案中，董勇建和郝平玲的遗产分配如下：董智英继承人民币 40 万元、黄金 10 两、其他财产 2 万元；董智霞继承人民币 40 万元、黄金 10 两、其他财产 2 万元；董万虎、董万豹、董万鹰和董万芝共同继承人民币 40 万元、黄金 10 两、其他财产 2 万元。

三、综合实务训练素材

案例材料 1

2021 年 6 月 15 日，高骏华起诉至法院称：2021 年 1 月 12 日，天津龙兴华泰商贸有限公司对位于天津市河东区世纪嘉园西区西门临街的裙楼进行装修，该楼紧邻小区西门及外侧人行道。该楼内楼地板被拆掉与地下室贯通，且装修范围内未设置防护栏，也没有警示标志。1 月 16 日晚上 9 时左右，高骏华准备进入小区，误认为装修现场的台阶和门口可以通过，便沿台阶进入装修范围，导致高骏华跌落到 6.7 米深的地下室。当晚高骏华被送到天津市河东区圣安医院抢救，诊断出多处骨折，并接受内固定物手术。本次事故给高骏华造成巨大经济损失的同时，也给高骏华带来了极大的精神痛苦。现诉至法院，要求天津龙兴华泰商贸有限公司赔偿门诊医疗费 4500 元、住院费 120000 元、住院伙食补助费 2400 元、康复治疗的器械费用 8500 元、自购药费 1200 元、营养费 1200 元、交通费 300 元、陪护人员误工费 230000 元、继续治疗费 6 万元、精神损害赔偿金 5 万元、伤残赔偿金 178000 元、鉴定费 2000 元、康复治疗费 9000 元。

天津龙兴华泰商贸有限公司辩称：事发时的地点并不是公共场所，根据现场照片和证人证言可以证明案发现场距马路有很长的一段距离，并不符合法律规定的公共场所设置警示标志的范围。我方认为本案应该适用一般过错原则来认定双方的责任。小区明明有正规的大门用于通行，而且在可以看出案发地点是施工、装修现场的情况下，高骏华仍然通行系其自己没有尽到注意义务，应该承担本案的主要责任。我方同意在高骏华合理的诉讼请求的基础上承担次要责任，我方同意承担 30% 的责任。高骏华没有提交充分的证据证明其护理人员的误工证明及护理人数，同意赔偿高骏华住院期间一人的护理费用，并且按照每天 80 元计算。精神损害抚慰金数额过高，同意赔偿高骏华 5000 元。

经查：2021 年 1 月 12 日，天津龙兴华泰商贸有限公司对位于天津市河东区世纪嘉园西区西门临街的裙楼进行装修，装修地点的下方有热力公司地下井。天津龙兴华泰商贸有限公司在装修时拆除了地下井上方地面铺设的遮挡物，用活动的三合板进行了覆盖。2021 年 1 月 16 日晚 9 时许，高骏华行至该地点时，坠入热力公司地下井中，后被附近的居民发现。高骏华随即被送至天津市河东区圣安医院治疗，被诊断为骨盆骨折（A2 型）、腰 1 腰 2 椎体爆裂骨折、左胫骨平台骨折、失血性休克、肋骨骨折、右跟骨骨折、左腓总神经损伤、右手第 1 掌骨骨折。高骏华于事发当日办理住院手续，并于住院期间进行左胫骨平台骨折手术、右跟骨骨折切开复位钢板螺丝内固定术、骨盆外固定架固定术及右手第 1 掌骨骨折切开复位钢板螺丝钉内固定术。高骏华于 2021 年 2 月 27 日出院，共住院 41 天。高骏华出院时医院建议避免外伤和伤口感染；患者卧床休息，需加强护理；定期（术后 1 月、2 月、3 月、6 月、9 月、12 月）复查，不适随诊。高骏华支付住院费 110000 元，门诊医疗费用及急救车费 4000 元，购买支具、轮椅、助行器、座便椅支付 7800 元。高骏华为了便于康复，又在老家河南省永城市双桥镇卫生院住院 56 天，支付住院费 8000 元。经高骏华申请，受法院委托天津尧舜白雪司法物证鉴定中心于 2021 年 7 月 7 日出具鉴定意见书，认定高骏华的伤残等级为八级，累计伤残率为 30%，高骏华支付鉴定费 2000 元。高骏华提交了交通费、营养费的票据及护理人员收入证明。天津龙兴华泰商贸有限公司对上述证据均不认可。

另查，高骏华的损失为：门诊医疗费 4000 元、住院费 118000 元、住院伙食补助费 2000 元、医疗器械费用 7800 元、营养费 500 元、交通费 200 元、护理费 18000 元、精神损害抚慰金酌定 30000 元、伤残赔偿金 178000 元、鉴定费 2000 元，共计 360500 元。

2021 年 3 月 28 日，王丽丽起诉至法院称：我与张筱筱于 2011 年 10 月 25 日结婚，婚后生育一子张国福。双方因婚前缺乏了解，婚后未建立起真正夫妻感情。张筱筱曾于 2020 年 7 月 12 日起诉离婚，因我不同意离婚，法院判决驳回其离婚诉求。判决后，张筱筱说如果不同意离婚就不让我回家居住，并且回家就打我，我只好和儿子在外居住。现在我单方面主张和好已无任何希望，双方感情确已破裂。故要求与张筱筱离婚，儿子张国福由我抚养，依法分割财产和债务。

张筱筱辩称：我同意离婚，我愿意抚养儿子张国福，并要求依法分割财产和债务。

经查：王丽丽与张筱筱于 2010 年 5 月经人介绍相识，二人交往一段时间便确定了恋爱关系，二人相处过程中虽然有时会产生一些矛盾，但不久就化解了，关系基本稳定。2011 年 10 月 25 日经双方父母同意，王丽丽与张筱筱到民政局办理了结婚登记手续，领取了结婚证书，并举行了隆重的婚礼，婚后二人经常为生活琐事闹矛盾。王丽丽与张筱筱于 2012 年 10 月 12 日生育一子张国福。2019 年 10 月，张筱筱开始承包经营天津市南开区经营四季常青停车场，每月收入一万多元，张筱筱日夜守在停车场，几乎没有时间回家，夫妻双方矛盾逐渐增多。2020 年 4 月双方分居生活，张筱筱诉至法院要求与王丽丽离婚，起诉后不久即自行撤回起诉。2020 年 7 月 12 日，张筱筱再次诉至法院要求与王丽丽离婚，王丽丽不同意离婚，法院于 2020 年 7 月 30 日判决驳回张筱筱的离婚请求。2021 年 3 月 28 日，王丽丽诉至法院要求与张筱筱离婚。张筱筱同意离婚。

王丽丽与张筱筱就子女抚养、财产分割及债务承担未能达成一致意见。平时张筱筱一直在外面忙工作，很少有时间照顾王丽丽母子，张国福出生后一直由母亲王丽丽照顾起居生活并辅导学习，其与母亲的关系非常亲密，离婚时王丽丽与张筱筱双方均要求抚养儿子张国福。2017 年 10 月 15 日，王丽丽与张筱筱夫妇以分期付款的方式共同购买了位于天津市南开区夏荷家园小区 12 号楼 1 单元 104 号房，该房屋登记在张筱筱的名下，目前尚未还清银行贷款，欠中国建设银行股份有限公司天津新平支行贷款 85000 元。2019 年 11 月 16 日，张筱筱购买了车牌号为津 TK2685 的高尔夫汽车一辆，汽车登记在张筱筱名下，张筱筱每天开车上下班，有时也开车接送孩子上下学。张筱筱买车时资金不够，王丽丽从同学朱茵蓝处借款 25000 元，付了车款，此欠款至今没有归还。目前，张筱筱和王丽丽共有存款 88000 元，张筱筱承包停车场的押金 10 万元。

经过评估和协商，张筱筱和王丽丽均认可位于天津市南开区夏荷家园小区 12

号楼 1 单元 104 号房的市价为 2426000 元，车牌号为津 TK2685 的高尔夫汽车市价为 115000 元，天津市南开区夏荷家园小区 12 号楼 1 单元 104 号房屋内的家具家电等夫妻共同财产共计 55000 元。

案例材料 3

2021 年 6 月 15 日，郭春樱起诉至原审法院称：郭天峰与李东霞为夫妻关系；我与郭春芳、郭春敏为郭天峰和李东霞婚生子女。2011 年 8 月 24 日，郭天峰因病去世，其名下财产未分割，2014 年 7 月 11 日，李东霞取得位于天津市南开区滨海花园 5 号楼 1 单元 1003 室（建筑面积 68 平方米）、2 单元 1004 室（建筑面积 75 平方米）两套房屋的产权证书。2020 年 5 月 9 日，李东霞因病去世。现我们对于房产继承问题发生争议。我自 2010 年起就单独承担起照顾父母的义务，在父母分别得病期间，几乎全部照顾看护的工作都由我承担，郭春芳婚后离开父母居住，没有履行照顾父母的义务。郭春敏因涉嫌犯罪被追究刑事责任，出狱后，对母亲不闻不问，不尽赡养义务。因此我认为郭春芳、郭春敏不尽赡养义务，而我尽了全部的赡养义务，对于母亲李东霞名下的遗产，有权多分得份额，而郭春芳、郭春敏不尽赡养义务，应当少分或者无权得到遗产。诉争房屋中没有郭春敏、何晓梅及郭雯雯的份额。拆迁补偿协议中载明了郭天峰名下有 6 间房屋。诉争房屋系我父母的拆迁补偿房屋，应属于他们的遗产；另外，我在代办购房手续过程中，垫付了 61000 元费用，应从遗产中扣除。现要求对上述房屋依法进行继承分割。

郭春芳辩称：我对父母尽了应尽的赡养义务；郭春樱没有任何证据证明我没尽赡养义务，婚后也没有与父母共同生活；对郭天峰、李东霞的遗产，我未放弃自己的继承权。

郭春敏辩称：父母郭天峰、李东霞与我一直居住在天津市南开区红星乡红星路甲 10 号院内 60 多平方米住房内。由于住房紧张，我于 1999 年 9 月 7 日向镇政府申请并得到批准在院内建临建房屋二间共 45 平方米。2011 年 4 月 8 日该院被拆迁，拆迁面积共 105 平方米，其中有我的 45 平方米（建筑面积），安置对象是在该院房屋实际居住的人，即父母、我及我前妻、我女儿共五人，明确安置房屋为三套二居室，同时对该院房屋进行了补偿。由于购房款不够，只好申请了一居室和二居室各一套。拆迁协议中明确该被拆迁房为二个户主，即父亲郭天峰和我，按照《红星乡红星路危改安置实施办法》的规定，每个户主名下根据原住宅面积各一套房屋，我的原住房面积可以安置一套三居室，拆迁时因我因故不在家（劳教一年），则所有手续都由郭春樱办理在其父郭天峰名下。该诉争房屋有一套是遗产，另一套房屋应当属于我所有。父母在世时可以说三个子女都对父母尽了孝心，不同意郭春樱的请求。

何晓梅、郭雯雯辩称：我们同意郭春敏的意见，诉争房产中有我们的份额，我们主张我们的合法权利。

经查：郭天峰与李东霞系夫妻关系，二人生育二女一子，即郭春芳、郭春樱及郭春敏。郭天峰于2011年死亡，李东霞于2010年死亡。郭春敏与何晓梅于1991年6月16日登记结婚，1993年2月27日生育一女郭雯雯，2008年9月12日经法院出面调解离婚，双方协议处理的夫妻共同财产中未涉及房屋。

郭天峰、庞舒清在天津市南开区红星乡红星路甲10号院内原有北房三间，系购买取得。购买后，院内房屋几经翻扩建。经向双方当事人核实，2010年拆迁时《房屋估价结果书》中确认的房屋为：北侧北房三间（51平方米），北后西房一间（9平方米），南侧北房二间（45平方米）；且上述房屋状况于1999年已经形成。双方当事人均认可北侧北房三间及北后西房一间由郭天峰夫妇所建。郭春芳、郭春敏、何晓梅、郭雯雯均认为南侧北房二间系郭春敏与何晓梅于婚姻关系存续期间共同出资建造，郭春敏出示了《红星乡居民临时建房审批表》佐证其主张。上述审批表载："姓名郭春敏，原有房间数2，申请间数翻建2间30平方米，该房地址：南开镇东升胡同一号，申请建房理由：危险房屋，办事处具体要求：1.翻建南房改北房、2.东西长9米南北5米，本户签名李春太，时间1999年9月7日。"上述房屋建成后，南侧北房二间由郭春敏一家三口居住使用，院内其他房屋由郭天峰、庞舒清居住使用。

2011年4月8日，郭天峰（乙方）与天津市恒丰置业房地产开发有限责任公司签订《红星乡红星路危旧房改造货币补偿协议》（以下简称补偿协议）。该协议约定：乙方同意货币安置，应安置人口5人，分别是：郭天峰（户主），李东霞（之妻），郭春敏（户主），郭雯雯（之女），何晓梅（之妻已离婚）；危改区范围东升1-6、1-5号，非成套正式住房6间，建筑面积105平方米，使用权补偿款465000元，房屋所有权补偿款38000元，附属物作价6000元，搬家补助费10000元，甲方应支付乙方货币金额总计：519000元。2011年5月，郭天峰用上述补偿款以每平方米4000元的价格申请购买了红星路危改小区经济适用房两套，即天津市南开区滨海花园5号楼1单元1003室（建筑面积68平方米，一居室）、2单元1004室（建筑面积75平方米，两居室）。上述房屋均已于2014年7月11日取得房屋所有权证书，登记的房屋所有权人均为李东霞。依据相关拆迁政策，上述五个被安置人可以购买三套二居室安置房屋，郭春樱称由于郭春敏、何晓梅、郭雯雯经济困难，故郭天峰仅以自己名义用现有全部补偿款购买了上述两套房屋。上述拆迁及购房手续均由郭春樱代为办理，郭春樱出示了购房款收据、印花税收据、公共维修基金收据等票据共 13 张，总金额为 580000 元，超出补偿款 61000 元。双方当事人均认可两套安置房屋的当前市值单价为每平方米 18000 元。另外，郭春敏于 2010 年 11 月 30 日至 2011 年 11 月 30 日期间被劳动教养。

郭春樱、郭春芳、郭春敏为证明其对父母尽了生养死葬之义务，分别提供了医疗费票据、丧葬费票据、证人证言等证据。

上述事实，有证明信、死亡证明、民事调解书、建房审批表、补偿协议、购房合同、安置实施办法、房产证、购房票据、医疗费票据、丧葬费票据、证人证言等证据在案佐证。

四、综合实务训练过程

1. 学生按照预先分配的小组坐在一起，各组组长抽取本组综合实务训练素材的案例。

2. 各组针对本组抽取的案例，进行小组讨论，让学生在仔细阅读案件资料的基础上，根据本门课程所学知识，概括案件事实、归纳和分析案件证据材料、归纳和分析案件法律关系、查找与分析案件相关法律规定、概括和分析案件争议焦点并阐明案件的处理思路。

3. 各组通过讨论，概括案件事实、归纳和分析案件证据材料、归纳和分析案件法律关系、查找与分析案件相关法律规定、概括和分析案件争议焦点并阐明案件的处理思路，并在作业纸上完整写出小组综合运用所学的六个单元的知识，完成民事案件处理的整个过程中的 18 个工作任务。

4. 各组推荐一位同学到讲台上展示本组完成民事案件处理的整个过程中的 18 个工作任务，并提交小组完成的民事案件处理的整个过程中的 18 个工作任务的纸质版。

5. 每组展示成果后，由其他组的同学对该组完成的民事案件处理的整个过程中的 18 个工作任务进行点评，教师进行总结，并给出比较客观合理的评分。